CHINESE

NATURAL GAS PRICES

张英◆著

To investigate the mechanism of compensation and formation

中国天然气价格
形成与补偿机制探讨

中国社会科学出版社

图书在版编目（CIP）数据

中国天然气价格形成与补偿机制探讨／张英著．—北京：中国社会科学出版社，2016.6

ISBN 978－7－5161－7526－2

Ⅰ．①中…　Ⅱ．①张…　Ⅲ．①天然气工业—价格机制—研究—中国　Ⅳ．①F426.22

中国版本图书馆 CIP 数据核字(2016)第 018035 号

出 版 人　赵剑英
责任编辑　张　林
特约编辑　宋英杰
责任校对　高建春
责任印制　戴　宽

出　　版　中国社会科学出版社
社　　址　北京鼓楼西大街甲 158 号
邮　　编　100720
网　　址　http://www.csspw.cn
发 行 部　010－84083685
门 市 部　010－84029450
经　　销　新华书店及其他书店

印刷装订　三河市君旺印务有限公司
版　　次　2016 年 6 月第 1 版
印　　次　2016 年 6 月第 1 次印刷

开　　本　710×1000　1/16
印　　张　18
插　　页　2
字　　数　305 千字
定　　价　66.00 元

序 言 一

向污染宣战！向雾霾宣战！这是 2015 年两会传递出的强烈信息。坚持以人为本的科学发展观，发展就绝不能以破坏环境、牺牲人的健康为代价。特别是首都北京这样的国际大都市，是全国人民和世界人民向往的地方，是文化古都和国际旅游城市，更应当把创造清洁、优美、宜居的环境作为发展的重要目标。

治理大气污染，必须调整能源结构，更多地使用清洁能源，减少污染物排放。提高天然气在一次能源中的比重，是改善北京大气质量的重要举措。而天然气的成本和价格高于煤炭，高出的部分由谁来买单，就成为推广使用天然气必须要解决好的问题。这既是一个实践问题，又是一个理论问题。从实践上来看，需要处理好天然气生产企业与最终用户的利益关系，处理好各个生产企业的竞争关系以及天然气管道运营商与前两者之间的关系。从理论上看，需要厘清共享性公共产品的价值补偿机制问题，即扩大天然气使用能够为清洁的空气做出贡献，由此增加的成本需要找到合理的分摊办法，而且解决理论上的问题比解决实践上的问题更加紧迫。因为长期以来，常常由于天然气价格谈不下来，相关各方都不愿意承担增加的成本，导致扩大天然气使用的进程受阻。价格谈不拢的原因在于缺乏理论上的指导，缺乏共享性公共产品的价值补偿机制。当前，我们面临着公共产品和公共服务严重短缺的局面，根源即在于此。发达国家的经验证明，公共产品完全由政府财政投入或完全推给市场，都是不可取的。应当实行政府与企业合作的模式，即 PPP 模式。由政府制定一定的政策，使投资公共产品也能获得合理的回报，从而吸引企业和社会资金投入，这是解决公共产品供给不足问题的根本途径。

张英同志长期在天然气行业从事管理工作，具有丰富的实践经验，对发展天然气产业所遇到的矛盾和问题有着深切的了解。她所做的关于天然气的研究，抓住了天然气产业发展中遇到的实际问题，站在理论的制高点上，对全面合理处理各种矛盾和问题提出了针对性强的有效解决办法，全面论证了如何建立合理的公共产品价值补偿机制。书中提出的 X + 1 + X 模式，即气源供给一端放开竞争，最终用户有选择供应商的权利，中间城市天然气公司集中建设储气设施和管道，符合天然气产业发展的客观规律。循着这个思路，就能创建有利于天然气产业发展的体制机制，对加快治理大气污染将发挥重要作用。

实际上，天然气成本高于煤炭和石油，也只是一个表象。过去之所以认为煤炭和石油价格低，是没有把煤炭、石油燃烧产生污染，造成人民健康医疗成本增加考虑进去，也没有考虑资源损耗成本。如果把这两项成本计算进去，天然气价格就具有竞争力。

张英同志的著作选择了应用性强的主题，从实际出发进行论证，全书逻辑严密，观点明确，论据充分，说理透彻，是一篇理论联系实际、对策性、实用性强的好书，值得从事环保和能源等行业工作的同志，特别是关心天然气推广应用的同志们阅读。

郑新立

2015 年 11 月 15 日

序　言　二

随着我国市场经济的发展和工业化进入接近完成的中后期阶段，能源需求绝对量持续增大，质量要求也不断提高，不可再生能源资源约束有增无减，生态环境保护与改善也随之日渐突出。调整能源结构、提高能效、保障能源安全已经成为转变我国经济发展方式、实现我国经济持续健康发展的一个重要方面。天然气既是不可再生能源，又是清洁高效能源。研究天然气价格及其形成机制，探索天然气价格形成机制改革，不仅有助于调节天然气供求及其利用效率，而且有助于调节不可再生能源供给和需求结构，缓解不可再生能源瓶颈，提升不可再生能源利用效率，同时也有助于大幅度减少二氧化氮排放、建设美丽中国。

众所周知，天然气属于化石类不可再生能源。虽然从理论上说天然气主要成分是烷烃，而且烷烃是可以通过化工手段批量生产的，但是，人工批量生产烷烃的成本远高于从地下直接提取，不仅如此，即便地下仍有新的天然气生成，它的生成也需要成百万甚至上亿年。因此，天然气必然是一种具有不可再生性质和稀缺特征的化石能源。天然气又属于清洁能源，是不可再生能源燃烧后碳排放最低的高热量优质能源。因此，全人类对它的需求始终有增无减。“不可再生”，决定了它的供给的有限性；“清洁”，决定了人类对它的需求的无限性。当这样一种资源与市场相遇时，必然会发生交换价格及价格的刚性等问题，从而必然具有“私人物品”性质，而非“公共物品”。

但是，从天然气的使用比重越大、大气中的碳排放越少这一角度看，天然气又带有明显的“准公共物品”特征。经济学讲的“公共物品”主要有两大特征：一是消费或使用上的非竞争性；二是受益上的非排它性。诸如大家熟悉的国防、公共安全与秩序、司法等等，均属于“公共物品”。而对于天然气来说，一个人消费或企业使用它，并不能排除其他个人或企业消费或使用它。但是，作为清洁能源及其极低的碳排放，由于它所带来的直接结果是受益上的非排它性，而使其在消费和使用上表现出较明显的“公共”、或者说“非排它性”特征。

由于天然气是化石类高热能清洁能源，因此人类对它需求必然带有一定程度的刚性；又由于天然气是化石类不可再生能源且具有“准公共物品”特征，因此它的供求不能完全依靠市场来调节。这就带来了如何解决天然气定价的问题。

长期以来，我国天然气供求实行的是政府定价。到目前为止我国市场主体也还仍然是天然气价格的单纯接受者①。经验表明，这种定价机制有其存在的理由，但由于它难于及时正确反映天然气市场供求关系，因此难免导致天然气供求总量与结构的失衡，甚至引发天然气供给侧的基础设施建设滞后及其与其他不可再生能源（包括煤炭、石油等）之间的结构性失衡，甚至导致各类不可再生能源产品之间比价关系严重背离其实际生产经营成本，并由此严重扭曲不可再生能源的不同外部性表现形态，妨碍不可再生能源供求结构的合理调整及其使用效率的持续提升。

张英博士长期在城市天然气供给与销售部门负责财务及价格管理工作，既熟悉天然气市场供求状况，又了解天然气供求与其他不可再生能源供求及其结构现状，具备深入研究天然气定价问题的基础条件和特殊优势。她抓住现阶段我国天然气价格及其形成机制存在的突出矛盾和问题，运用大量一手资料，通过深入实证研究和统计分析，形成了一系列值得进一步思考、具有重要理论价值和实践意义的理论观点和政策

---

① 就在我写这篇序言的时候，2015 年 11 月 19 日出版的《经济参考报》头版做了一篇报道，称“天然气价改全面提速，年内第二波袭来。国家发改委 11 月 18 日发出通知，决定自 2015 年 11 月 20 日起，将非居民用气最高门站价格每千立方米降低 700 元，并由现行最高门站价格管理改为基准门站价格管理，供需双方可在基准门站价格基础上，在上浮 20%、下浮不限的范围内协商确定具体门站价格。方案实施时门站价格暂不上浮，自 2016 年 11 月 20 日起允许上浮”。这篇报道所称“天然气价改全面提速”，显然不是指天然气价格全面交给市场，而是指“自 2015 年 11 月 20 日起，将非居民用气最高门站价格每千立方米降低 700 元，并由现行最高门站价格管理改为基准门站价格管理，供需双方可在基准门站价格基础上，在上浮 20%、下浮不限的范围内协商确定具体门站价格”。国家定价，仍然是当前我国天然气的基本价格制度。

建议。

第一，她从广义成本角度对天然气价格的构成及其内涵做出了新的概括。在她看来，广义成本是一种以经济成本为基础，包括生态成本和国家能源安全成本在内的成本概念。她从这样一个角度，对天然气的价格构成进行了深入探索，提出了包括厂商生产成本、市场销售成本、生态环境成本、社会和国家安全成本、替代能源机会成本以及投资者合理回报等一系列与天然气价格决定直接和间接相关的成本构成理论。这种分析、探索及其得出的结论，符合市场经济发展内在规律要求和我国经济发展实际，具有一定创新性。

第二，她运用统计实证分析方法研究和探讨天然气定价机制，得出了一系列重要量化指标，这些数量指标为进一步深化我国天然气价格形成机制改革提供了有力支撑。通过大量样本数据的收集和实际案例的调研，结合官方提供的统计数据，借助经济计量模型，对天然气价格形成机制进行实证分析，形成了一系列与我国天然气价格形成机制直接相关的量化数据。这些实证检验数据的取得，在一定程度上弥补了我国学术界在天然气价格形成机制领域中长期欠缺定量分析数据的空白，为后续深入和细化此类研究奠定了必要的量化分析基础。

第三，她还分析和阐明了我国现阶段天然气价格形成机制管理的新模式。在分析基础上，通过将国内经济发展、市场结构与国外天然气价格形成机制结合起来，不仅较为系统地阐明了我国天然气价格形成机制改革的分层问题，而且论证和提出了“X+1+X”的天然气价格管理新模式。这里的天然气价格形成机制改革分层，主要是指天然气的上游生产、下游销售等竞争性环节，应更多地依靠市场机制进行调节，更多地发挥市场的决定作用，包括逐步放开市场准入、实现上下游产品价格决定的市场化；而对于天然气输送管网来说，不仅由于它的投资规模较大，而且由于这类管网具有明显的自然垄断特征，因此，对于这类产品必须实行国家垄断条件下的委托经营与管理。这就是她的所谓“X+1+X”价格形成机制管理新模式。这一模式，一是突出强调要有条件地放开天然气产业链的上游生产、下游销售环节定价，要充分发挥市场资源配置的决定作用，形成以市场为主导的价格形成机制，即“X”；二是针对天然气输配送等环节不可缺少的管网所具有的自然垄断特征，着力实施天然气输送配的政府主导定价机制，即“1”。她所阐明的这样一种天然气价格形成机制新模式，不仅有助于界定天然气产业链各环节的属性，而且有助于正确理解政府和市场在天然气生产与销售不同阶段、不同环节上所具有的不同作用及其作用的重要基点。这一理论观点的提出与阐述，有助于我们更清晰、确切地了解和把握天然气价格形成机制及其管理模式的科学内涵。

第四，她还从“公共物品”内在特质与能源结构优化角度，分析和阐明了天然气经销商是清洁空气提供者从而应得到必要价值补偿的观点。她认为，在市场机制主导价格形成的条件下，政府应在参照不同能源品种和不同行业平均投资回报率的基础上给出天然气指导价，然后再在此基础上调整和完善财政分配关系，通过对天然气经销商给予必要价值补偿，来更好地支持、引导天然气产业的投资增长和结构优化，改善天然气经营主体的经营管理，提高天然气生产经营效率，增加天然气有效供给，并由此改善和提升生态环境质量，促进我国国民经济持续健康发展。

通过上述分析，作者提出了进一步改革我国天然气价格形成机制的政策建议，包括将天然气供给的潜在正外部性转化为现实经济收益，使清洁空气的维护与提供者获得合理回报，增强社会资本参与天然气投资的热情，理顺我国能源比价以及完善法规体系建设，完善政府税收优惠，健全天然气科技支撑体系建设，加大天然气技术开发与利用投入，引导和促进能源结构替代优化等等。这些政策建议不仅是建设性的，而且是具有重要理论价值和实践意义的。

毫无疑问，包括煤炭在内的其他非再生能源，按传统消费方式，属于高碳排放能源，在消费结构安排及相关配套政策上，应当加以限制。但是，如果能够加大投入，对此类高碳排放能源的燃烧过程进行高新技术处理，也同样可以达到大幅度降低碳排放的目的①。从这个意义上说，仅仅因为天然气的碳排放趋近于零而将其视为“准公共物品”当不无争议，可能需要做出进一步讨论。

总之，张英博士的这部学术专著，以其博士学位论文为基础，经进一步修改、补充和完善，系统而深刻地展现了一幅天然气价格形成机制改革

---

① 最近就有消息称神华国华三河电厂四台机组，经技术改造就达到了“近零排放”标准。（参见记者源《京津冀首家燃煤电厂“近零排放”》，《经济参考报》2015年11月30日第6版）

路线图。尽管这个路线图的设计与安排中还存在很多有待进一步深入分析和探讨的问题，但仍不失为到目前为止我们能够看到的一部有助于进一步深化我国天然气价格形成机制改革、有利于进一步完善我国天然气供求体制机制、有助于优化我国能源结构和大幅度提升我国能源利用效率、更好建设美丽中国的佳品力作。我作为她攻读博士学位期间的研究生指导小组成员和博士学位论文答辩委员会成员，较早和较多参与了她的学位论文的讨论与评析，因此，今天，在她这部学术著作即将付梓出版之际，我不仅愿意应邀为之做序，而且愿意借此与她以及对该论题有兴趣的广大读者围绕这个问题做更深入的研究与讨论。

刘迎秋

2015 年 11 月 25 日于北京小倦游斋

目　　录

图表目录

第一章

绪　论

党的十八届三中全会通过的《中共中央关于全面深化改革重大问题的决定》明确提出，“使市场在资源配置中起决定性作用和更好发挥政府作用”，“完善主要由市场决定价格的机制”，“推进水、石油、天然气、电力、交通、电信等领域的价格改革，有序放开竞争性环节价格”。随后国务院印发的《能源发展战略行动计划（2014—2020）》明确了今后一段时期我国能源发展的总体方略和行动纲领，指出我国能源资源约束日益加剧，生态环境问题突出，调整结构、提高能效和保障能源安全的压力进一步加大，强调要通过完善现代能源市场体系，建立统一开放、竞争有序的市场体系，建立真正反映市场供求和资源稀缺程度的定价机制，进而积极发展天然气等清洁能源，降低煤炭消费比重，推动能源结构持续优化。因此，通过体制机制创新深化天然气领域的价格改革，能够优化能源结构，缓解能源与环境约束，进而保障国家能源供应安全以及经济与环境的协调发展。2015 年 5 月，国务院批转《关于 2015 年深化经济体制改革重点工作意见》①，提出要进一步研究制定石油天然气体制改革总体方案，在全产业链的各环节放宽准入。鉴于此，深入探讨目前我国天然气价格形成机制，把握深化改革的战略机遇期和国外油气低价运行的窗口期，如何有序推动后续的市场化改革，构建有效竞争的市场结构和市场体系，形成由市场决定天然气价格的机制，促进产业发展和能源结构优化，对兼顾经济、社会和环境的可持续发展具有重要现实意义。

---

① 2015 年 5 月 8 日，国务院以国发〔2015〕26 号批转国家发改委《关于 2015 年深化经济体制改革重点工作意见》。

第一节　研究背景与研究意义

一　研究背景

（一）我国生态文明建设亟待优化能源结构和增加清洁能源供给

加快天然气产业发展是优化能源结构和保障能源供给安全的重要举措。天然气作为优化能源结构的重要能源形式，是各国优先发展的清洁能源，被称为21世纪能源。空气污染与能源结构有着直接关系，大幅提高天然气消费已成为防治环境污染必不可少的一项紧迫措施，宏观层面的能源结构优化和环境治理政策将成为天然气消费增长的主要驱动力。

如何正确处理能源消费与经济发展、环境治理之间的矛盾是当前亟待解决的问题。在我国经济发展取得巨大成绩的同时，也面临能源需求压力加大、能源供给制约因素增多，能源生产与消费对生态环境损害严重等问题。[①] 随着工业化的快速发展和城镇化的深入推进，我国能源消耗的相对量和绝对量均在持续增加，2014年能源消费总量达到了42.6亿吨标准煤，其中煤炭占一次能源消费比重为66.0%[②]；由于短期内以煤炭为主的能源结构难以转变，以及清洁能源的开发利用严重滞后，使得雾霾、温室气体的排放无疑仍是我国能源消费面临的核心问题，2014年国内空气污染损失达到3000亿至1.2万亿美元。环境问题仍是当前面临的重大挑战，保持经济继续平稳发展的基础上减少排放，关键还在于改变能源结构或能源组成。天然气作为技术上经济可行的清洁能源，成为国家推进能源消费清洁化、低碳化转型的可靠选择。2013年国务院发布的《大气污染防治行动计划》和2014年能源"十三五"规划明确提出，要加快调整能源结构和增加清洁能源供应，着力提高我国天然气供给利用率。[③]

我国天然气产业发展滞后且供需矛盾日益加深。近几年来，世界天然气工业迅速发展，天然气占一次能源结构的比重逐年上升，与石油、煤炭

① 2014年6月13日，习近平同志主持召开中央财经领导小组第六次会议时指出我国经济发展面临能源需求压力加大、能源供给制约因素增多，能源生产和消费对生态环境损害严重等问题。

② 参见国家能源局《能源数据分析手册2014》。

③ 国务院印发《大气污染防治行动计划》（国发〔2013〕37号）和2014年6月召开的全国"十三五"能源规划工作会议。

并列成为世界三大能源支柱。相比较而言，我国天然气产业发展却严重不足，截止到2014年年底，我国一次能源结构中的煤炭、石油占比分别为66.0%和17.1%，而作为清洁能源的天然气仅为5.6%，远低于同期亚太地区11.4%和世界23.7%的平均水平，消费需求仍有很大的提升空间。[①]与此同时，环境污染治理、应对气候变化带来的能源清洁化转型刺激国内需求刚性增长，天然气的对外依存度持续加深。2013年，全国天然气生产总量为1180.37亿立方米，同期的消费量达到1705.37亿立方米，同比增长13.5%，中国成为世界第三大天然气消费国。巨大缺口需要增加进口予以解决，2013年进口量约为525亿立方米，对外依存度高达30.8%；2014年全国表观消费量为1845.2亿立方米，进口量约为580亿立方米，对外依存度为32.2%。[②]对外依存度的持续攀升，雾霾治理又加剧了供需矛盾，市场平衡的压力将推动天然气价格改革进程。

（二）完善价格形成机制是实现清洁能源有效供给的重要手段

生态文明制度的建立需要寻求共享性“公共物品”供给者的价值补偿机制。[③]环境（比如清洁空气）作为“公共物品”，天然气产业是“公共物品”的重要提供者，环保价值未能在价格形成中得到体现是制约天然气产业发展的重要因素。[④]政府管制是解决外部性的一种手段，也可通过建立公共物品市场价值的补偿机制，以制度创新使提供者获益的方式，推动天然气领域的产业发展和技术进步，增加“公共物品”的市场供给。[⑤]通过深化改革完善价格机制，建立正外部性的价值补偿机制，使拓展市场需求和保障有效供给保持双向驱动。

---

① 世界、亚太地区数据根据《BP世界能源统计年鉴》2014年版的一次能源消费结构计算得到；国内天然气消费量以最新的国家统计局数据为准。

② 2013年全国天然气生产、消费量来自国家统计局《2013年国民经济和社会发展统计公报》，2013年进口量数据来自《中国能源统计年鉴2014》；2014年预计消费量、进口量来源于2015年1月中国石油和化学工业联合会发布的调研报告《我国天然气发展面临的不确因素》。

③ 2014年2月10日，中国国际经济交流中心常务副理事长郑新立在“中国经济50人论坛2014年年会”上发表《关于经济体制改革方面五个难点》的讲话。

④ 天然气的正外部性是相对的概念。就天然气相比煤炭、石油来说，天然气的污染排放基本可以忽略不计，倘若以天然气实现对煤炭的消费替代，则能够促进环境治理的改善，对外部环境产生正向影响效应。

⑤ 郑新立、梁云凤：《公共物品价值补偿与现代财政制度构建》，《中央财经大学学报》2014年第7期，第3~9页。

1. 价格机制是调节供需和优化资源配置的重要手段

价格形成机制的不合理是导致天然气供给不足的重要原因。我国能源工业的市场化改革是在计划经济向市场经济转变的宏观环境下进行的。为培育天然气市场和满足既定时期的发展目标，国家长期采取供应推动市场需求的基本策略，政府在价格控制和经济决策中起主导作用是这种策略运行的前提条件，此外天然气相对替代燃料需要具备一定的价格优势。

近年来，国家虽然积极实施改革（比如向民间资本开放等）来引导天然气领域的市场竞争，但是上下游的竞争格局依然非常有限，上游市场形成了三家国有油气企业为主导的垄断结构。目前，上游天然气勘探开采业务及境外资源的引进业务主要由三大石油公司负责。2014 年，中石油、中石化、中海油生产和进口量合计占比分别为 72%、11% 和 17%。陆上天然气长输管道大部分由中石油拥有经营，占据长输管道总里程的 73%，已建成 LNG 接收站也由三大石油公司控制，基本形成了生产运输一体化的运营模式。

我国天然气产业发展的状态很大程度上取决于价格政策。价格对管网设施建设与市场发展起着重要作用。2011 ~ 2013 年，我国天然气新增探明储量连续三年远大于同期天然气年产量，2014 年新增探明储量更是达到了 1.1 万亿立方米，剩余技术可采储量为 4.67 万亿立方米，储采比为 28.0,[①] 所以说，我国具备天然气大发展的供应保障能力，只是国内供给产业发展相对迟缓，价格机制是其中最主要的影响因素。从天然气产业链的各环节来看，上中游及终端消费市场的国家干预程度较高，上下游之间成本变动难以实现顺畅传递；从终端需求来看，能源比价关系的不合理是导致天然气有效需求受限的重要原因。因此，深化价格改革，完善天然气价格形成机制，理顺市场供需及与可替代能源比价关系，提高能源资源的配置效率，已成为加快产业发展和优化能源结构的突破口。

通常情况下，价格机制改革要与市场发展阶段相适应。价格机制为市场主体提供交易选择的信息，是调节供需和优化资源配置的有效手段。从各国实践来看，价格机制与市场发展所处阶段密切相关，而天然气市场发展阶段与产业链的自身特征密不可分。当天然气市场从初始增长跨入稳定

---

① 郭焦锋、高世楫：《中国气体清洁能源发展报告（2014）》，石油工业出版社 2014 年版，第 171 页。

增长时期，定价机制通常也会由传统的成本加成过渡到“市场净回值”或“气与气”竞争等更加市场化的方式。我国天然气市场基本完成了由初始增长阶段向快速增长阶段的转变，2004～2014 年期间，国内天然气消费量年均增长 144.8 亿立方米，年均增长高达 16.6%，占一次能源比重从 2.3% 上升到 5.6。并且随着全国范围内“煤改气”等环境治理措施的开展，天然气需求仍有很大增长空间，“十三五”能源发展战略行动计划中提出了天然气消费双倍增的目标。因此，当前应适应现阶段发展的总体变化，着手有序地推动价格形成机制的市场化改革。

2. 我国天然气价格形成机制的市场化改革明显滞后

天然气价格改革的市场化程度滞后于其他传统能源。基于替代性化石能源之间的产品属性及工业结构的差异，我国能源的改革步伐并不一致，作为可替代性化石能源的煤炭、石油价格改革步伐要明显快于天然气。1985 年，煤炭价格开始引入市场机制，价格由单一的政府定价步入政府定价与市场相结合的“双轨制”阶段。1994 年，除电煤实行政府定价外，煤炭企业根据市场需求状况自主定价，直到 2002 年、2005 年国家宣布取消电煤指导价政策并不再对电煤价格调控，至此，从制度层面上煤炭价格开始步入了市场定价时期。石油是关系国家经济命脉的战略性产业。改革开放以来，石油价格管理体制经历了“双轨制”、超产加价到与国际油价接轨的三个不同阶段，目前我国石油工业仍处于国有企业市场垄断、国家调控价格的状态。

从我国天然气价格改革的历史过程来看，总体上呈现显著的路径依赖性特征，尽管国家对天然气领域的价格管理、价格结构、价格水平和价格形成机制实施了循序渐进的改革，但是天然气价格始终延续由政府管控为主的模式。自 20 世纪 80 年代开始，国家对天然气价格采取了一系列调整措施。1982 年以前，计划经济体制下企业的生产经营计划全部列入国家计划，天然气价格长期实行低价优惠政策。为扭转天然气探明储量增长缓慢及产量连年递减的被动局面，国家相继采取不同井口价格的计划内外“双轨制”。2005 年，国家简化天然气价格结构，将计划内外价格并轨，自此结束了执行长达 23 年的价格“双轨制”，同时从 2011 年开始实施“净回值”法试点改革，价格管理模式从最初的计划管理模式转变为国家指导价模式。然而，根据国家颁布的价格管理权限，天然气出厂价格、管网运输价格由中央政府统一管理，城市配送服务费由省（市）地方政府分别管理，天然气价格实行成本加成的方式，政府依然在价格形成中充当主导作用，这种模式仍难以适应外部环境的快速变化。

3. 当前价格管理体制和运行机制已不适应天然气市场发展的新形势

天然气价格形成机制有待完善。价格信号的扭曲所带来的供求失衡程度的加深，阻碍了我国天然气工业的协调发展和资源的有效利用，价格改革需要再次提上日程。2014 年以来，随着国民经济发展及经济体制改革的深入，价格改革的步伐全面提速。为理顺天然气价格，国家发改委要求全国在 2014 年年底前实施增存气并轨和居民生活用气阶梯气价制度。2015 年 4 月，全国各省份实施增量气与存量气门站价格并轨，增量气每立方米降低 0. 44 元，存量气提高 0. 04 元，实现增存量气价并轨，并放开直供用户（化肥用户除外）用气门站价格，由供需双方协商确定。尽管如此，这些措施属于定价方式的变化而不是价格形成机制的变化，天然气产业上下游的市场格局、价格管理体制机制等方面的改革尚需时日，理顺天然气价格形成机制还要整个行业市场化改革的突破。

当前，我国经济发展步入新常态，经济结构面临新的调整变化，消费模式天然气产业发展等呈现新的变革，国家也在提高能效、减少污染排放及确保能源安全方面尝试探索，而天然气凭借其自身优越性，对保障供给、减缓环境压力和实现经济平稳发展将发挥重要作用。倘若依然实行政府主导的定价模式，将对天然气产业发展和普及利用构成阻碍，因此需要在天然气领域逐渐推进价格改革的过程中，从产业链整体角度考虑价格改革所带来的影响，设计更加有效、更加市场化的制度框架，借助体制机制创新构建有效竞争的市场结构，进而完善上下游价格联动机制，在考虑消费者承受能力的同时，又能体现其应有的内在价值，从社会效益角度探索建立正外部性的补偿措施。这将对鼓励我国天然气行业有序竞争，拓展市场消费应用，引导社会资源更多地投入天然气领域，保障供应安全和推动技术进步，实现能源规划目标和兼顾经济环境的可持续性具有重要现实意义。

二　研究意义

（一）天然气价格形成机制研究的现实意义

1. 顺应十八届三中全会对能源价格形成机制提出的改革要求

十八届三中全会通过的《中共中央关于全面深化改革重大问题的决

定》明确提出，要使市场在资源配置中起决定性作用和更好发挥政府作用，完善能源管理体制和管理方式，建立统一开放和竞争有序的市场体系，推进水、石油、天然气、电力、交通、电信等领域价格改革，放开竞争性环节价格。因此，需要进一步推动天然气市场化改革，逐步建立真正反映资源稀缺程度、市场供求和环境外部性的价格机制。

目前，我国天然气价格形成机制改革已陆续展开。2011 年年底，国家发改委下发《关于在广东省、广西壮族自治区开展天然气价格形成改革试点的通知》，公布国内天然气价格改革方案，并在广东、广西地区实施了试点。2013 年 6 月，发改委下发《关于调整天然气价格的通知》，在全国范围内开展天然气价格改革，针对非居民的增量气门站价格，上游市场定价机制采用“市场净回值”定价方法，通过选取计价基准点和替代能源品种，建立天然气与替代能源价格挂钩的动态调整机制。此外，放开页岩气、煤制气等非常规天然气出厂价格，实行市场调节，政府仅对门站价格采取指导价和管网运输自然垄断环节实施价格监管。2015 年颁布实施的增存量气并轨、放开直供用气价格等政策，都对理顺天然气价格形成机制，逐步实现天然气价格完全市场化奠定了基础。面对国际油气低价运行和国内市场首次出现供需相对偏松的新形势，天然气价格机制的市场化改革迎来了重要“窗口期”。①

2. 为进一步推动天然气价格改革提供理论支持

针对未来天然气价格形成机制的改革问题，国内学者做了大量研究并取得一些阶段性成果，在下一步如何改革的问题上既有共识也存在一些争论。历次价格改革通常伴随着用气价格的调整变化，尤其是定价改革引起的价格变动所带来的社会影响，往往成为改革争论的导火点。目前，完善行业管理体制，健全市场运行机制，推动天然气领域的市场化改革已是业内普遍形成的共识，分歧的焦点在于如何依据当前的阶段性特征正确处理价格形成的政府规制与市场化的关系，从而有条不紊地由政府主导向市场定价过渡。这其中包括了不同的路径选择，不同国家针对自身特征往往采取不同的改革方式，并在各自改革中形成了独具特点的既定路径依赖性。面对国际油价下跌的有利形势，部分学者认为推进天然气行业迅速改革的

① 郝多：《我国天然气供应出现过剩“气荒”变“荒气”》，《新华网》，http://news.xinhuanet.com/energy/2015-08/10/c_1116197463.html，2015 年 8 月 10 日。

时机基本成熟，应深化天然气市场化改革，扩大上下游市场准入和管网设施的公平开放，实现价格形成的市场化。

当然，也不乏学者认为政府监管是必不可少的，改革不能脱离其内在的循序渐进性，目前，天然气领域存在市场发育程度偏低、市场结构近似垄断等问题。随着市场体系的完善，应渐进的以合理的价格形成机制保障产、供、需三方利益，针对天然气行业的销售、行业的“垄而不断”和供需相对宽松的新形势，考虑从政府定价逐渐向市场定价过渡。本书认为价格改革要统筹考虑对社会各层面的影响，价格调整仅是市场化改革的配套措施，近期内需要重点解决现实中的突出问题，加强政府调控的作用，加速上游市场开发和下游消费模式的转变，加强引导管网基础设施的投资力度，逐步实现天然气对煤炭、石油的能源替代，同时着眼长远不断引入多元化市场主体构建竞争性市场结构，为市场化改革做好充足的准备。

（二）研究意义

文章研究的立足点为特定时期的天然气价格机制受国家的经济性质、资源禀赋、市场结构及其他因素的影响。因此，探求我国既定时期、具有现实意义的改革方案，需要在切实评估宏观基本面的基础上，借鉴不同价格形成机制的作用原理和适用条件，才能有效地制定践行改革的总体思路和路径选择。目前，我国天然气价格机制的市场化改革取得了实质性突破，政府也一直在评估天然气行业的发展状况及市场体系建设，如何根据阶段特征实现价格机制改革的整体目标是研究的重点。

本书在已有研究基础上，初步探讨了天然气产业发展对经济增长、环境治理的影响，并以价格机制对提高能效、优化能源结构的作用为切入点，运用大量数量方法分析了我国现行价格形成机制存在的问题，并结合不同定价模式的作用机理与适用条件，提出通过构建上下游竞争性市场格局和管理体制，分层次、有步骤地逐步建立“X+1+X”的价格模式及价格机制，推动上下游价格决定的市场化，鼓励行业有序竞争，并且以天然气的正外部性价值为基础，依托制度变革和健全激励机制引导资源合理配置，将潜在的环保价值转变为现实的经济效益，实现消费领域拓展和管网设施建设，作为全面市场化的前提条件，这对弥补天然气价格机制研究领域的欠缺，为我国天然气价格改革提供理论支持具有现实价值。此外，本文根据国家能源价格改革的总体要求，综合分析以把握市场化改革的关键点，并借鉴各国价格改革的历史经验，为新形势下推动天然气价格改革提出可行性的政策建议。

第二节　国内外研究综述

一　经济增长与能源消费、环境治理之间的关系

（一）经济增长与能源消费的关系

新古典经济学家认为能源相比资本、劳动和土地来说，并不是重要的生产要素，通常仅作为三个生产要素矢量中的一个分量，以此研究能源价格或能源投入对经济产出的影响。随着能源消费对经济影响程度的加深，部分学者开始将能源要素引入到生产函数中。

新经济增长理论认为基于资源禀赋条件的限制，资源的可耗竭性会导致前期资源的消耗影响后期投入。Rashe 和 Tatom（1977）为分析能源消费与经济增长之间的关系，首次将能源要素引入到柯布－道格拉斯生产函数（以下简称 C－D 函数）中。索洛模型（Solow Growth Model）则将产出、资本、劳动和“知识”或“劳动”的有效性四个变量纳入生产函数，假定资本和有效劳动是规模报酬不变的（Solow，1956；Swan，1956），然而该模型并未考虑资源禀赋条件的限制对经济增长的影响（Malthus，1978）。

能源消费对经济增长具有约束作用。罗默（Romer）（2001）提出鉴于可耗竭性资源的存量约束，由资源稀缺性导致的硬约束条件对经济增长产生明显的阻力，导致未来时期的经济增速相比不存在约束的情况下会有所降低，这种下降的程度称为经济增长的“尾效”。目前，关于经济增长“尾效”效应的研究主要集中于水土资源方面，比如薛俊波（2004）、谢书玲（2005）、崔云（2007）等分别运用相关统计数据分析了土地资源、水资源对我国经济增长的“尾效”作用。

基于新古典经济学理论，罗默提出了资源约束条件下的经济增长模型。假定资本、劳动要素在规模报酬不变的前提下，通过建立 Cobb-Douglas 生产函数，考察了能源、土地对经济增长的约束。雷鸣等（2007）、沈坤荣（2010）等分析了经济增长“尾效”作用的均衡解，认为在能源消费刚性下降的条件下，伴随着人口的快速增长，能源的可消费量逐步下降。马晓微（2007）、汪旭辉（2007）等运用我国能源消费和经济发展的历史数据分析表明，能源消费与经济增长具有长期稳定的正相关关系，且

存在能源消费到经济增长的单向 Granger 因果关系，能源是驱动经济持续发展的主要因素。张传平（2013a）验证了这一结论，同时也强调随着能源价格的走高，如果不提高当前的能源效率和低价能源政策，未来我国的经济增长将面临巨大约束。

（二）经济增长与环境治理的关系

1. 经济增长与环境治理之间大致呈倒“U”形结构

对任何国家而言，资源禀赋、人均收入水平及外生的技术进步、宏观政策等因素决定了一国的环境质量。Shafik（1991）、Grossman 和 Krueger（1992）通过定量分析不同国家环境污染和人均国内生产总值之间的关系，检验发现其类似于库兹涅茨曲线，即随着经济发展水平的提高，环境质量的指标呈现出先恶化之后又不断好转的过程。1996 年，Panayotou 首次将环境质量与人均收入之间的这种“U”形关系定义为环境库兹涅茨曲线。Munasinghe（1995）在已有研究的基础上，综合考虑环境的边际成本和边际收益，提出环境质量的供需达到平衡时会产生库兹涅茨曲线。Stern（2002a）运用不同国家的面板数据模型对人均收入水平和二氧化硫排放量之间的关系进行了测算，结果显示利用不同数量模型所得的结论与先前研究截然不同（Stern、Common，2001）。

尽管如此，Moomaw（1997）、Unruh（1997）、Martinez（2004）等却发现人均 GDP 与二氧化碳排放之间并不存在类似关系。蔡昉（2008）、林伯强（2009）等通过拟合环境库兹涅茨曲线来预测碳排放量，进而分析经济发展水平与节能减排的相互关系，认为理论上二氧化碳的库兹涅茨曲线是存在的，但是按照现实情况来看，预期人均收入水平到达时，拐点却未必真正能够到来。

2. 经济规模与环境外部污染存在均衡关系

国外学者 Bruyn（1997）、Hilton（1997）、Viguier（1999）基于经济规模、产业结构、技术水平等因素分析了其对污染排放的影响效应，而 Selden（1999）、Stern（2002b）、Hamilton（2002）则通过修正前述模型，并引入能源消费结构、生产率因素探析了美国、欧洲及部分发展中国家经济发展对二氧化硫、二氧化碳排放的影响，研究发现经济规模、消费结构因素对外部环境具有显著的影响作用。

于峰（2006）以 1999～2004 年全国各省的面板数据研究了经济发展与环境质量的关系，实证表明经济规模对环境污染的贡献度最大。林伯强

（2008）运用1970年以来我国经济增长与二氧化碳排放量的时间序列数据，证明经济增长与环境质量之间具有较强的协整关系。赵建辉（2013）通过对1953年以来我国经济增长与碳排放之间的协整分析，发现二者之间存在长期均衡关系，而且经济增长是碳排放的格兰杰原因。

3. 环境治理与能源消费关系

日本学者Yoichi Kaya（1989）以因式分解法对温室气体排放与人口、经济发展水平、能源效率与单位能源消费的碳排放因素之间建立了关系表达式，提出了著名的“Kaya恒等式”。J. A. Duro与Padilla（2006）利用指数分解法证明人均收入是引起不同国家人均碳排放差异的最重要因素，其次是能源消费的碳强度与能源强度。

优化能源结构是改善环境治理的重要路径。蔡昉（2008）分析了经济发展方式转变与节能减排的内在动力，林伯强（2009）等则以化石能源为例研究我国能源消费结构、产业结构对碳排放的影响，两者都认为通过转变经济发展方式、优化能源消费结构可能会使拐点提前到来。牛叔文（2010）等基于亚太八国面板数据的实证研究显示，能源消耗、经济发展与碳排放三者之间存在长期均衡关系，并指出通过调整能源结构是实现节能减排和环境治理改善的重要途径。

张友国（2009）运用1987~2006年可比价格的投入产出表测算了中国区域贸易增长的环境代价，认为随着贸易规模的持续扩大，贸易对能源消耗和环境的影响在不断加剧。城市化的阶段性特征是能源需求增长快且呈需求刚性，可以在保证经济增长的前提下，抓住时机，通过优化能源结构增加清洁能源比重，实现节能减排的目标（林伯强、刘希颖，2010）。

二 天然气价格形成机制

完善天然气价格形成机制是加强环境治理和转变经济发展方式，实现经济、社会与环境可持续发展的重要途径（聂光华，2013；林伯强，2014）。经济增长与环境治理之间的矛盾突出，需要在保证经济增长的前提下，实现价格合理的情况下的污染控制（何凌云，2011）。价格改革是实现整个行业市场化的破题之举，推动天然气的价格改革有利于通过价格杠杆实现产业结构调整和优化天然气消费结构（姜润宇，2014a）。

能源发展目标具有一定的矛盾性。支持经济增长、提供普遍服务需要较低的能源及环境成本，而实现环境的可持续则需要相对较高的能源、环境成本，这需要权衡社会关注的焦点。一般在经济发展进入高收入阶段，社会对环境的关注度也开始提高，能源成本就会上升，对清洁能源的补贴程度也会越高（林伯强，2014）。

（一）要素市场对能源效率的影响效应

要素市场扭曲对能源效率具有显著的负面效应。能源效率反映了投入与产出之间的关系。Sinton（2001）、杨红亮（2006）依据能源消费的统计数据得出中国能源强度持续下降的结论，技术效应是能源强度变化的主要原因。也有一些学者认为，自 1978 年以来我国能源消费强度减缓的重要原因是结构效应、产业能效因素的影响（史丹，1999；2003），魏一鸣（2004）等则运用经济与能源的统计数据实证检验了中国能源强度下降的原因。

Hsieh、Klenow（2009）通过对要素市场扭曲的生产率效应进行研究，认为如果要素配置到生产效率更高的企业，那么制造业的全要素生产率将会大幅提高。张曙光、程栋（2010）从政治经济学角度论证了我国要素市场扭曲的原因，强调要素市场的管制很大程度上是“增长”和“稳定”政策的产物，以增长为纲的地方政府普遍通过管制措施来实现短期内经济的快速增长，但长期来看则不利于经济增长的可持续性。

张杰（2011）认为要素市场的扭曲削弱了企业的技术研发投入，并且越是要素市场扭曲严重的地区产生的抑制效应越大。林伯强、杜克锐（2013）运用面板数据的固定效应 SFA 模型和反事实计量方法，对我国要素市场扭曲的能源效应作了定量研究，得出要素市场扭曲对我国能源效率具有显著的负面影响。测算显示，要素市场扭曲导致的能源损失量占总能源损失的 24.9% ~33.1%之间，年损失量为 1.2 亿~1.6 亿吨标准煤。因此，科学制定能源价格水平无论在短期还是长期内均能实现能源强度的下降（胡宗义，2008）。与此同时，基于区域之间要素市场化进程的不一致，需要进一步推进价格改革和构建合理的要素价格体系，并综合考虑地区性差异，使市场配置资源的作用充分发挥，借此有效激发企业的节能潜力。

（二）天然气价格形成机制对市场供求的影响

1. 天然气价格形成的政府规制

1848 年，古典经济学家约翰·穆勒（John · Mill）在《政治经济学原理》中首先提出了自然垄断概念，随后不同学者从不同角度对自然垄断进行阐释并提出相应的规制理论。[①] Clarkson（1982）、Stiglitz（1997）等认为单独一个厂商通常是提供某一区域燃气服务最有效的方式，这种情况被称为自然垄断。因此，天然气城市配送环节存在典型的网络依赖性，具有自然垄断的技术经济特征，需要政府必要的规制措施以弥补市场失灵。

传统规制方式导致的低效率是推动改革的直接原因。Bonbright（1961）、Baumol（1977）提出规模经济性是自然垄断的充分条件而不是必要条件，传统的规制方法使被规制主体和规制机构面临扭曲的激励，最优规制机制的设计面临着成本—收益的权衡，Stiglitz（2001）提出政府机构应仅对市场进行部分干预，从而完善市场机制的资源配置作用。

我国天然气价格规制不仅体现在垄断环节，而且生产和消费环节也存在管制问题。由于国内天然气价格偏低，而且相对煤炭来说又是清洁能源，某种程度上会导致投资误导和低效利用（姜润宇，2014b）。经济性规制的研究对象包括价格规制（植益草，1992）、价格水平与价格结构。从产业规制的绩效来看，价格规制机制的不合理是造成天然气未被充分利用的重要原因（陈富良，2009）。樊明武（2006）运用微观经济学理论系统分析了我国天然气行业形成垄断的原因，并针对垄断条件下的价格机制进行了探讨，提出未来需要逐步放松管制，培育竞争性的供求关系。白兰君（2007）提出天然气市场属于垄而不断的市场结构类型，需要综合考虑产业链的运营成本和投资回报率，实行更具激励性的规制方式。

2. 天然气定价机制对市场供求的影响

（1）天然气价格形成机制不完善是导致市场供需失衡的根本原因

天然气价格形成机制的不完善是导致市场供需失衡的根本原因（刘亚东，2010）。市场经济体制既决定了市场价格的基本法则，也决定了市场价格的基本秩序、功能定位、形成方式及用户或区域之间的价格关系（赵连增，2011）。长期以来，我国天然气产业链定价实行政府主导型的成本加成方式，导致终端气价没有充分体现其市场价值，且产业链各环节的价格形成机制不合理（郑玉华，2007）。

天然气价格较低且存在严重交叉补贴。李婷（2007）、武盈盈（2008）通过对天然气与可替代能源、国内外天然气价格水平的比较分析，认为我国天然气价格总体较低，价格偏离市场价值与供求关系，且不

---

① ［英］约翰·穆勒：《政治经济学原理》（上），赵荣潜等译，商务印书馆2013年版。

同用户之间存在严重的交叉补贴问题，这也是当前社会形成的普遍共识（檀学燕，2008）。随着天然气价格改革的逐步扩大和进口气量的连年增加，天然气市场价格或将不断上涨，整体上将出现“量价齐升”的局面（吴晓明，2012）。2004 年西气东输一期贯通以来，频繁出现的“气荒”现象正是定价不合理直接导致的社会问题（黄赫，2010）。针对国内消费水平和不同用户的承受能力，我国天然气价格补贴可能长期存在（林伯强，2010）。

（2）价格规制对天然气用户需求弹性的影响

早期 Balestra 和 Nerlove（1966）的研究发现天然气需求的短期价格弹性要明显小于长期弹性，而设备调整时间的滞后是产生这一现象的主要原因。Baltagi 和 Griffin（1997）通过分析各国天然气价格和消费数据，认为各国需求弹性差异较大，但长短期价格弹性与前述研究结论基本一致。

冯良（2009）引用双对数需求函数模型分析了上海市天然气需求的价格弹性，结果表明上海市天然气需求缺乏弹性。王浩（2009）运用投入产出与时间序列分析法相结合的方式探究了天然气价格上涨对不同行业的影响，发现我国经济发展对价格上涨的承受力逐步下降，且不同行业的价格承受能力差异很大。张欢、成金华（2011）运用向量自回归模型研究了能源价格上涨对居民消费的影响，发现价格上涨短期内对居民消费具有正向效应，而长期内则有负向效用。高千惠（2012）则借助价格弧弹性的计算公式测算了成都市长短期需求弹性，研究发现成都市天然气需求短期内缺乏弹性，但长期来看是具有弹性的，这可能与地区资源禀赋有关。成金华（2014a）通过引入价格规制作为虚拟变量，探析了华北地区的天然气消费价格弹性，实证得出价格规制降低了国内天然气的需求价格弹性。

（3）价格规制对价格总水平的影响

杨柳（2006）考察了中国能源价格变动对经济增长的影响，认为能源价格变动对经济增长短期内呈现负向冲击。林伯强和牟敦国（2008）以石油和煤炭价格上涨为例也得出其对经济紧缩的相同结论。林伯强（2009）通过区分能源价格无管制和管制的不同情形，探究了价格上涨对一般价格水平的影响，结果显示在无管制情形下，天然气价格上涨对 PPI 指数的影响效应要大于煤炭，而在目前情形下，煤炭和天然气价格上涨的影响作用基本趋同，以此得出天然气价格的管制程度相对较高；能源价格的上涨导致一般价格水平的涨幅均较小，并且还存在一定的滞后期，这与政府试图通过能源价格管制，抑制一般价格水平上涨的预期目标是不一致的。因此，未来需要改变现行的价格管理机制。

（4）未来天然气价格改革总体目标

能源价格改革的目标是建立科学合理的价格形成机制（温桂芳，2009）。天然气价格改革的目标是通过体制机制创新完善管理体系和运行机制，使上下游形成多元、有序的竞争性市场结构，构建反映资源稀缺、市场供求与环境外部性的价格形成机制，科学制定管网输配环节的投资回报率水平，促进天然气产业高效、有序与可持续发展，充分发挥其对我国能源结构转型和保障供给安全的重要作用（彭赟等，2012）。从我国能源价格改革总体历程来看，天然气价格改革明显滞后于其他能源，需要重构政府监管体系，加快天然气价格改革步伐，实现由政府定价逐步走向市场定价（林伯强，2010a；陈捷，2010）。

天然气作为高效的清洁能源，面临市场供需不平衡，需要尽快建立合理的价格机制和科学制定价格水平，引导投资者依照市场规律进行资源配置。我国天然气市场仍处于快速发展的早期阶段，若要实现天然气真正由市场竞争决定价格，还需进一步完善监管体系和基础设施建设，构建多元化市场主体和实施第三方准入政策，进而实现整个行业市场化改革的突破（姜润宇，2015）。当前，我国天然气的价格形成机制不利于产业发展，政府规制导致上游勘探开发存在行政性限制，中游管输与销售业务捆绑形成一体化垄断格局，不同能源比价关系不合理及用户价格存在交叉补贴，并且未能兼顾内在价值与外部效益的相关性等（刘亚东，2010b）。基于市场经济的含义、国家能源战略及环境治理要求，价格改革需要实现生产者和消费者之间的利益均衡，国家还应着手进一步推进天然气价格改革（张传平，2013b）。打破垄断、促进竞争及储运设施的第三方准入，将是构建市场化价格机制的首要前提（赵连增，2011；林伯强，2012）。

（5）“两广”地区的价格改革试点及增存气价格并轨、交易中心的建立

任何国家的天然气市场化改革并非一蹴而就的，天然气市场的发展成熟需要时间，只有市场发展到一定阶段之后，才能涉及市场化的深化改革问题（罗佐县，2007；林伯强，2013）。目前，全国推行天然气价格形成

机制改革的条件基本具备，但考虑定价改革的阻力问题，首先在广东、广西实施试点（郭树杰，2011）。朱渝（2013）通过分析我国“两广”地区天然气价格试点的改革绩效，认为这对今后天然气价格机制改革提供了重要经验，但也存在诸如价格基准点、替代能源选择等问题尚需解决。蔡娟娟（2013）认为“两广”试点实现了价格改革的创新发展，但是改革仍局限在上游环节，未来仍面临上下游价格传递、国际油价波动及东西部区域差异等方面的挑战。

“净回值”定价改革更是定价方法的变化，增存气并轨、放开直供用户价格和交易中心的建立则真正是价格改革的“破冰之旅”。2015 年 2 月宣布增存气价格并轨以及 7 月交易中心的建立对天然气领域的价格市场化改革意义重大，实现价格并轨有利于理顺非居民用天然气价格、促进消费需求和引导燃气企业的价格传递。此次并轨将形成一个天然气的整体价格，未来通过交易市场促使形成上中下游均能适应的整体价格（迟国敬，2015）。与此同时，放开直供用户价格和交易市场的建立都是政府发现价格的有效途径（李莉，2015）。市场交易中心的建立将在市场化改革中扮演重要角色。目前，放开管制的天然气消费占总销售量的 40%，通过引导该部分用气量进入交易中心形成国内市场价格，意味着将加速推动我国天然气定价基准的建设。

总体来看，天然气价格改革已取得实质性突破，若要真正实现市场化格局，未来还需要体制机制方面的建设，包括管道基础设施的第三方准入、上游领域形成竞争及下游积极参与交易市场等（韩晓平，2015）。根据十八届三中全会确定的经济体制改革方向和总体要求，如何进一步地把握国内外油气市场变化的重要“窗口期”，深化天然气管理体制和运行机制改革，分阶段、有序地建立市场化的价格机制仍是未来时期亟待解决的现实问题。

三　“公共物品”供给者的价值补偿机制

（一）外部性的经济学阐释

新古典经济学家马歇尔（Marshall）（1890）首次提出了外部经济的概念，随后庇古（Pigou）（1920a）对外部性进行了系统阐述，形成了较为完备的外部性理论，认为外部性是指在双方当事人缺乏相关经济交易的情况下，由一方当事人向另一方当事人提供的物品束（Spulber，2008），商品生产的私人成本与社会成本的差距即为外部性（Pigou，1920b）。1962 年，布坎南（Buchanan）与斯塔布尔宾（Stubblebine）对外部性作了如下定义：只要个人效应函数或厂商生产函数所包含的变量在另一主体的控制之下，那么就存在外部性。① 根据外部性的影响效应，可分为负外部性和正外部性。

外部性问题的存在具有不可分割性，任何私人均不能排他性地消费“公共物品”（Olson，2011）。② 庇古基于“公共物品”角度，认为外部性问题仅依赖市场力量配置资源无法达到帕累托最优，必须依靠政府采取强制性征税等经济手段解决外部的不经济性。科斯（Coase）（1960a）从产权角度探讨了负外部性问题，认为在交易成本可以忽略的前提下，通过私人谈判和产权界定达到最优资源配置效果。诺斯（North）（1991a）则从“搭便车”角度分析了正外部性问题，着重提出产权的不清晰是导致外部性问题的关键因素。有效率的组织（如：政府）可以借助某种制度安排，依托市场作用实现正外部性的供给。

庇古税是解决外部性的有效经济手段，明晰产权也为解决外部性问题提供了思路，为实现外部成本的内部化提供了理论基础。就能源消费而言，由于部分能源消费过程会对外部环境造成破坏而形成负外部性，除非采取有效的政策手段，否则消费者很难有承担外部成本的主动性。Croker（1966）提出在厂商与个人之间分配可交易的排污许可证是控制空气污染的可行性方式，胡宗义（2007）运用可计算的一般均衡（CGE）方法研究认为，通过征收能源税可以显著地降低能源消费的负外部性。

（二）“公共物品”供给者的价值补偿问题

萨缪尔森（Samuelson）首先提出了公共物品理论，认为从经济学角度来讲，“公共物品”具有很强的正外部性，其消费、占有具有竞争性和

---

① 转引自沈满洪、何灵巧《外部性的分类及外部性理论的演化》，《浙江大学学报》2002 年第 1 期，第 152 ~ 160 页。

② 不可分割性是指，私人在对一种物品未付费的情况下难以被阻止享受该物品所带来的好处。包括两个方面：一方面是搭便车问题，即在市场化条件下，由于享受公共物品不需要支付费用，所以无法获得优化资源配置的收益指标；另一方面是偏好显示的不真实，即公共物品的消费不愿真实表达其内在的主观需求；参见李寿德《环境外部性起源理论研究述评》，《经济理论与经济管理》2000 年第 5 期，第 63 ~ 66 页。

非排他性。[①] 正外部性问题导致“市场失灵”,[②] 但不同学者对由此引起的资源配置效率问题存在不同看法。部分学者认为单纯市场机制的作用无法解决外部性问题，需要依赖政府的干预性措施，而持不同观点的认为只要改变所谓市场失灵的条件，市场失灵的问题即可通过市场机制自动矫正（高洁，2008）。

1. 市场机制难以实现“公共物品”供给均衡

“公共物品”的供给在市场条件下无法得到确切的均衡。正外部性供给者的生产收益一部分“发散”成为社会收益，使私人均衡点低于社会均衡点。庇古从效率和公平角度评价了市场机制的功能与缺陷，认为外部性引起的市场失灵会导致边际私人纯产值不等于边际社会纯产值，Samuelson（1954）、Bator（1958）运用传统的均衡分析方法论证了“公共物品”的供给在市场机制的作用下无法得到确切均衡的结论，由此成为政府干预的理论基础。公共物品自身性质决定了其供给机制，即供给机制的作用边界由私人供给向政府供给过渡。

但一些学者认为从经济学原理上，外部性引发的资源配置不能最优的原因不是市场机制本身的问题，而是未能进行有效的产权界定（Coase，1960b），况且外部效应恰是市场趋利避害和市场效率的体现（张五常，2014）。只要产权清晰且可交易转让，通过讨价还价方式实现外部成本的内部化，市场机制能够克服这种外部性问题（Buchanan，1989）。Montgomery（1972）从排污权交易角度进一步证明了市场均衡的存在。然而，正如科斯理论的前提假定说的，在交易成本为零或可以忽略的条件下，“科斯市场”是成立的，针对一些单向的正外部性的交易成本太高，很难通过明确产权的市场方式解决。当产权交易存在交易成本时，边际成本不等于边际价格，初始分配将偏离市场均衡点，进而会影响到市场效率（Cason，2003）。

---

① ［美］萨缪尔森:《经济学》，转引自王瑶《“科斯灯塔”私人供给之谜的重新解读》，《经济学动态》2014 年第 8 期，第 117 ~ 125 页。

② 1958 年，巴托（F・M・Bator）在《市场失灵的剖析》中首次提出了“市场失灵”的概念，认为市场失灵是指价格—市场制度无法维持合乎需要的活动或无法阻止不合需要活动的状态，这与人们对“最大福利函数”的价值判断有关；参见 Bator F. M.，the Anatomy of Market Failure，*Quarterly Journal of Economics* Aug，pp. 351 ~ 379.

2. 市场机制能够实现“公共物品”的有效供给

有效率的组织通过特定的制度和产权安排对私人产生“激励相容”的制度能够解决正外部性问题（North，1991b）。诺斯运用新制度经济学的研究方法从正外部性方面扩展了科斯的外部性理论，认为政府可以通过某种制度安排进入市场补偿正外部性提供者，使个人努力成为私人收益与社会收益相接近的活动（李寿德，2000）。但我国在能源价格方面的“应管未管”导致能源价格的结构性失衡，抑制了天然气等清洁能源的投资力度（王敏，2014）。

正外部性是第三方公益品，政府需要采取激励性补偿措施。政府采取“庇古税”等补贴方式可以来内化正外部性，即政府依据正外部性带来的影响效应，依靠有效机制实现对正外部性激励的制度安排（王万山，2007）。从“公共物品”的产权理论角度来看，产权形式决定了价格对真实价值的反映程度。可试图对正外部性提供者实施补贴或价格方面的激励措施，借助市场机制的自动作用，建立“公共物品”供给者的价值补偿机制。针对天然气的环保价值制定相应的优惠或补贴政策，充分发挥出节能环保作用，拓展天然气的应用领域（韩晓平、林伯强，2015）。

郑新立（2014）认为建立共享性资源的市场价值的补偿机制是未来我国经济体制的难点之一。由于生态文明体制改革的滞后，使生产要素对环境治理的投入不足，导致目前严重的环境污染问题，核心问题是并未找到共享性“公共物品”供给者的价值补偿机制，如何尽快形成环保产业的投资激励机制，吸引更广泛的社会资金投入，亟待进行市场化改革（郑新立，2013）。进一步地，提出国家可通过全面深化财税改革，构建现代财政制度以形成“公共物品”供给者的价值补偿机制（郑新立，2014）。

近几年来，虽然国家将征税等经济手段引入到环境治理中，然而经济产出带来的短期利益导向弱化了企业的减排激励，政策并未取得实质性进展。十八届三中全会提出要建立系统、完整的生态文明制度体系，以制度性手段保护生态环境，生态文明制度的建立需要寻求共享性“公共物品”供给者市场价值的补偿机制。[①] 天然气相对煤炭、石油更具环保价值，扩大天然气的使用规模对解决外部环境污染问题存在显著的正向效应，是清

---

① 2014年2月10日，中国国际经济交流中心常务副理事长郑新立在“中国经济50人论坛2014年会”上发表《关于经济体制改革方面五个难点》的讲话。

洁空气这种“公共物品”的重要提供者。因此，天然气供给者既应获得公平合理的报酬，也应对正外部性价值实施补偿。正外部性价值的衡量和补偿应借助市场机制来完成，政府规制对扩大消费需求固然有效，而调剂供求还需依托市场机制的作用。这需要有效率的组织进入市场健全制度体系和建立对私人行为的激励相容机制。

四　研究评述

总体来看，鉴于国内外经济发展水平的差异，国外关于能源结构与经济增长、环境治理、天然气价格机制、外部性的研究起步较早，在基础理论、研究方法和实践经验方面形成了较为完备的研究体系，为我国后续研究和深化改革提供了重要参考。相比较而言，国内对天然气价格领域的研究仍存在不足，具体表现为以下方面：

首先，针对天然气领域在优化能源结构与经济发展、环境保护的作用关系，以及产业链整体的价格机制改革方面缺乏系统研究。目前研究往往孤立地探讨某一方面，如何将价格改革与经济平稳发展、环境治理有效衔接，正确处理能源安全、经济发展和保护环境的多重矛盾，并从制度设计层面分层次、渐进性地推进市场化改革缺乏系统性的研究。

其次，天然气价格形成机制的研究缺乏连贯性。天然气价格机制涉及价格构成、价格形成方式、管理体系，而价格改革则关系到对各类运营企业、消费主体的影响，应统筹各主体利益的均衡关系。既要顺应当前宏观经济形势和行业发展要求，确立合理的管理体系和运行机制，推进天然气行业发展和提升竞争力水平，还应统筹不同行业、不同用户的承受能力，尽量减少改革对社会经济带来的负面影响。为此，应综合考量形成正确的价值判断，并借助合理的定量研究方法和数据资源进行深入研究。

再次，关于“公共物品”供给者的价值补偿机制的研究存在欠缺。研究环境外部性问题通常侧重于能源消费导致的负外部性，比如如何建立负外部性的惩罚措施、环境征税等，针对天然气等清洁能源提供“公共物品”的正向激励机制方面却鲜有涉及。目前，环境治理的重点是加快清洁能源供给和实现能源消费替代，以及保障经济运行的平稳发展。因此，如何综合各项经济手段，探索建立“公共物品”供给者的补偿机制应是当前研究的重要内容。

从国外已有研究来看，由于国外市场经济国家的天然气产业起步较早，对价格形成机制问题的研究已相对成熟和完备；相对而言，我国天然气行业起步要晚，且牵涉面更为广泛，价格改革的步伐也比较缓慢，因此当前的价改问题日趋复杂。面对国内外油气市场形势及我国经济社会发展要求，深化天然气价格机制改革需要综合天然气的资源属性、产业链性质及对各主体的作用效应等，运用经济学理论全面探析天然气价格形成机制的各个层面，结合目前国内外市场环境变化，探索天然气市场化改革的路径选择，并从外部性角度借助价格、财税等经济制度改革，建立天然气正外部性价值的补偿机制，进而推动上游生产、管网配送设施的建设力度及消费领域的不断扩大，为促进天然气行业的有序发展奠定基础。

第三节　研究内容、方法及结构框架

一　研究内容

（一）研究对象的界定

1. 天然气

天然气通常指产生于油田、煤田和沼泽地带的天然气体，主要成分是甲烷等，是埋藏在地下的古代生物经高温、高压等作用形成的，[①] 主要存在于油田气、气田气、生物生成气，也有少量出于煤层、页岩层。根据《石油天然气储量计算规范》（中华人民共和国地质矿产行业标准 DZ/T0217—2005），常规天然气（Gas）是指天然气存在的烃类和非烃类气体以及各种元素的混合物，其在地层条件下呈气态或者溶解于油、水中，在地面标准条件下只呈气态。[②] 关于非常规油气的定义，2007 年美国石油工程学会（SPE）、石油评估工程师学会（SPEE）等机构联合发布的非常规油气资源的定义是存在于大面积分布的油气聚集中的、不受水动力效应明显影响的油气聚集。本书所指天然气包括常规天然气以及页岩气、煤层气等非常规天然气。相比较煤炭、石油等化石能源，天然气具有使用安全、热值高、洁净等优势。

---

① 中国社会科学院语言研究所词典编辑室：《现代汉语词典》，商务印书馆 2012 年版。

② 国土资源部：《中华人民共和国地质矿产行业标准：石油天然气储量计算规范（DZ/T0217—2005）》，中国标准出版社 2005 年版。

2. 价格形成机制

关于价格形成机制概念的界定，目前尚未形成统一的说法。“机制”在社会学中内涵可表述为在正视事物各个部分存在的前提下，协调各个部分之间的关系以更好地发挥作用的具体运行方式。周盛世（2001）提出价格形成机制是指具有制定、干预和影响价格权的企业、个人、政府在价格形成中的关系，戴平生（2004）认为价格形成机制是指价格形成的方式以及在其形成和运动过程中的制约和影响因素，刘满平（2012）则认为，从理论上讲，价格形成机制是价格机制的重要组成部分，所谓价格形成机制是指以市场配置资源为基础，以完善有效的政府宏观调控为手段，建立有利于产业结构优化、行业可持续发展的价格指数、完整的成本核算框架、完备的市场交易体制，引导生产、流通和消费的价格制定与调整的制度安排。

本书认为刘满平（2012）对价格形成机制概念的界定更全面完整，涉及政府与市场相互作用的制度安排，包含了制度安排的机理、目标。对此，关于价格形成机制的研究主要涉及三方面：价格管理权限，价格形成的方式、途径和机理，以及价格调控方式（包括价格调控的对象、目标和措施）。探讨价格形成机制的核心目标是通过理清政府与市场相互关系，构建成本核算完整、市场交易体制完备的价格形成机制，实现产业结构优化、行业的可持续发展。

3. 研究范围的界定

鉴于天然气定价机制问题涉及内容广泛，考虑到本人从事行业、产业链的代表性等因素，文章着重探讨包括燃气企业在内的产业链定价问题。随着城镇化率的提高和能源清洁化、低碳化的转型要求，我国城市燃气行业实现了快速发展，管输、储存等基础设施建设规模不断提高，用气规模持续增长，对此价改涉及主体也更为广泛，深化燃气行业价格体制改革势在必行。目前，由于我国天然气市场存在准入限制，所以价格改革的立足点主要是建立门站价格的动态调整机制、放开直供用户价格。尽管燃气企业的特许经营制度形成了一定的地域性垄断，但随着民营资本的进入，燃气行业区际、区域内的竞争格局基本形成。为理顺从上游生产、中游管输及下游配送、销售的体制机制，推动管网设施建设和天然气使用规模扩大，需要基于产业链整体的价格形成机制和收益率的制定进行统筹研究。

（1）减排治霾迫切需要提高天然气在能源消费结构中的比重

城市燃气为经济发展和居民生活提供稳定动力供应的同时，对改善能源结构、保护大气环境、缓解能源供应紧张局面，进而实现国民经济的可持续发展具有重要的保障作用。特别是，近几年来国内区域性的“雾霾”天气越来越严重，城市 PM2.5 达标比例仅为 4.1%。城市燃气作为清洁性气体能源是缓解污染的重要手段，应着力推进燃气的进一步普及利用。

（2）城市燃气行业日益成为国民经济中具有先导性、全局性、重点扶植的产业

随着天然气管道建设规模的不断扩张，我国城市燃气的消费量快速增长。2000～2013 年期间，天然气消费量由 82 亿立方米增至 964 亿立方米，年均增长 20.9%，远高于同期 16.1% 的消费增速，用气人口也达到了 4.21 亿。到 2030 年，我国城镇化率预计将达 70%，城市人口大约有 10 亿，城市燃气中的主导燃料地位将继续加强。我国天然气下游配气领域与上游市场结构截然不同，从主要城市燃气公司业务发展形势看，城市燃气行业依然处于扩张阶段。2011 年，我国城市燃气行业工业总产值达到 2767.24 亿元，所占 GDP 比重不断提升，全行业固定资产投资额增速逐年提高，国内城市燃气行业企业数量为 829 家。①

（3）城市燃气行业的快速发展需要进一步完善价格机制

城市燃气作为城市公共服务的重要组成部分，关系到人民生活质量、城市自然环境和社会环境。天然气作为一种商品，可以像其他商品一样交易买卖，而管道运输、配送具有自然垄断性质，城市燃气的气源供应、输送干线处于垄断状态，作为城市公用事业受到政府严格管制。因此，作为一种资源性产品，城市燃气既具有一般商品的经济特性，又有明显的地域特点和公共物品的公用性质，存在商品性和公益性的两重性。然而，随着城市燃气行业向民间资本的不断开放，城市燃气行业的市场化程度不断提高。按照市场经济的逻辑，价格机制应符合其内在价值并成为资源配置的主导手段。考虑到外部环境保护问题，天然气价格构成、收益率的确定既要实现经济价值，又要体现内在的社会效益和调峰应急价值等，从而有效解决供气管道、应急储备等基础设施不足的问题。

（二）研究目标

市场环境的变化是推动价格形成机制演变的外部动力，调整能源结

---

① 2013 年全国天然气生产、消费量来自国家统计局《2013 年国民经济和社会发展统计公报》，2013 年进口量数据来自《中国能源统计年鉴 2014》；2014 年预计消费量、进口量来源于 2015 年 1 月中国石油和化学工业联合会发布的调研报告《我国天然气发展面临的不确因素》。

构、促进产业发展及保障能源供给安全是价格改革的重要目标。天然气行业特征与相关定价理论，通过对我国天然气的利用现状及产业链的价格形成机制的研究，分析当前天然气价格形成机制存在的问题及面临的挑战；以政府的产业规制理论为基础，探讨政府的价格规制对产业链价格传递的影响，运用计量模型分析理论价格与实际价格的差异及各用户的需求弹性，探讨新形势下如何形成科学合理的价格水平，并归纳了国外价格机制改革的实践经验；以外部性等经济学理论为基础，综合考量社会的整体效益，初步探究了清洁能源的外部性问题，最后运用制度经济学理论探索新形势下我国天然气价格形成机制应形成何种制度框架和价格模式，进而有序推进我国天然气价格形成机制改革。

（三）研究内容

第一部分：描述国内外天然气供需形势变化，运用计量模型分析价格变动对能源效率的影响，衡量天然气资源与经济增长的内在传递机制。

第二部分：概述天然气资源的产品属性、定价方式及适用条件，运用微观经济学理论阐释天然气行业的市场结构特征、交易方式、定价机制的基本类型；以制度变迁理论探析我国天然气定价机制演变的内在逻辑和发展变化，明确不同市场环境下政府与市场在价格形成中的作用原理，分析现阶段我国天然气市场管理体制、运行机制及价格形成机制方面存在的问题及面临的挑战，并测算各终端用户需求价格弹性的变化趋势。

第三部分：基于自然垄断产业价格规制理论的三种定价模型，分析产业链的不同环节和市场格局下的定价方法，探讨用户承受能力、需求弹性、替代能源价格等因素对价格政策的影响，并运用定量方法研究天然气现行体制对上下游价格传递的影响；比较各国不同市场环境下的定价方式，归纳其天然气价格机制改革中形成的基本经验。

第四部分：基于外部性理论探究价格机制对环境外部性的作用效应，结合产业规制理论分析了燃气管输配送环节的价格水平，探索结合外部性价值制定企业的合理投资回报率，并综合我国天然气的资源禀赋、产业发展程度、用户价格承受力等因素，探析在市场化改革的宏观环境下，如何构建“公共物品”提供者的补偿机制。

第五部分：详细介绍了我国天然气资源的供给潜力，明确新形势下天然气价格改革的整体思路和价格机制选择，提出未来我国天然气价格形成机制改革的政策建议。

二　研究方法、创新点及结构安排

（一）研究方法

1. 实证分析与规范分析相结合方法

文章在研究过程中采用计量模型研究价格与能源利用效率、能源消费与经济增长、环境治理的相关性，以及市场化水平、各终端用户价格承受力等；规范分析主要是选取价值判断标准分析现状、问题与体系构建的问题。

2. 历史研究与逻辑推理相结合的方法

本书通过综合国内外关于天然气定价机制改革的历史资料和已有文献，运用制度经济学理论归纳我国价格改革的内在逻辑及演变趋势。同时，结合国内外天然气定价理论的研究文献，分析天然气定价机制现状及存在问题，提出其改革的内在必然性，并以不同定价方式各自适用范围为前提，运用逻辑推理方法探讨我国天然气价格改革的整体思路与政策建议。

（二）创新点

1. 天然气价格构成的内涵有所发展

从产品的经济价值、生态价值及国家能源安全价值概念出发，提出天然气价格形成包括厂商成本、环境成本、社会成本、国家安全成本、替代能源成本以及投资者的合理回报，并初步探讨了如何建立“公共物品”提供者的价值补偿机制。

2. 以实证分析获得当前问题的量化数据

本书通过采用大量调研和统计数据，并借助计量模型的实证分析，得到当前我国天然气价格形成机制问题的量化数据，某种程度上弥补了国内关于天然气价格研究领域定量层面的欠缺，并以此作为后续研究的基础。

3. 提出了天然气价格形成机制的基本模式

基于前面的实证分析，结合国内经济发展、市场结构等实际形势和国外天然气价格改革的实践经验，系统阐述了我国天然气价格机制改革如何逐步形成“X + 1 + X”的管理模式及构建共享性“公共物品”供给者的价值补偿机制。

（三）结构安排

本书总体内容结构安排如下：

第一章：绪论
第二章：我国天然气利用现状及对经济、环境的影响
第三章：天然气产业链的构成及价格形成分析
第四章：我国天然气价格形成机制的演变及问题
第五章：政府规制下的价格规制模型与实证分析
第六章：国外天然气价格改革经验及启示
第七章：我国天然气价值补偿机制的初步探讨
第八章：新形势下完善我国天然气价格形成机制的政策建议

第二章

我国天然气利用现状及对经济、环境的影响

2014年国务院印发《能源发展战略行动计划（2014—2020）年》提出坚持“节约、清洁、安全”的战略方针，加快构建安全、清洁、高效、可持续的现代能源体系。十八届五中全会关于“十三五”能源发展规划的内容方向，进一步地明晰优化能源布局作为总体思路，保障能源安全、提高能源利用效率将是核心内容，强调要围绕深化能源体制改革、增强国内油气供应能力、加强油气替代等九大问题，着力从根本上解决影响我国能源科学发展的长期性、深层次问题。为此，控制能源消费总量、强化煤炭清洁高效利用、大力发展清洁能源和加快能源体制改革成为“十三五”期间保障经济、社会、环境协调发展的主要任务。

能源作为经济社会发展的重要物质基础，极大地提高了劳动生产率，推动了经济与社会的高速发展。随着全球能源市场需求规模的日益扩大，如何正确处理能源消费与经济增长、环境保护之间的矛盾，成为各国现代化发展中亟须面对的问题。纵观世界各发达国家，为了应对气候变化、促进经济发展，各国开始重视节能减排。天然气作为各国优化能源结构的重要形式，占一次能源消费比重不断提高，需求增长主要是对煤炭、石油的消费替代推动。未来伴随环境政策作用的更加凸显，天然气作为优质高效、经济可行的清洁能源或将成为我国推进能源清洁化、低碳化转型的重要选择。根据国际能源署（IEA）预测，未来25年内全球能源需求以天然气增长最快，并有可能超过石油成为全球首席能源。①

中国作为全球经济增长最快的国家之一，作为能源消费大国，进一步优化能源使用结构和提高能源效率是实现经济、环境可持续发展的现实选

---

① 美国能源信息署对未来25年全球天然气消费预测结果显示，非OECD国家天然气消费增长将占全球消费增长的70%。参见IEA《WEO2011 - Golden Age of Gas Report》2011年版。

择。当前我国经济发展面临诸多约束和挑战，尤为突出的是经济发展的能源瓶颈，表现为总量问题、结构问题和环境问题。随着宏观经济规模的扩张，能源需求总量也在迅速增加；与此同时，我国能源效率相对低下，能源短缺对经济发展的制约作用越来越大，如何提高能效成为解决资源约束的重要手段；能源消费是环境污染的主要来源，以煤为主的消费结构导致污染问题日益突出，对煤炭资源的过度依赖成为抑制经济可持续发展和生态环境恶化的重要原因。推动天然气发展不仅能够缓解能源供应压力，而且还能改善环境治理，对我国经济、社会及环境的可持续发展具有重要现实意义。本章首先阐述了国内外天然气市场的供需现状及发展趋势，对比分析我国在不同时期及国外部分国家的能源效率，结合新经济增长理论构建 C－D 函数，着重论证了发展天然气对支撑经济可持续增长的作用效应。

第一节　天然气市场供需现状及发展趋势

天然气作为优化能源结构的重要能源形式，是各国优先发展的清洁能源，被称为 21 世纪的能源。近几十年来，能源短缺、生态环境破坏推动了国际能源变革，新兴常规气供给区域不断拓展，受美国页岩气革命等因素影响，非常规天然气产量也在迅速增长，天然气消费量及占一次能源消费中的比重逐年上升，2014 年全球能源消费结构中的天然气比例占 23.7% 左右，与石油、煤炭并列成为世界三大能源支柱。目前，我国正致力于非常规油气资源开发，或将成为世界非常规天然气增量的重要力量。尽管如此，国内天然气产业发展还相对不足，天然气在一次能源结构中的比重偏低，仅占 5.6%，明显低于世界平均水平，且伴随经济结构转型升级、环保政策的强化实施，国内需求保持刚性增长，供需矛盾可能将持续加深。即便国际油气价格下跌在短期内缓解了供求紧张的局势，但随着上游投资的调整到位，长期内导致供需失衡的风险因素依然存在，保障供给安全仍需切实增强国内供给能力。

表 2.1.1　过去 20 年间中国与其他部分国家的天然气占一次能源比重（单位：%）

	美国	英国	德国	日本	中国
1982 年	23	27	12	9	3
2014 年	30	32	20	22	5.6

资料来源：《BP 世界能源统计年鉴（2014）》

一　国际天然气市场供需基本形势及发展趋势

纵观世界天然气市场发展趋势，天然气消费无论是绝对量还是在能源结构中的比重均呈现显著上升趋势，在全球能源格局中扮演着越来越重要的角色。尤其是伴随各国应对全球气候变化、生态环境治理问题，天然气凭借其清洁、高效及充足的资源禀赋，对煤炭、石油的消费替代日益增加，成为天然气需求增长的主要因素。2008 年以来世界经济缓慢复苏，廉价煤炭的替代、可再生能源的发展一定程度上抑制了天然气消费的增长，到 2014 年天然气市场供需基本平衡，总体供大于求约 0.07 万亿立方米。北美和欧洲市场供需基本持平，较低的天然气市场价格影响产量的进一步提升。

（一）天然气市场供给与需求形势

从供给方面来看，全球天然气储量资源较为丰富，主要分布在中东、欧洲和欧亚大陆地区。2014 年，天然气储量超过 187.1 万亿立方米，同比增长 0.3%，储采比约为 54.1，净增长量主要来自美国和阿塞拜疆。根据每年新增探明储量均高于同期天然气消费量推断，全球天然气资源是相对丰富的。

2014 年，世界天然气产量约为 3.46 万亿立方米，增幅 1.6% 左右。其中，北美天然气产量为 9484 亿立方米，同比增长 5.3%，主要原因是内部需求和贸易量的增长，美国天然气产量 7283 亿立方米，增长较为温和（仅为 1.3%）。欧洲天然气产量同比减少 3.1%。2014 年，经合组织（OECD）国家天然气产量为 1.25 万亿立方米，但已形成多元化供应渠道，市场供需形势基本平衡。俄罗斯天然气产量达到 5787 亿立方米，同比下降 4.3%。亚太地区天然气产量基本保持不变，但仍是液化天然气贸易的主要目的地，吸纳了 75% 的液化天然气贸易量。[①] 2013 年国际天然气贸易总量为 0.997 万亿立方米，约 3333 亿立方米是通过 LNG 形式运输，占总贸易量的 33.4%。[②]

从需求方面来看，尽管 2014 年以来全球经济发展滞缓，增速明显有

① 资料来源：《BP 世界能源统计年鉴（2015）》，中国石油经济技术研究院《2014 年国内外油气行业发展报告》，下文同。

② IGU："IGU World Gas Price Survy - 2014 Edition"，http：www. ign. org/publications，2014 年 5 月。

所下滑，但发达国家复苏迹象明显，带动世界能源消费总量开始增长。世界一次能源消费增长0.9%，低于2013年2.3%的平均水平。其中，天然气作为清洁性能源在一次消费比重中增长最快。2014年，全球天然气消费平稳增长，总量约3.39万亿立方米，同比增长0.4%，其中，非OECD国家消费量为1.81万亿立方米，同比增长2.4%，占消费总量53.3%。OECD国家消费量约为1.58万亿立方米，同比下降1.8%，占世界总量46.7%。

从地区消费来看，供应相对宽松，美国发电用气量大幅下降导致天然气消费总量放缓，从而北美天然气消费增幅较小；受季节性因素、部分国家经济回暖及煤电与核电减少的影响，欧洲天然气消费量自2010年以来首次回升；亚太地区天然气消费保持较快增长，增速略有下降。受气候温和、经济运行平稳以及利用效率提高等因素的综合影响，以日韩为代表的亚太地区传统用气大国天然气消费量相对平稳，而中国、印度为代表的新兴用气国家继续保持较快增长，但由于基数较大，增速均低于同期水平。

表2.1.2　2012～2014年世界各地区天然气探明储量及供需形势

地区		北美洲	美国	中南美洲	欧盟	俄罗斯	中东	非洲	亚太	中国
2012	储量	11.1	8.7	7.7	1.6	31	80.3	14.4	15.2	3.3
	产量	894.2	681.2	174.3	147.9	592.3	545.5	216.3	484.9	94.5
	消费	902.9	723	162.3	444.1	416.3	412.9	123	627.1	146.3
2013	储量	11.7	9.3	7.7	1.6	31.3	80.3	14.2	15.2	3.3
	产量	899.1	687.6	176.4	146.8	604.8	568.2	204.3	489	1209
	消费	923.5	737.2	168.6	438.1	413.5	428.3	123.3	639.2	167.6
2014	储量	12.1	9.8	7.7	1.49	32.6	79.8	14.2	15.3	3.5
	产量	948.4	7283	175.0	132.3	578.7	601.0	202.6	531.2	134.5
	消费	949.4	759.4	170.1	386.9	409.2	465.2	120.1	678.6	185.5

注：表中储量单位与供给、消费单位不同，储量单位为万亿立方米，供给与消费单位为十亿立方米。为了便于横向比较，在此统一使用BP统计数据。

天然气需求变化与各国能源发展战略、环境政策及替代能源的经济性密切相关。比如从行业需求来看，2014年，世界天然气消费以发电、民用和工业为主。由于天然气在发电部门受到其他替代性能源竞争的影响，以及天然气价格的上涨，使发电用气量略有下降，但是发电用气仍是天然气消费的主要增长点，工业用气占比位居第二。

（二）天然气价格对供需的影响

价格是市场参与主体的重要的信息，是调节供需和实现资源优化配置的有效方式。反过来，供需形势的变化又会引导价格作出相应调整。虽然全球天然气市场运行总体平稳，但由于供需形势、定价方式的内在差异，导致北美、欧洲和亚太区域的天然气价格走势差别很大。

首先，美国受极端气候、储气库存、页岩气单井产量递减等因素影响，美国天然气价格处于较低水平。2014 年，Henry Hub 年均价格同比上涨 17.3%，相比 2013 年的增幅下降而需求的增加以及页岩气成本的低估导致价格仍然回升，但与其他地区相比，仍然维持在一个较低水平。实现进口多元化的欧洲市场，随着需求的逐步恢复平稳，价格一直保持在合理区间。2014 年，英国 NBP 天然气价格同比上涨 23.4%，长期内与油价挂钩的天然气价格会出现上下波动；受油价下跌影响，2014 年与油价挂钩的日本 LNG 进口价格总体处在较高水平。过去一段时间内，需求强度过大、供给弹性不足也是其维持相对高位的原因之一。

但是，美国页岩油气革命深刻地影响着全球能源格局。自 2014 年下半年开始，美国原油产量的爆发式增长及国际原油需求下降等因素，导致国际油气价格持续下跌，全球天然气贸易方式和定价方式发生新的变化，市场之间的联结性不断增强，区域间的价格差距趋于减小，国际市场也随之进入新的平衡过程。诚然，供应结构的持续调整会使这种下降态势无法持续太久，预计未来天然气对全球能源供需的重要性依然增加，需求仍将保持强劲增长态势，市场价格将回归到合理水平，供需形势依然处于相对平衡状态。

市场价格走势（美元/百万英热）①

---

① 英热单位（British thermal unit），简记作 Btu，英、美等国采用的一种计算热量的单位，它等于 1 磅纯水温度升高 1F（1°F = 5/9°C 温度差）所需的热量，1 百万英热单位≈252 卡：参见《BP 能源统计年鉴》2015 年版。

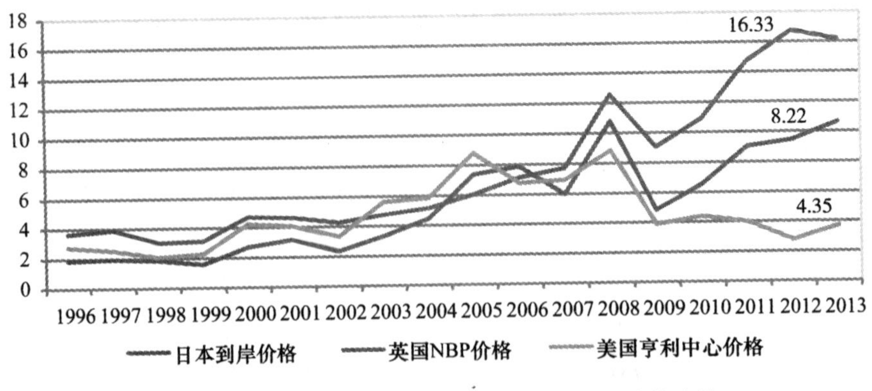

图 2.1.1　1996～2013 年不同区域天然气市场价格走势

注：到岸价格＝成本＋保险＋运费（平均价格）。

资料来源：《BP 世界能源统计年鉴（2014）》。

（三）天然气未来供需趋势

资源消耗程度的加深、能源相对价格不断提升，促使开发替代性能源成为可能，能源消费对传统化石能源的依赖程度有所下降。尤其是自 2008 年以来，各国相继推出了长期的清洁能源投资计划，鼓励发展各种清洁能源、可再生能源，强有力的补贴支持也给能源发展提供了保障，未来能源消费结构或发生重大转移。预计天然气消费总量增长趋势基本不变，消费结构的转变还要取决于全球经济状况、各国能源政策等因素。

根据 IEA《2013 世界能源展望》的声明，受到推进能源消费结构多元化、降低煤炭消耗及减少空气污染政策的影响，天然气需求将继续增长。预计未来时期，全球天然气需求量依然保持上升的态势。受价格影响，北美地区的供需由宽松趋于平衡；欧洲受经济回暖、煤炭的使用继续受到碳税及美国出口等因素的影响，消费量可能出现小幅回升；亚太地区需求将继续保持较快增长，但增速会略有下降，新兴经济体依然是未来需求增长的主要动力。①

① 黄晓勇等：《世界能源发展报告（2014）》，社会科学文献出版社 2014 年版。

二 国内天然气市场供需基本形势

改革开放以来，在过度强调宏观经济增速的时代，放任煤炭的开发利用，导致对煤炭、石油资源的过度依赖，使天然气的开发利用严重滞后，以煤为主的能源结构长期扭曲偏高，天然气始终难以在一次能源消费中发挥应有作用。进入21世纪之后，为应对能源短缺、气候变化和大气污染问题，在能源结构中处于次要地位的天然气成为能源消费的主要动力之一，我国天然气产业实现了跨越式发展。过去一段时期，尽管国内勘探规模、技术水平保持增长，天然气供应量持续增加，但很快被经济增长的内生性需求消化，仍难以满足我国快速增长的市场需求，对外依存度不断加大。随着我国经济结构调整、城镇化进程加快及生态文明建设的加强，对高品质能源的需求也将不断提升，作为清洁、高效及经济可行的天然气或将在近中期能源结构转型中发挥主导作用。

（一）我国天然气产量持续取得新突破

天然气勘探技术不断取得新突破，产量持续提升。据国土资源部的地质分析数据显示，当前我国在新技术、新应用、新整合方面的创新，促进致密气、页岩气、煤层气等各种非常规天然气产量的快速增产，常规天然气也保持了较高增长态势。2014年，新一轮油气资源评价和全国油气资源动态评价结果显示，我国天然气地质资源总量335.72万亿立方米，可采资源量为91.71万亿立方米，剩余技术可采储量为4.67万亿立方米，储采比为28.0，天然气新增探明储量6164.33亿立方米，已连续3年超过6000亿立方米。2015年BP能源统计数据显示，2014年我国天然气探明储量3.5万亿立方米，储采比为25.7。

天然气市场供给继续保持快速发展，市场规模进一步扩大。2014年，我国天然气探明储量比上年略有增长，约为3.5万亿立方米，居全球第18位。天然气生产也实现突飞猛进。国家发改委统计数据显示，我国天然气产量从2000年的272亿立方米增长至2014年的1329亿立方米，年均复合增长率为12%。其中，常规天然气产量1281亿立方米，煤层气和页岩气产量超过30亿立方米和13亿立方米。随着西气东输三线支线、中缅管道、LNG项目陆续建成投运等，使得天然气市场供给规模不断扩大。这不仅有利于保障我国能源供给安全，也深刻影响着我国政治、经济和环境保护的格局。

目前，我国常规和非常规天然气产能建设形势良好，预计未来将保持增长态势。页岩气勘探开发取得重大进展，投资完成页岩气钻井150余口，预计产量2亿立方米；受油气定价机制调整影响，企业油气业务发生明显好转，海外布局和结构进一步优化；较高的储采比预示着较大的投资潜力和产量增长空间。2013年，我国常规气储采比为40，虽然伴随产量的快速增长有所下降，但与世界一些主产国相比仍处在较高水平。未来时期我国天然气产量仍将保持快速增长，预计2015年全国常规天然气产量在1400亿立方米左右，煤层气产量在100亿立方米左右，页岩气产量目标为65亿立方米左右。

（二）清洁能源需求增加迅猛

相比国内需求来说，我国天然气产业发展严重不足，由于环保政策等非价格性因素导致国内需求的快速增长，天然气消费的对外依存度不断加大。天然气供给能力虽然相继提高，但供求失衡问题依然突出。全国范围内出现的“雾霾”天气使“煤改气”“油改气”的改造进程加快，部分地区在未能完全满足企业落实气源情况下实施改造，导致天然气市场供不应求，出现过快增长，尤其是储气调峰能力不足引发季节性供求矛盾十分突出，部分工业、化工用气需求受到压减和抑制。

2013年，全国天然气表观消费量达到1676亿立方米，同比增长13.5%，成为世界第三大天然气消费国。进口量达到536.1亿立方米，同比增长25%，对外依存度为31.6%，主要是通过进口液化天然气（22.9%）和管道天然气（28.0%）来填补。2014年，国内消费量为1845.2亿立方米，进口量580亿立方米，对外依存度上升至32.2%。

我国在调整能源结构上已经取得重大进展，天然气作为清洁高效能源的需求也发生明显增长，目前已成为天然气消费增长最快的国家，进口天然气弥补了较大的供需缺口。从需求角度来看，市场开发能力受限、基础设施建设不足与价格信号密切相关。2014年上半年，我国各地城市门站价格中最高的是上海，存量气价格为2440元/千方，增量气为3320元/千方。即使按照存量气与增量气消费量相同的标准，也远远低于国外天然气进口价格。经济发展、环境保护促进价格因素重新权衡，天然气价格形成机制的市场化改革已然迫在眉睫，政府与市场之间的作用将实现新的均衡。

表 2.1.3　　2014 年 9 月前我国各地城市门站天然气价格　单位：元/千方

省份	存量气	增量气	省份	存量气	增量气	省份	存量气	增量气
北京	2260	3140	广东	2740	3320	海南	1920	2780
天津	2260	3140	广西	2570	3150	贵州	1970	2850
上海	2440	3320	江苏	2420	3300	云南	1970	2850
重庆	1920	2780	浙江	2430	3310	内蒙古	1600	2480
河北	2240	3120	安徽	2350	3230	陕西	1600	2480
山西	2170	3050	江西	2220	3100	甘肃	1690	2570
山东	2240	3120	河南	2270	3150	宁夏	1770	2650
辽宁	2240	3120	湖北	2220	3100	青海	1530	2410
吉林	2020	2900	湖南	2220	3100	新疆	1410	2290
黑龙江	2020	2900	四川	1930	2790	—	—	—

资料来源：国家发改委价格监测中心统计数据。

（三）城市燃气行业消费的主导地位继续加强

城市管道设施的继续扩张推动城市燃气消费量快速增长。城市燃气、交通运输、工业用气和发电用气是我国天然气的主要利用行业，2014 年天然气总消费量 1845.2 亿立方米。“油改气”的实施促进天然气汽车迅速发展，交通领域用气量保持增长势头，经济回暖和污染防治政策促进工业用气量回升，受价格改革政策影响，天然气发电项目进度放缓。作为新兴应用领域的分布式能源项目，受发电项目与发电成本问题的约束，目前难以实现可持续的商业化运行。随环保政策的实施，预计未来城市燃气、交通运输与发电将是增长速度较快的领域。

1. 城市燃气行业消费主导地位继续加强

随着天然气管网建设的快速扩张及供应量增加，城市燃气行业消费量快速增长。2014 年城市燃气公司用户数量和天然气销售量稳定增长，业务领域继续扩大，全年城市燃气总供气量为 964.4 亿立方米。其中，城市燃气消费结构中的天然气消费量达到 592 亿立方米，占全国天然气总消费量的 32.1%，年增速远高于同期天然气消费总量的增速，并且整个行业仍处于扩张期。预计随着城镇化率的提升、区域经济的发展及能源利用布局的调整，未来城市燃气仍将呈现较大幅度增长。

2. 在交通运输领域推广应用获得了良好的经济效益和环境效益

近年来，我国天然气汽车产业持续快速发展，为加强大气污染治理和优化天然气利用结构，国家制定防治计划推行“油改气”，鼓励天然气汽车产业发展。虽然受价格政策及自身网络效应限制的影响，其发展势头有所放缓，但从总体趋势来看，前景依然向好。2000 年以来，天然气汽车保有量年均增长 59%，2013 年全国气化车辆为 170 万辆，加气站数量达到 2787 座。交通运输业随着燃气汽车的发展而快速增长。同年，交通运输业用气量增至 138 亿立方米，年均增速 27.4%，占消费总量比重为 11%。[①] 其中，CNG、LNG 车辆用气分别为 100 亿立方米和 20 亿立方米。2014 年，国内加气站布局进一步优化，加气站数量接近 1000 座，天然气汽车保存量已达 459.5 万辆，良好的环保效益与成本优势将促进交通运输领域的不断拓展。

3. 天然气消费领域与石油、煤炭基本一致，工业部门逐渐占据主体地位

2014 年全国工业燃料、发电、化工用气占天然气消费量的 36.5%、16.8% 和 14.6%，三者的消费量分别为 673 亿立方米、310 亿立方米和 269 亿立方米，工业增加值比重达到 43.9%。其中，重化工业占工业增加值 70% 以上；城市燃气消费量为 592 亿立方米，占天然气总消费量的 32.1%。受制于国内天然气价格内部的交叉补贴、环保效益未能显化等因素，在工业、发电等领域天然气尚不具备成本优势，需求的进一步扩大还需依赖国家环保财税政策的加强实施。

（四）未来天然气供给与需求量将保持增长态势

我国天然气消费进入新阶段，消费需求仍将保持增长趋势。增长的主要原因：一是服务行业将处于快速上升时期。随着经济结构的优化升级、城镇化步伐加快、基础设施建设的拉动，我国高能耗产业的比重会有所下降，服务业的比重将持续提升，对高品质能源的需求也将带动天然气消费的增长。二是交通运输业的蓬勃发展。汽车保有量自 20 世纪 90 年代以来增长率保持在 10% 以上，船舶运输等也将推动燃料需求的快速增长。预计随着国民经济的快速发展和人民生活水平的提高，未来需求仍将保持快

① 资料来源：中国石油经济技术研究院《2013 年国内外油气行业发展报告》；国家统计局《2014 中国统计年鉴》。

速增长态势。

2015 年，随着国际油气价格低迷、经济步入新常态及大气污染防治方案的继续实施，国内天然气需求增长幅度会有所放缓，统计数据显示 2015 年 1 ~6 月天然气需求量增幅为 3.3%。虽然经济增速的下降使需求总量由高速增长回归到中速增长，但是步入工业化的后期阶段引起产业内部结构的优化，重化工业的比重将明显下降，第三产业的比重将明显上升，预计 2020 年第二、三产业的比重分别为 39.8% 和 53.1%，结构调整、城镇化进程及治理大气污染将带动天然气消费比重的大幅上升。伴随相关政策的进一步落实，未来一段时期国内天然气的勘探开发力度将继续加大，预计 2020 年天然气产量有望达到 2700 亿立方米，而伴随进口管道天然气和 LNG 基础设施的建成投产，我国进口量也将大幅增加，预计进口量达到 1600 亿立方米。①

表 2.1.4　　2010 ~2020 年我国天然气供给与消费目标　单位：亿立方米

项目	2010	2013	2014	2015 目标	2020 基准目标
天然气消费量	1069.4	1676	1830	1985	3447
国内天然气产量	948.4	1209.5	1329	2181	2700
常规天然气（含致密气）	948	1177	1281	1385	1800
煤层气	—	—	36	180	150
页岩气	0	2	13	65	600
国外天然气进口量	147	536.1	590	978	1600

注：不同机构对未来时期的供给与需求的预测目标具有差异。

资料来源：依据郭焦锋、高世楫：《中国气体清洁能源发展报告（2014）》，以及国务院发展研究中心调研报告整理获得。

第二节　经济增长与能源效率的对比分析

2012 年国务院发布的能源发展白皮书和 2014 年的“十三五”规划提出要注重“节约优先”的发展战略，强调要进一步地通过完善价格形成机制，建立反映市场供求和资源稀缺程度的动态调整机制，着力提高能源

---

① 资料来源：国家发改委价格监测中心统计数据。

的使用效率。现阶段我国还处于城市化和工业化的快速发展时期，经济的持续增长面临严重的资源与环境约束问题，能源安全前景堪忧。能源效率是反映能源投入产出的重要指标，不同时期的能源效率与既定的能源结构、能源价格、产业结构以及技术水平密切相关。如何进一步优化能源结构、提高能效是破解当前我国经济发展过程中面临的能源短缺与环境污染两大困境的必经之路，是实现节能减排既定目标的重要举措。在此，本节从结构调整节能与能源产品价格两方面开展研究，通过分析国内外能源效率、能源效率与能源结构的相关性，形成能源消费状况的初步判断，为下一步如何优化能源结构、理顺能源价格以提升能效提供参考依据。

一　能源效率的理论概述

（一）提升能源效率的意义

能源作为生产必需的投入品，对经济发展起到至关重要的作用，能源供给不足会对经济增长产生阻碍作用。我国是能源资源相对稀缺的国家，提升能源效率对实现经济可持续发展具有重要战略意义。目前，我国经济发展方式处在低水平阶段，国民经济发展仍以粗放和外延方式为主[①]，根据英国石油公司年度能源白皮书的统计数据，2010 年中国首次超过美国成为世界第一大能源消费国，到 2014 年中国一次能源消费总量达到 42.6 万吨标准煤，5 年内增加了 18%。“高消耗、高排放、高污染、低效率”的发展模式，造成对能源的不合理需求增长过快，经济高速增长往往建立在能源的过度消耗基础上，未来节能空间巨大。因此，顺应新时期“十三五”规划和国家节能减排目标的战略要求，对能源利用效率现状形成更为准确的度量，能够为能源生产和消费模式转型的政策制定提供理论依据。

（二）能源效率的概念界定

能源效率反映投入与产出间的关系。经济学主要研究资源配置效率问题。所谓效率，就是社会资源得到合理利用，或者说是社会福利通过资源分配和运用实现最大化。效率可区分为三种含义：流量、存量和生产率。第一种含义中使用物质的多少表现为流量，即反映了产出与投入之间的关

① 目前我国正接近中等收入国家水平，经济发展方式处于关键转型期，粗放型增长特征正在开始转变。

系。经济变量中包含两类量纲单位，一类是实物量单位，另一种是价值量单位。价值量单位在经济学中一般称为“效益”或“收益率”，所以“能源利用效率”应表示为产出与投入的实物量单位之比。[①] 本书所指能源效率是指经济利用效率，是从经济价值角度进行宏观层面上的能源利用效率分析，即能源效率等于经济总产出（价值量）与能源消耗总量（实物量）之比，反映能源利用的经济产出水平。

能源效率的统计测度。能源利用效率是以经济生产的产值与投入的总能源物质之比作为单位投入的产出，习惯上更多地采用其倒数，即能源消耗强度作为能源—国内生产总值指标，主要指单位国内生产总值的能源消耗量，也是对能源利用效率的度量方式。一般情况下，能源消耗强度是指万元国内生产总值（GDP）能耗，即每生产一万元国内生产总值所耗费的能源，其中国内生产总值采用可比价格体系调整后的实际值。世界银行以 GDP 单位能源消耗这一指标衡量各国能源效率，所谓 GDP 单位能源消耗是指平均每千克石油当量的能源消耗所产生的按照购买力平价计算的 GDP。

单位 GDP 能耗 = 全社会能源消费总量/GDP　　2 - 2 - 1

二　国内外传统能源的利用效率分析

（一）能源禀赋影响能源使用效率

作为一种生产要素，能源投入一般取决于拥有的资源禀赋。所谓资源禀赋是指一国所拥有的各种生产要素，包括劳动力、资本、土地、能源等资源的稀缺程度。大卫・李嘉图的比较优势学说指出，倘若某国资源禀赋中一种要素的生产价格相对低于别国同种要素的价格，那么该国通过集中生产具有比较优势的产品，并与他国进行贸易交换，可以改善双方福利。因此，一般具有某种要素比较优势的国家会加强这种要素的供给和使用比例。

资源的硬约束促使各国能源效率逐步提高。通常一国能源效率的影响因素包括资源禀赋条件、制度因素、能源价格、经济发展水平以及使用的技术水平等。目前，世界能源分布呈现明显不均衡，且与经济发展水平不存在显著的相关性。一般来说，能源禀赋高的国家对能源的稀缺性缺乏足

① 宋辉、刘新建：《中国能源利用投入产出分析》，中国市场出版社 2013 年版，第24 ~25 页。

够重视，普遍的低价格政策往往导致能源强度偏高；技术进步伴随能源消费量上升的同时，也促进能源强度的不断下降；经济发展水平更高的国家，能源强度往往表现更低。例如，过去 10 年经合组织国家的经济增幅达到 18%，而能源消费量却基本平稳。

从图 2.2.1 可以看出，总体上讲，世界能源利用效率呈现上升趋势。从横截面的数据变化来看，人均 GDP 与 GDP 单位能源消耗基本上成反比，且高收入阶层的国家能源效率出现收敛趋势。从能源效率的长期变动趋势来看，伴随世界人均 GDP 总量的上升，不同国家的能源效率变动幅度不尽相同，与人均收入水平的变化不具有明显的相关性。

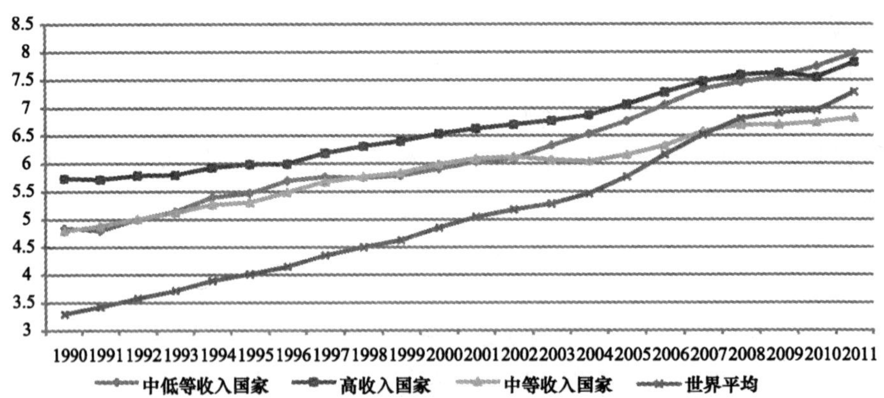

图 2.2.1　1990～2011 年不同收入国家之间 GDP 单位能源消耗

注：根据世界银行关于各国 GDP 和能源消费的统计数据，并结合能源效率的计算公式计算得来，即 GDP 单位能耗是指平均每千克石油当量的能源消耗所产生的按购买力平价计算的 GDP。

（二）我国能源利用效率整体偏低

相对而言，我国人口众多，能源消费量的基数较大，能源利用效率较低。1990 年以来，我国能源强度要明显高于发达国家，总体高于世界平均水平。1990～2011 年，中国能源利用效率上升了 144%。但随着经济发展水平的提高，近几年开始出现不断下降的趋势，且下降幅度快于其他国家，与其他国家的差距不断缩小。

表 2.2.1　1990～2011 年部分国家每 1000 美元 GDP 的能源使用量

单位：千克石油当量

	1990	1995	2000	2005	2006	2007	2008	2009	2010	2011
中国	493.6	354.7	254.8	244.6	237.1	219.0	207.2	204.5	203.8	202.1
美国	207.4	197.1	175.3	157.8	152.3	152.2	148.7	145.5	145.3	141.1
英国	150.4	140.4	120.5	104.0	99.5	92.7	92.2	91.7	92.7	85.4
欧盟	141.6	132.7	118.3	112.8	109.0	104.2	103.1	101.8	103.8	98.4
日本	120.3	126.7	127.1	120.1	118.0	114.4	111.2	112.1	113.3	105.2
韩国	179.7	191.1	192.8	170.9	165.2	162.9	161.8	162.3	166.2	167.0
俄罗斯	739.2	763.8	619.0	384.1	314.3	282.9	239.2	233.9	240.1	226.5
世界平均	303.1	249.1	206.1	173.5	162.4	153.4	146.9	144.7	143.7	137.2

注：按 PPP 测算的单位 GDP 能源使用量是以 2005 年不变价格计算。

资料来源：世界银行统计数据库。

三　我国天然气、煤炭、石油资源的利用效率

（一）我国能源效率的变化趋势

在技术水平既定的条件下，能源的消费结构与价格及边际效用有关。假定消费者或者企业都是理性经济人，以需求函数表示购买量对价格的函数。作为投入品或消费品时，通过自身效用的最大化决定能源消费量，即消费组合由市场的相对价格和各类能源的边际效用共同决定。此外，能源的消费总量也面临着收入约束。

假定以 I 代表消费者的收入水平，Q_{EC} 表示消费者能源消费总量，f_E 表示能源消费支出受收入约束的函数，则公式表示为：

$$Q_{EC} = f_E\ (I) \qquad 2-2-2$$

由于商品类型的差异和边际效应的变动性，在相对价格体系不变的情形下，财富水平的增长未必直接导致所有商品消费量的增加。为考察能源消费与收入增长之间的关系，采用能源消费的收入弹性表示，即：

$$\beta_{EC} = \frac{\Delta Q_E}{Q_E} / \frac{\Delta I}{I} \qquad 2-2-3$$

作为投入要素时，一国的能源总体需求与其产出之间存在上述的对应关系，即：

$$\beta_{EI} = \frac{\Delta Q_E}{Q_E} / \frac{\Delta GDP}{GDP} \qquad 2-2-4$$

通常来说，不同的经济发展阶段或者经济政策，β_{EI}值的大小会明显不同。若 $\beta_{EI}>1$，则能源消费增速要快于经济增速；相反，若 $\beta_{EI}<1$，则能源消费增速要慢于经济增速。

表 2.2.2 显示，我国经济发展增速与能源消费增速之间呈现高度相关，两者相关系数达到 90%，且需求弹性系数呈现上升趋势，即单位经济增速对能源需求的强度不断增大。尤其是跨入 21 世纪后的十年快速发展时期，能源强度上升很快。随着经济发展进入新常态和结构转型，最近几年能源强度有所下降，但前景依然不容乐观。国家“十二五”确定的节能减排目标是单位 GDP 能耗下降 16%，两年时间内仅完成了 32.7%。[①]单位工业增加值能耗的降低难度越来越大，今后的节能减排形势更加严峻。

表 2.2.2　　2000～2013 年我国 GDP、能源消费的总量及增速

年份	GDP（万亿元）	GDP 增速（%）	能源消费总量（亿吨标准煤）	能源消费增速（%）
2000	9.9	8.4	14.6	3.5
2005	18.5	11.3	23.6	10.6
2009	34.1	9.2	30.7	5.2
2010	40.2	10.4	32.5	6.0
2011	47.3	9.3	34.8	7.1
2012	51.9	7.7	36.2	3.9
2013	56.9	7.7	37.5	3.7

注：国内生产总值增速按可比价格计算；能源消费总量和增速采用等价值总量计算。

资料来源：国家统计局数据库。

（二）能源强度与经济增长

能源需求首先体现在对经济增长的需求，经济增长与能源消费间的关系可以表述为三种：能源消费增长率高于、低于或与经济增长速度同步，三种情形在全球经济发展过程中都曾出现过，而且在当今环境下的不同国家也可能同时并存。能源需求的 GDP 弹性反映了能源消费增长和经济增

---

① 2013 年 10 月，国家发改委环资司副司长谢极表示，“十二五”节能减排的实际进度落后于目标，当初确定的五年目标为单位 GDP 能耗下降 16%，当前仅完成进度的 32.7%。

长之间的相互关系，该指标取决于不同的经济发展阶段。经济发展初期必然经历一个重工业化阶段，通常表现为以大量能源投入换取经济的高速发展，第二产业所占比重越来越高，对能源消耗的程度也就越高。通过对比发达国家能源效率的长期变动趋势，已有研究发现：能源强度呈倒“U”型结构，即工业化初期的生产过程中，以能源作为动力对劳动力产生大量替代，促进了生产率的提高，并随着高耗能产业的发展，能源强度呈显著上升趋势；到工业化后期或后工业化时期，产业结构优化和技术进步使能源强度开始下降。

暂不考虑能源消费基数的影响，我们分析 1980 年前后我国经济增长与能源消费增速的相互关系，指标选择上可采用能源效率弹性指数，即能源增长 1% 引起的经济增长率（即能源消费弹性的倒数）。研究显示，改革开放前的能源消费增长率普遍要快于 GDP 增长率，即当产出的增长率较快时能源消费增长更快，能源效率处于低水平。直到改革开放后这种局势才得到明显改善，两者波动更加趋于稳定，能源效率进入长达 25 年的持续上升期，并达到历史最高水平，1 吨标准煤投入带来国民经济产出 0.9 亿元。然而这种状态没能保持下去，近 10 多年来出现了不同的产出增长率变化特征，能源利用效率变动趋势发生转折，表现为与 GDP 增长率呈现负相关。

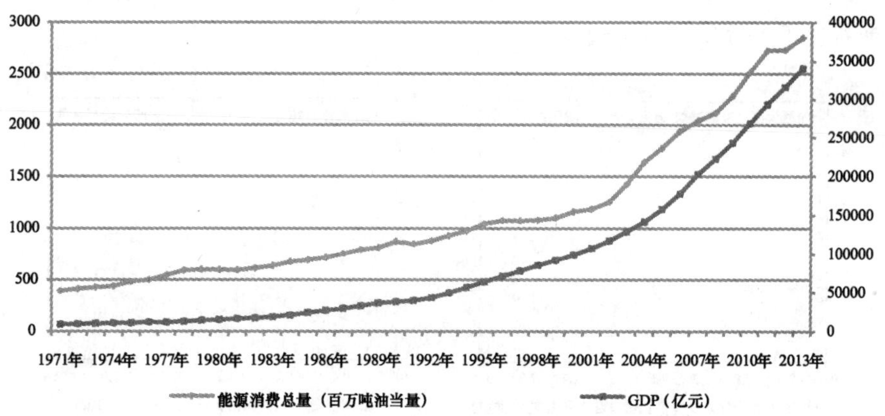

图 2.2.2　1971～2013 年我国能源消费总量与 GDP 之间关系

资料来源：国家统计局数据库。

我国能源效率开始呈现逆周期特点。显而易见，这与发达国家的能效变动轨迹大致相同。在改革初期经济发展过程中，能源的投入使用以及红利因素改善了各部门的生产效率，带动经济实现了更快的增长。但随着经济发展到某种程度后，前期释放的红利逐渐消失，经济发展更注重依赖大量的要素投入维持，至此能源效率进入下降阶段。近几年，国家提出经济新常态的概念，强调以调整结构、创新驱动的发展模式，其中也不乏基于现实因素的考量。

（三）能源消费结构与能源效率的相关性

技术进步及结构调整是提高能源效率的重要手段，不同能源结构与能源效率通常存在不同关系。能源需求受制于能源的自然禀赋和技术水平，新技术的应用也会大大提高能源利用效率。能源消费结构受经济发展水平、能源消耗程度、节能减排政策等因素的影响；当能源约束对经济发展的约束作用凸显出来，导致价格大幅度上升使技术创新成为可能时，将改变现有的能源供应体系；伴随能源消耗程度的日益加深，较高的能源价格促使各国开发利用替代性能源成为可能，能源利用效率也将得到改善。

图 2.2.3 反映了 2005～2011 年全国各地区能源消费结构与能源效率之间的时序变化关系。不难发现，能源结构中的天然气消费与能源强度负相关，相关系数为 -0.18，即天然气消费与能源效率具有显著的正相关性（能源强度与能源效率呈倒数关系）。从能源消费结构来看，我国天然气消费比重呈逐年增加的趋势。

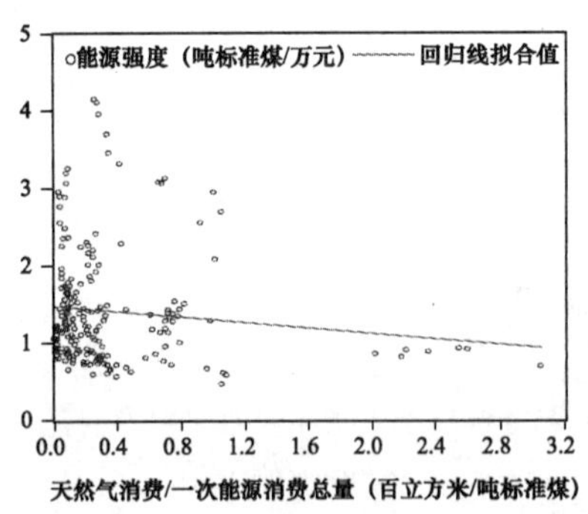

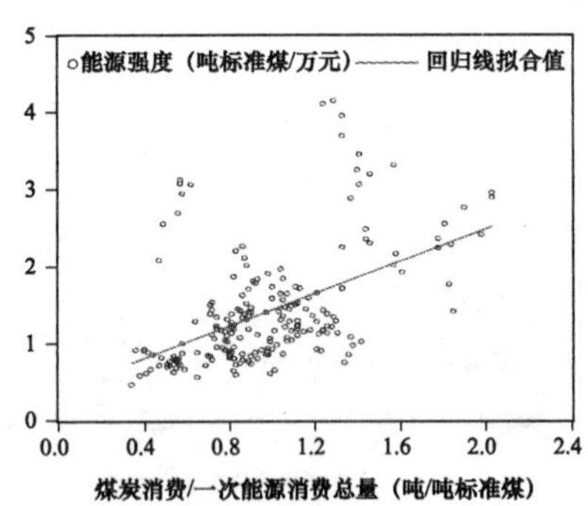

图 2.2.3　2005～2011 年天然气、煤炭消费与能源强度

资料来源：国家统计局《中国能源统计年鉴（2013）》。

因此，这在某种程度上意味着增加天然气消费比重会伴随着能源效率的提高。同理，煤炭消费比重的增加与能源强度呈现正相关，相关系数达+1.05，即煤炭消费与能源效率呈现很强的负相关性。[①] 以发电为例，从原料生产、输送至发电的全生命周期来看，根据能源效率等于开采能效、中间环节能效与终端能效的乘积，按照产出投入比计算，以气发电的能效约为38.59%，而煤电仅为28.56%，从能源效率值对比来看，前者比后者高约35%。倘若与天然气分布式能源项目对比来看，那么能效差距更大，分布式能源综合利用率在80%以上，在中间运输与终端消费环节的能效提高幅度为30%～40%。[②]

随着产业结构和能源结构的不断优化，2015年上半年全国单位GDP能耗下降5.9%，其中原煤产量同比下降5.6%，天然气保持平稳增长，能源结构进一步调整。

（四）价格形成机制是实现效率均衡的充要条件

建立科学合理的价格形成机制，是提高能源使用效率和优化能源结构的有效手段。合理的价格水平与能源比价关系能够有效地引导供求，是实现节能减排约束性目标、促进产业结构及能源结构优化的重要途径。

长期以来，我国天然气价格呈现低位价格刚性，具有福利性色彩，价格形成基础没有反映出能源的稀缺性和环境的正外部性，既不利于淘汰落后产能和提高能源效率，也不利于促进上游勘探开发和技术创新的积极性。从价格形成机制的有效性来看，我国天然气价格的不完善，难以推动清洁能源发展的持久性。因此，推进价格改革和构建合理的要素价格体系，使市场优化资源配置的作用充分发挥，通过进一步改善需求方的能效才能达到节能减排目标和有效激发产业的发展潜力。

---

① 本文研究与已有研究结论基本一致，根据张瑞（2006）运用协整方法对能源消费结构和能源效率的研究显示，煤炭消费比重越大，能源效率越低，天然气消费比重与能源效率正向关系明显；详见张瑞、丁日佳《我国能源效率与能源消费结构的协整分析》，《煤炭经济研究》2006年第12期，第8～10页。

② 气电、煤电的全生命周期能效比较数据根据《中国车用能源展望2012》等资料整理获得，参见中国车用能源研究中心《中国车用能源展望2012》，清华大学，2012年；天然气分布式能源项目数据来自北京燃气能源发展公司调研资料。

第三节　能源消费对经济、环境影响的作用机理

自20世纪70年代以来，各国开始普遍关注能源消费与经济增长之间的作用机制，能源供应的长期稳定、能源经济的协调发展成为各国制定能源政策的出发点。能源经济学的研究通常将能源、经济、环境作为研究目标分析能源消费问题，大致经历了三个阶段：能源产品开发与有效供给、能源消费与经济发展、能源消费对外部环境的影响。一般情况下，能源消费增速总是随着经济增长而上升，并且大多数历史时期两者存在一定比例关系；随着经济发展对能源需求规模的增加，能源安全问题开始显现；此外，能源消耗不断增长所引致的环境污染问题也逐渐受到社会关注，对能源消费结构、供应多元化的需求也在日益扩大，消费结构也从石油、煤炭转向以天然气、可再生能源为主。

基于此，本节将初步探讨能源消费对外部环境的影响，重点分析了我国能源消费与经济增长的相关性，并通过构建柯布－道格拉斯生产函数，研究能源在消耗过程中，石油、煤炭、天然气三种能源各自对经济增长可能产生的抑制作用，进而提出如何优化能源结构以保障经济的可持续发展。

一　能源消费对经济增长、环境治理影响的初步探讨①

（一）能源作为重要投入品与经济发展存在双向关联性

能源通常是工业生产和社会生活的主要投入品，与经济发展存在双向关联性。能源消费的增长促进经济的增长，反过来经济的快速增长又拉动能源消费的增长。能源不仅是国民经济发展的动力，也是衡量综合国力、人民生活和国家经济发展水平的指标。无论什么样的社会制度，或者处于何种发展阶段，经济发展是以经济增长为中心内容的。能源促进经济发展，并以经济增长率体现出来；能源自身的发展也通常是以经济增长为条件的，经济增长为能源发展提供市场，生产的发展、技术进步为开发利用能源提供了物质手段，且不同经济发展阶段对能源需求结构、品种明显不同。

从我国经济发展历程来看，改革开放以来我国能源消费总量快速增

① 本章重点分析能源消费对经济增长的影响，而对环境治理的作用仅作初步性探讨，后续在第六章中将对两者关系、外部性问题及如何构建价值的补偿机制作更深入的分析。

加，能源消费增速与经济增速的波动趋势基本一致且同步，两者存在较强的均衡关系，是促进国民经济稳定发展的重要保障，尤其是近十年来GDP 增速达到 10% 左右。粗放型、重工业化及对煤炭的过度依赖，使我国在对能源开发和利用方面存在严重问题，能源资源短缺、过度消耗引起的环境问题又成为制约经济增长的阻碍。优化能源结构是我国能源发展战略中的重要内容。

（二）长期内我国能源消费与经济发展存在结构变动性

能源消费与经济发展之间相关性的衡量。能源消费与经济发展的一般关系借助数量关系反映出来，经济增长通常用一国实际 GDP（或潜在 GDP）的年增长率来表示。国内外最常用的评价指标为能源消费系数和能源弹性消费系数，其中，能源弹性消费系数表示能源消费增长率与经济增长率之间的比例关系，反映了能源消费增长与经济发展之间的趋势，它与生产力发展水平、科技水平、经济结构、居民消费水平等密切相关。

对此考察 GDP 与能源消费总量的相互关系。其中，GDP 采用世界银行 1980 年以来（不变价格）的统计数据，能源消费单位统一为万吨油当量。为消除变量的异方差和便于变量之间的长短期弹性分析，对各变量分别取对数，记为“In + 变量名”。

$$\text{In } E = 0.9039 * \ln GDP + 3.4895 \quad 2-3-1$$

$$(16.8526)\ (7.0754) \quad R^2 = 0.9016 \quad F = 284.0104$$

结果表明，改革开放后国家总产出每波动变化 1% 引起能源消费变动 0.9%，两者存在相同方向变化，即经济增长与能源消费大致存在很强的均衡关系。

表 2.3 1　　各变量 *ADF* 单位根检验结果

变量	*t* - 统计值	概率值	显著性水平	结论
In GDP	0.745577	0.9917	10%	非平稳
In E	0.787315	0.9926	10%	非平稳
ΔIn GDP	-3.289583	0.0221	5%	平稳
ΔIn E	-4.287853	0.0015	1%	平稳
ECM 的 *ADF* 单位根检验值	-1.482257	0.5325	10%	非平稳

通过实证检验 1980 年以来能源消费增长率与 *GDP* 增长率的长期协整

关系，发现能源消费与 *GDP* 之间存在长期均衡关系，即随着国内生产总值的增长，能源消费总量在增加，但两者变动表现不同步。

从长期来看，我国能源消费弹性系数的变动趋势呈“倒 *U* 型”，即能源强度的变动与经济发展过程是紧密联系在一起的，这已被世界各国发展过程所证实。1980 年以来，我国能源利用效率呈现先上升后下降的趋势，在 2000 年以后，国民经济进入强劲上升时期，随着经济发展方式、产业结构调整、经济转型升级的影响，第三产业占 *GDP* 比重将逐步提升，使 2000 年左右能源消费的边际效率得到明显改善，但随后的几年时间里又出现了波动下降的情形，但总体表现为先上升后逐步回落的过程，表明了我国经济增长的方式由外延逐步走向内涵。对此，后面引入柯布－道格拉斯函数探究能源消费与经济增长之间的确切关系。

（三）一次能源消费结构的不合理致使环境问题突出

经济发展依赖对能源资源的投入，国家面对经济发展与环境问题时通常会陷入两难境地。长期以来，由于过度强调宏观经济增长速度，粗放式的经济发展方式渗透在诸多层面：重化工在整个国民经济中的比重过大，导致我国以煤为主的能源结构扭曲偏重；煤炭消费在一次能源结构中占据大半江山，天然气等清洁能源发展不足；加上观念的落后和技术制约使能源效率偏低，环境问题成为社会关注的焦点等。特别是近年来，国内频繁出现的“雾霾”天气，部分城市被重度“雾霾”笼罩，温室气体排放几乎超过美国、欧盟之和，中国每天的新增排放量超过全世界的减排努力，严重影响了人民的生产、生活，造成的经济损失也非常大。

表 2.3.2　　2012 年中国与美国、欧盟污染物排放量比较　　单位：万吨

	中国		美国	欧盟
	总量	燃煤发电		
二氧化硫	2118	884	562	458
氮氧化物	2338	949	1116	884
烟尘	1234.3	156	443	487

资料来源：美国、欧盟数据分别来自美国环保局和欧洲环境署；其中，欧盟包括 28 个国家。

二　能源消费对环境治理的作用

（一）天然气作为清洁能源是“公共物品”的重要供给来源

不同能源的单位燃料污染排放差异巨大，能源消费结构的演变对环境治理产生影响。经济与环境的协调发展是各国普遍关注的重要问题，建设环境友好型社会已是全球发展共识。与煤炭、石油等能源相比，天然气更是一种低碳、洁净、高效的优质能源，其对环境的危害程度最轻，可有效地减少二氧化碳、二氧化硫和烟尘排放，避免形成酸雨和雾霾天气。[①] 因此，作为一种清洁能源的天然气，在为经济增长提供动力的同时，其负外部性影响也远低于煤炭、石油，是清洁空气这种“公共物品”的重要提供者。伴随能源结构的调整，能源使用对环境的压力也将随之减少。此外，与其他可再生能源相比，从资源安全、经济性、开发潜力等角度综合比较，天然气也是最适宜长期开发利用的清洁能源。

（二）价格形成机制的不合理导致天然气供给不足

体制机制的创新改革能够推动资源配置和利用效率的改善。能源消费水平取决于两方面：一是生产技术水平，二是市场环境、管理水平、产业结构等因素决定的消耗水平。社会主义市场经济体制的逐步建立，为经营者提供有效的激励机制和约束机制，同时也能优化能源结构和配置效率。已有研究显示，20 世纪的最后几年，体制机制改革、能源消费结构的变化成为能源效率提高与能源消费增速放缓的重要原因。[②]

能源资源的有限性、片面追求经济增长导致资源短缺、环境问题摆在面前。从我国天然气价格形成机制来看，价格形成基础没有反映出资源稀缺性、市场供求和环境外部性，不仅不利于企业的技术创新和提高能源效率，而且也不利于保持稳定的能源供应。从价格形成机制的有效性看，我国天然气价格并没有包含环境保护等内容，难以解决经济发展面临的能源矛盾。由于煤炭相对低廉的成本，2014 年我国一次能源消费结构中，煤炭占比接近 66%，接近全球一半的煤炭在中国消费，而同期美国、日本、

---

① 与等热值煤炭相比，每千立方米气体清洁能源可分别减排二氧化碳、二氧化硫约 4.33 吨和 0.0483 吨，而且排放过程基本不含铅尘、硫化物以及 PM2.5 等有害物质。资料来源：根据政府间气候变化专门委员会（IPCC）评估资料整理得来。

② 根据部分学者的测定，生产技术对能耗的影响占 40%，市场环境、产业结构等因素占 60%。转引自国家电力公司战略规划研究部《中国能源五十年》，中国电力出版社 2002 年第 1 版。

欧盟等地区的煤炭消费比重平均在20%～30%之间。因此，如何减少过高的煤炭消费比重成为治理雾霾的重要突破口。

市场价格的导向机制更注重成本与收益的关系，更加注重资源的配置效率。合理的定价机制要充分体现出鼓励勘探开发，如果生产成本得不到合理补偿，将难以保障上、中游投资和下游市场供给。长期以来，我国天然气上游投资水平较低，制度性障碍、价格形成机制的不完善是造成行业发展滞后的深层次原因。解决短期内的供给不足问题，可通过适度增加进口等措施满足供应，但从长期来看，可持续的方式还需要进一步完善价格机制和财税政策。如果价格机制不能伴随供求变化做出相应调整，供需形势势必会更加恶化。能源发展的“十二五”规划提出，2015年能源消耗*PM*2.5排放强度同比2010年降低30%的目标。① 鉴于此，深化体制改革来健全价格形成机制将成为实现节能减排的重要举措。

表2.3.3　　1953年以来我国能源消费总量及结构变化

年份	能源（万吨标准煤）	煤炭（%）	石油（%）	天然气（%）	水电、核电等（%）
1953	5411	94.33	3.81	0.02	1.84
1978	57144	70.7	22.7	3.2	3.4
1980	60275	72.2	20.7	3.1	4.0
1985	76682	75.8	17.1	2.2	4.9
1990	98703	76.2	16.6	2.1	5.1
1995	131176	74.6	17.5	1.8	6.1
2000	145531	69.2	22.2	2.2	6.4
2005	235997	70.8	19.8	2.6	6.8
2006	258676	71.1	19.3	2.9	6.7
2007	280508	71.1	18.8	3.3	6.8
2008	291448	70.3	18.3	3.7	7.7
2009	306647	70.4	17.9	3.9	7.8
2010	324939	68.0	19.0	4.4	8.6
2011	348002	68.4	18.6	5.0	8.0
2012	361732	66.6	18.8	5.2	9.4

数据来源：1990年以前数据来自世界银行网站，1990年之后选自国家统计局《中国能源统计年鉴（2013）》。

① 2013年1月1日，国务院印发《能源发展“十二五”规划》（国发〔2013〕2号）。

（三）天然气的正外部性价值需要相应的补偿机制

价格应使资源潜在的社会价值或环保效益显性化，否则将造成资源配置的低效率。不同能源价格不仅与“热值”要挂钩，而且与“减排成本”也要挂钩。从经济学角度上讲，能源消费导致的环境问题存在很强的外部性，除非采取必要的手段，否则当代人很难有承担外部成本的主动性。从成本分摊的角度看，社会公众对煤炭的负外部性成本缺乏支付意愿。在深化资源税改革的背景下，应当遵循“谁受益，谁承担”的原则，消费者在享受清洁能源带来好处的同时，也应为优质服务支付相应的成本。因此，如何借助制度安排对“公共物品”提供者进行价值补偿，有效引导清洁能源对煤炭的替代，将是政府实现环境治理的重点。[①]

以清洁能源替代煤炭不存在技术性难题，关键是如何实现低成本替代。环境问题带有阶段性特征，任何环境政策一般具有时效性。当外部条件变化时，政策可能部分或全部失效，应准确把握环境治理的阶段性特征。[②] 目前，环境保护采取过多的行政手段，因此政府需要采取主动性改革，借助更加市场化的手段促进环境治理改善。

三　天然气、石油、煤炭消费对经济增长的影响效应

长期以来，我国经济的高速增长是以能源高消耗和高浪费为代价的。多种能源（比如煤炭、石油）随着加速开采趋于衰减，能源短缺成为我国经济发展的现实约束之一。如何通过优化能源结构缓解能源约束对经济增长的抑制作用成为亟待解决的现实问题。

（一）能源消费影响经济增长的相关理论

新古典经济学家认为相比资本、劳动和土地来说，能源并不是重要的生产要素，通常仅作为三个生产要素矢量中的一个分量。从生产要素角度来讲，以罗默、卢卡斯等为代表的经济学家将知识、人力等生产要素引入生产函数，讨论不同生产要素对经济增长的贡献和影响。在哈罗德－多马

① 林伯强：《从调整能源结构入手治理雾霾》，《中国电力报》2014年3月4日第1版，第1～2页。

② 张晓：《中国环境政策的总体评价》，《中国社会科学》1999年第3期，第88～99页。

模型基础上，索洛和斯旺首创了新古典经济增长模型。模型假定资本和有效劳动是规模报酬不变的，将产出、资本、劳动和“知识”或“劳动”的有效性四个变量引入生产函数，但是模型没有考虑资源禀赋限制对经济增长的影响。

借助阿罗“干中学”模型的框架，罗默提出了资源约束条件下的现代经济增长模型。罗默（*Romer*）提出可耗竭性资源由于存量约束，资源稀缺性导致的硬约束条件对经济增长具有明显的阻力，致使未来时期的经济增长速度相比在不存在约束的情况下有所降低，这种降低的程度称之为经济增长的“尾效”。假定在资本和劳动规模报酬不变的前提下，通过建立 *Cobb-Douglas* 生产函数，考察了资源和土地对经济增长的约束。生产函数形式为：

$$Y(t)=K(t)^{\alpha}R(t)^{\beta}T(t)^{\gamma}[A(t)L(t)]^{1-\alpha-\beta-\gamma} \quad 2-3-2$$

式中，Y、K、L、A 分别代表产出、资本、劳动和劳动的有效性，R 为可利用的资源，T 表示土地数量，α、β、γ 分别为资本、资源和土地的生产弹性，t 表示时间，AL 代表有效劳动。

现代经济增长理论将能源纳入约束方程中，考察如何在能源约束条件下实现经济可持续增长问题。基于能源消费的二重性，经济增长理论最重要的方程是生产函数和效用函数。[①] 随着能源消费对经济增长影响的加深，部分学者开始将能源引入生产函数中。Rashe 为分析能源消费与经济增长之间的关系，首次将能源消费引入到柯布－道格拉斯生产函数中。邹璇（2010）进一步提出，优化能源结构可以实现经济的可持续发展。

（二）C－D 函数构建与实证检验

1. 模型构建

假定土地资源固定不变，仅考虑能源消费对经济增长的影响。设 Y 为一次能源消费总量，并放宽规模报酬不变的前提假定，那么公式变为：

$$Y(t)=K(t)^{\alpha}E(t)^{\beta}[A(t)L(t)]^{\gamma} \quad 2-3-3$$

其中，β 为一次能源生产弹性，$A(t)*L(t)=AL(t)$，且对公式两边取对数可以得到：

① 能源消费的二重性，是指能源资源既是国民生产中不可或缺的生产要素，同时也是人们日常生活中必不可少的消费对象。

$$\ln Y(t)=\alpha \ln K(t)+\beta \ln E(t)+\gamma[\ln A(t)+\ln L(t)] \quad 2-3-4$$

由于化石能源的可耗竭性，其资源禀赋是固定不变的，前期能源消费意味着未来能源的可利用量会逐渐下降。假设 φ 为能源消耗速度，那么：

$$\grave{E}(t)=-\varphi E(t),\ \varphi>0 \quad 2-3-5$$

此处，借鉴雷鸣等（2007）、沈坤荣等（2010）关于经济增长“尾效”的均衡解，即在能源消费刚性下降的条件下，随着人口增长能源的可使用量呈现逐步下降，那么在经济增长的平衡路径上，单位劳动力产出的平均增长率为：

$$g_Y^{bgp}=\gamma(g+n)-\beta\varphi/(1-\alpha) \quad 2-3-6$$

其中，分别表示劳动的有效性和劳动增长率。在能源消费增长不受资源禀赋限制的条件下，Nordhaus（1992）认为在单位劳动力平均消费资源量不变前提下，能源消费的增长率与劳动增长率相等，即：

$$E(t)=nE(t) \quad 2-3-7$$

此时可以得到在平衡经济增长路径上，不受限制的劳动力平均产出增长率为：

$$g_{Y/L}^{bgp}=g\gamma+n(\gamma+\alpha+\beta-1)/(1-\alpha) \quad 2-3-8$$

那么，来自能源禀赋限制的尾效值等于不受限制条件下与受限条件下的单位劳动平均产出增长率之差，则：

$$g_E^{bgp}=\beta(n+b)/(1-\alpha) \quad 2-3-9$$

从公式中可以得知，经济增长的能源“尾效”与能源消费弹性、劳动增长率以及能源消耗速度、资本产出弹性密切相关。因此，即使随着技术水平的进一步提升，能源消费对经济增长的制约依然存在。

2. 实证检验

（1）数据来源

产出以历年中国统计年鉴 GDP，并按照 2005 年不变价格消除通货膨胀影响；社会有效劳动、能源消费总量参照社会从业人员和三种化石能源消费总量，数据来源于《中国统计年鉴》和《中国能源统计年鉴》，对 1978 年、1979 年缺少数据通过 BP 世界能源统计年鉴中能源消费增长率换算而来；资本选取历年固定资产总额，数据取自叶宗欲（2010）运用永续盘存法对我国 1952 ~ 2008 年期间资本存量的测算。[①]

此外，根据 Goldsmith（1951）提出的资本存量的基本计算公式补充 2009 ~ 2013 年期间的数据，经济折旧率选取 10.96%。则资本存量的估算公式为：

$$K_t = I(t) + \delta K_{t-1} \qquad 2-3-10$$

根据中国统计年鉴历年固定资产投资价格指数对固定资本流量变换为 2005 年不变价格，将经济折旧率代入上述公式可得：

表 2.3.4　1978 ~ 2013 年 GDP、资本、社会从业人员及各化石能源消费数据

	能源消费总量（万吨标准煤）	石油（万吨标准煤）	天然气（万吨标准煤）	煤炭（万吨标准煤）	GDP（亿元）	固定资本（亿元）	从业人员（万人）
1978	57352.39	13338.42	1810.134	40336.19	16924.31	24094.35	40152
1980	60275	12476.93	1868.525	43518.55	19266.26	28325.28	42361
1985	76682	13112.62	1687.004	58124.96	31923.13	43427.91	49873
1990	98703	16384.7	2072.763	75211.69	40019.97	67447.69	64749
1995	131176	22955.8	2361.168	97857.3	71070.22	116507.7	68065
2000	145531	32307.88	3201.682	100707.5	106086.6	199199.3	72085
2005	235997	46727.41	6135.922	167085.9	184937.4	355064.9	74647
2006	258676	49924.47	7501.604	183918.6	213117.7	404525.2	74978
2007	280508	52735.5	9256.764	199441.2	249887.5	459162.4	75321
2008	291448	53334.98	10783.58	204887.9	278784.9	517571.2	75564
2009	306647	54889.81	11959.23	215879.5	304760.1	656413.5	75828
2010	324939.2	61647.54	14150.83	220958.6	347477.4	801209.1	76105
2011	348002	64728.37	17400.1	238033.4	388457.2	965025.8	76420
2012	361732	67969.44	18954.76	240877.3	415718.9	1158658	76704
2013	375000	70368.76	20941.22	249813.9	443696.4	1387834	76977

注：经济折旧率的选取标准参照单豪杰（2008）。其中，作者提到经济折旧率的选择标准 10.96% 比大多数要高一些，文章为了前后衔接，采取这一标准。

资料来源：能源消费量来自《中国能源统计年鉴（2013）》；GDP、社会从业人员来自《中国统计年鉴（2014）》，资本存量部分数据参见叶宗欲（2010）。

---

① 叶宗欲：《中国资本存量再估算：1952—2008》，《统计与信息论坛》2010 年第 7 期，第 17 ~ 31 页。

（2）检验结果

为避免出现伪回归问题，在时间序列回归分析中，需要首先检验数据的平稳性。如果单整阶数相同，则检验序列之间的协整关系。运用数据的ADF 检验，并在检验方程中根据数据自身特征选择截距项和时间趋势项，结合施瓦茨信息准则选择达到最小的滞后阶数，检验表明所有序列是一阶平稳的。

表 2.3.5　　各变量 ADF 单位根检验结果

变量序列	ADF 检验		变量序列	ADF 检验	
	水平检验	一阶差分			水平检验
In *Y*	-2.8040	-4.0914 * *	*In Coal*	-2.7369	-2.8239 *
In *K*	-0.3418	-3.2285 *	*ln Gas*	-0.3899	-4.6549 * * *
In *L*	-0.7386	-6.2297 * * *	*ln Oil*	1.8417	-3.8911 * * *
In *E*	-2.9675	-3.1161 * *			

注："* * *"、"* *"、"*" 分别表示在 1%、5%、10% 的显著水平上拒绝存在单位根假设。

根据检验结果能够得到变量之间是同阶单整的，因此可以进行协整分析。基于四个变量的约翰逊（Johansen）协整检验结果来看（此处略），无论是 *Trace* 检验值或 *Max-Eigen* 值，都可以证明在 5% 的显著性水平上拒绝存在一个协整关系的原假设，即变量之间至少存在两个、三个协整关系。鉴于能源消费量存在序列自相关，在此对数据进行差分处理，以消除序列的自相关性。引用公式进行回归的结果如下：

$$\text{In}Y(t) = -2.9569 + 0.7031\text{In } K(t) + 0.0379\text{In } E(t) + 0.5056\text{In } AL(t)$$
$$(3.36) \qquad (39.56) \qquad (-3.33) \qquad (5.37)$$
$$R^2 = 0.9970 \qquad AdjR^2 = 0.9968 \qquad F = 3638.81$$

2-3-11

从回归结果来看，所有变量系数均是显著的，且 R^2 值接近 1，表明模型模拟效果很好。资本弹性系数要大于劳动力和能源消费系数，表示投资对我国经济增长的贡献度要大于劳动力和能源投入。同时，自变量系数之和大于 1（$\alpha + \beta + \gamma = 1.2466$）。为验证前面放宽规模报酬限制的假设条件，对模型中解释变量的系数约束条件 $\alpha+\beta+r=1$ 进行 *Wald* 检验，检验结果显示：$F=9.2827$ 在1%的显著性水平下拒绝原假设。因此，证明前面假设的合理性。

表 2.3.6　　方程回归系数约束条件的 Wald 检验结果

原假设	统计量	检验值	*df*	*Probability*
$\alpha+\beta+\gamma-1=0$	*F-statistic*	9.282699	(1，32)	0.0046
	Chi-square	9.282699	1	0.0023

下面需要计算能源消费 φ、劳动力的增长率 n。利用增长率的计算公式：$X_1\ (1+\theta)^t=X_t$，其中 X_1、X_t 为变量的初始值与期末值，θ 为变量的年增长率。结合表格中能源消费总量、劳动力的统计数据计算得出 φ、n 分别为5.35%和1.82%。那么，可以测算“尾效”值为：

$$g_E^{bgp}=0.0379*(1.82\%+5.35\%)/(1-0.7031)=0.00913 \qquad 2-3-12$$

由此得出，我国能源禀赋对经济增长“尾效”为0.00913，即中国经济年增长速度由于能源的可耗竭性，每年可能降低0.91%。同理，可以得出煤炭、天然气、石油的增长“尾效”为0.00989、0.00507、0.00262。这与林伯强（2008）基于CGE模型计算的能源价格上涨对我国经济紧缩作用的结果基本一致。与我国能源消费和生产趋势紧密相连，相对其他产业，相同比例的价格上涨，煤炭对经济增长的紧缩作用是天然气、石油行业的2～3倍。①

3. 结论及启示

长期以来，我国坚持“以煤为主自给，以引进油、气为重心”的能源战略。过快的消费增速甚至超过了实际的科学产能，煤炭在一次能源消费结构中占比达到66%左右。与石油、天然气不同，相对低廉的煤炭成本，以及鉴于政府以GDP为绩效量纲的考核思路，所以无论煤炭供给的绝对量还是相对量均呈明显上升趋势，消耗速度要比石油、天然气更快；石油作为重要的化石能源，其消费量的变化趋势不明显，且随着石油危机对经济影响的扩展和对可替代性能源开发利用的提升，导致石油在能源结

---

① 林伯强、牟敦国：《能源价格对宏观经济的影响—基于可计算一般均衡（CGE）的分析》，《经济研究》2008年第11期，第88～101页。

构中的比重有所下降，对经济增长的约束相对较低。作为一次能源消费比重最低的天然气，消费比重虽然逐步提高，但相对幅度却很小，况且由于我国天然气资源勘探投入不足，使天然气对经济增长的制约要高于全球流动性更强的石油。

能源消费对经济增长“尾效”的经济学含义为：能源产出弹性、能源消耗速度与经济增长呈正相关，未来应通过寻找替代性能源或提高在一次能源消费中的比重来降低经济增长的“尾效”。即可以通过降低煤炭消费比重，更多地开发利用天然气作为替代性的清洁能源，扩大天然气在能源消费中的比重，从而增加经济持续增长的潜力。①

第四节 当前我国大力发展天然气产业的重要意义

能源作为国民经济生产最基本的物质基础，对我国经济持续发展有至关重要的作用。不容忽视的是，随着经济总量规模的增加，在能源产生过度消耗的同时，必然会带来环境污染与增加社会治理成本，未来我国面临着能源短缺与环境约束的双重压力，这已然不适应我国经济社会可持续发展的需要。着眼能源生产、利用与环境保护并重应将成为能源发展的核心内容，推动清洁能源的发展是实现国内经济转型与可持续发展、维护公众健康和提升生活品质的迫切要求。因此，无论是从优化能源结构、防治大气污染和促进经济增长的需要，还是从国内资源条件和进口条件，国家都应采取更有效的政策措施促进天然气市场的进一步发展。大力推进天然气的开发利用，符合党的十八大明确提出的生态文明建设要求，有利于提升新时期城镇化质量，更有助于支撑经济社会的可持续发展。

一 作为清洁能源具有缓解环境污染的积极作用

（一）发展清洁能源是实现生态文明建设的必然要求

党的十八大提出建设美丽中国的宏伟目标，把生态文明建设纳入到中

① 本书与邹璇（2010）等研究结果一致，即不同能源与经济增长的相关系数存在明显差异，天然气的需求弹性为正，与经济增长具有显著的正相关关系；邹璇《优化能源结构与经济增长》，《经济问题探索》2010 年第 7 期，第 33 ~ 39 页。

国特色社会主义事业的“五位一体”布局中。[1] 十八届三中全会更进一步提出要建立系统、完整的生态文明制度体系，以制度性手段来保护生态环境。因此，推广清洁能源发展实现能源消费的清洁化、低碳化转型，对缓解当前雾霾、积极应对温室气体排放问题具有重要现实意义。

对此，2013 年 9 月国务院颁布《大气污染防治行动计划》明确提出到 2017 年，全国地级及以上城市可吸入颗粒物浓度比 2012 年下降 10% 以上，优良天数逐年提高。要通过调整能源消费结构，增加清洁能源供应，进一步增加天然气使用比重，以降低空气中 PM2.5 含量。[2] 计划提出到 2015 年，新增天然气干线覆盖京津冀、长三角、珠三角等区域，管道输送能力超过 1500 亿立方米；加快推进“煤改气”工程建设，推进现有工业企业燃煤设施的天然气替代步伐，倡导发展天然气分布式能源等高效利用项目，到 2017 年实现煤炭消费总量降低到 65% 以下。力争经过五年努力，通过优化能源结构、变革生产方式和改变生活方式，大力发展清洁能源，控制煤炭消费总量，促进全国空气质量总体改善。

（二）转变经济发展方式亟须优化能源消费结构

长期以来，我国沿袭高污染、高消耗、高排放的粗放发展模式，经济高速增长是以沉重的环境污染为代价的。随着工业化、城镇化的深入推进，国内对煤炭、石油等化石能源的消耗总量持续攀升，大气污染形势异常严峻，以细颗粒物 PM2.5 为特征的区域性环境问题日益突出，损害居民身体健康，影响经济、社会的可持续发展，污染防治的压力继续加大。2013 年，国内 PM2.5 平均浓度为 72 微克/立方米，超出国际标准 1 倍多。[3] 目前，国内重度雾霾覆盖面积达 200 万平方公里，包含 80% 以上的大中城市和 8.7 亿居民。

按照我国节能减排预期目标，到 2020 年时单位国内生产总值 CO_2 排

---

① 2012 年 11 月 8 日党的十八大报告《坚定不移沿着中国特色社会主义道路前进，为全面建成小康社会而奋斗》。

② 从发达国家的历史经验来看，天然气占能源消费的比重与微细颗粒浓度高度关联，天然气比重上升，颗粒物浓度将大幅下降。

③ 郭焦锋、高世楫：《中国气体能源发展报告（2014）》，石油工业出版社 2014 年第 1 版，第 4 页。

放比2005年下降40%～45%。[①] 根据国家发改委的统计，“十二五”节能减排的实际进度要低于预期目标。我国正处于工业化后期，重化工业仍占很大比重，即使能效及早步入下降期，但能源需求总量依然较大。作为当前切实可行的重要清洁能源，提升天然气在能源结构中的比重是促成环境治理的关键因素和有效控制大气污染的重要手段。

从客观条件来看，传统化石能源（比如煤炭、石油）仍是未来一段时期经济增长的主要引擎。截止到2014年，我国一次能源消费构成中，煤炭、石油所占比重分别为66.0%和17.1%，作为清洁能源的天然气占比仅为5.6%，远低于亚洲地区的11.4%和世界23.7%的平均水平，其他可再生能源合计约占9.8%。[②] 要从根本上解决现今的环境恶化问题，调整能源结构，提高能源效率，以及推广清洁能源的普及利用将是切实可行的途径。

二　提升中国城镇化发展质量

（一）十八大提出的新型城镇化建设明确要求加强燃气基础设施建设

党的十八大报告多次提出要让中国的天更蓝，水更清，为老百姓提供一个清洁健康的生活环境。2014年，国务院发布《国家新型城镇化规划》（2014—2020年），明确要求“建设安全高效便利的生活服务和市政公用设施网络体系……统筹电力、通信、给排水、供热、燃气等地下管网建设……加快推进城市清洁能源供应设施建设，完善燃气输配、储备和供应保障系统”，“统筹城乡基础设施建设，加快基础设施向农村延伸，强化城乡基础设施连接，推动水电路气等基础设施城乡联网、共建共享，加快公共服务向农村覆盖”。[③] 因此，新型城镇化的发展要求与天然气产业有着直接联系。

城镇化进程中对清洁空气、高品质能源需求的增加，促进增加天然气比重以实现环境质量的提升。首先，构建绿色低碳的新型城镇化要求

---

① 2009年11月25日召开的国务院常务会议公布了我国碳排放目标，到2020年，我国单位国内生产总值二氧化碳排放比2005年下降40%～45%，将其纳入国民经济与社会发展的中长期规划。

② 以《BP世界能源统计年鉴》2015年版为基础，计算得到亚洲地区和世界天然气在一次能源中的比重。

③ 《国家新型城镇化规划（2014—2020年）》，《人民日报》2014年3月17日，第1版。

为城市居民提供更多的清洁能源，这实际上也是对发展天然气产业提出了明确要求，增加天然气消费将有助于改善环境，提升空气质量；其次，新型城镇化要求提高市政设施建设能力，增加天然气管输设施，并向农村等边缘地区延伸。当前我国管网建设能力不足，严重制约未来天然气的输送能力。《全国城镇燃气发展“十二五”规划》显示，到“十二五”期末，城镇燃气管道总长度达到 60 万公里，管网总长度将增加 70%。

（二）天然气的普及利用是促进环境质量改善的重要手段

城市燃气在社会经济和生活中扮演越来越重要的角色。根据国际发展经验，伴随人均 GDP 水平的提高，城镇化率也将持续上升。截止到 2014 年，我国城镇化率由 1978 年的 17.9% 提高到 54.77%，年均增速是改革开放前 30 年城镇化增速的 3 倍以上。[①] 近年来，受国内经济、环境治理等因素的影响，城市基础设施建设的力度明显加强。在政府投资及其他形式投入的多重作用下，天然气的消费区域不断扩展，国内众多城市成为直接受益者。由于天然气的引进和推广使用，部分城市竞争力显著增强，城市发展质量得到提高，居民生活水平明显改善。因此，加快天然气的使用推广将有力促进新型城镇化的发展，提升城镇化质量。

当前，我国城市燃气行业已步入快速发展时期。2014 年，全国燃气使用人口达到 4.21 亿立方米，城市燃气普及率达 94.56%，比上年增长 0.31 个百分点。城市天然气使用量 964.4 亿立方米，同比增长 11.9%，天然气通气管道长度 43.5 万公里，部分省份结束了没有管道天然气供应的历史。[②] 尽管如此，我国城市燃气设施建设还存在许多不足，目前尚未普及到广大的乡镇、农村地区，很多地方仍未能享受到优质清洁的供给服务。到 2030 年，我国城镇化率预计将达 70% 以上，约有 10 亿人口生活在城市，这将推动城市燃气规模的快速扩张。未来需要进一步加大对天然气产业的扶持力度，推进天然气利用的普及化程度，进而提高我国城镇化发展的质量。

---

① 资料来源：世界银行统计库和国家统计局数据库的统计数据。

② 资料来源：2015 年 7 月 20 日住房和城乡建设部发布的《2014 年城乡建设统计公报》。

三　天然气供给潜力巨大，可有效支撑经济的可持续发展

（一）天然气潜在供给能力要求加强开发利用程度

我国既是资源大国，也是资源相对稀缺的国家。根据传统的能源评价体系，中国是能源相对匮乏的国家，资源特点是总量大，人均拥有量低，种类齐全但结构不合理。我国石油、煤炭储量有限，并逐步进入衰退期，而天然气的开发利用程度却很低。只是近些年环保意识的加强，促使清洁能源天然气需求增加，但是未来的发展前景却相当可观。

国内天然气产业发展空间依然很大。2014 年全国人均能源生产量为 2632 千克标准煤（人均消费 3114 千克标准煤）。其中，我国煤炭储量 1145 亿吨，占全球储量的 12.8%，仅次于美国（26.6%）、俄罗斯（17.6%），但中、美、俄三国储采比分别为 30、262、441，相比世界平均水平 110 依然是高位运行，中国煤炭属于过度开采。2014 年，我国原油消费总量 7.28 亿吨标准煤，全年生产 3.02 亿吨标准煤，供需缺口达到 4.26 亿吨标准煤，原油生产量不足消费的 1/2，对外依存度很高。[①] 从天然气的消费来看，自 1990 年到 2014 年消费比重仅增长 3.5%，仍存在巨大的发展空间。

未来我国经济基本将保持高速发展，对资源的消耗继续加大。尤其是石油资源，即使石油勘探技术不断提高，但也很快被国内的内生性需求消化。处于能源消费次要地位的天然气，得益于新技术的开发应用，或将成为未来能源供给的主要动力。从 EIA 进一步的研究来看，中国是世界页岩气资源最丰富的国家，页岩气可采资源量达 31.6 万亿立方米，约占全球页岩气资源量的 15%，位居世界第一，可有效改善我国能源不足的局面。[②]

（二）优化能源消费结构不可支撑经济的可持续发展

十八届三中全会以来，我国经济增速趋向平稳，工业生产步入调整期，尤其是随着经济进入新常态，能源消费模式迎来重要窗口期，国家应加快调整淘汰落后产能，促进能源结构优化和消费量的减少。从历史发展

① 资料来源：英国石油公司《BP 世界能源统计年鉴》2015 年版；黄晓勇等：《世界能源蓝皮书：世界能源发展报告（2014）》，社会科学文献出版社 2014 年第 1 版。

② 国内学者对此存在分歧，认为这类评价是出于类比性的理论计算，缺乏足够的勘探开发工作量支持，所以需要进一步的验证。

的趋势来看，我国经济发展速度与能源需求量呈现相同方向变化，经济增速需要稳定的能源供给作为支撑。目前，我国仍处在重工业化阶段，工业中的重工业、高能耗产业比重依然较高，能源效率还处于相对较低状态，未来一段时期的能源需求仍存在较强的刚性预期。

缓解能源对经济增长的约束主要依靠以下方面：一是技术进步，我国能源效率大幅提高，使单位 GDP 的能源消费量处于下降趋势；二是替代能源的发展。新能源对传统能源的替代以及效率高的能源对效率低的能源的替代，也是促进能源消耗强度下降的重要途径。我国初级能源的消费结构没有发生根本性变化，短期内煤的主导地位并未动摇。天然气占一次能源消费总量依然很低，产业发展存在很大潜力。①

本章小结

首先，阐述了当前国内外天然气供需的基本形势和发展趋势。世界天然气市场供需基本平衡，总体供给略大于需求。相对而言，我国天然气产业发展明显滞后，天然气在一次能源结构中的比重偏低，2014 年仅为 5.6%，远低于世界平均水平（23.7%）。伴随经济总量的增加、环保措施的强化实施，国内市场需求的加速增长，自 2006 年后供求失衡问题逐年加深，天然气的对外依存度达到了 32.2%，完善价格机制是推动天然气产业有序发展的重要手段。

其次，对比分析了国内外能源效率。从宏观层面测算了我国的能源利用效率，并与国外部分国家进行对比。结果显示我国的能源强度要高于发达国家，总体高于世界平均水平，然而随着经济发展水平的提高有不断下降的趋势，与其他国家的差距也在逐步缩小。与此同时，从能源消费结构来看，增加天然气消费比重通常伴随能源效率的提升，煤炭消费比重与能源效率之间则表现出很强的负相关性，而价格形成机制是实现效率均衡的前提条件。

再次，探讨了能源消费对经济、环境的作用。通过将能源作为生产要素引入 C－D 生产函数，分析了能源约束对经济增长的“尾效”效应。研究认为煤炭、天然气的“尾效”值分别为 0.00989、0.00507，优化能源

① 资料来源：国家统计局数据库。

结构能有效降低能源对经济增长的约束作用（邹璇，2010）。即当前我国可以通过降低煤炭消费比重，积极开发利用天然气作为替代性的清洁能源，着力扩大天然气在一次能源构成中所占比重，进而提高经济持续增长的潜力。

最后，探讨了我国天然气产业发展的重要意义。转变经济发展方式，实现生态文明建设需要优化能源结构，增加清洁能源供给；顺应十八大城镇化建设要求，应加大天然气普及利用，提高城镇化发展质量；加强天然气的勘探开发力度，能够保障能源供给安全，实现经济的可持续发展。

第三章

天然气产业链构成及价格形成分析

随着经济发展和科技进步，能源的消费结构正不断向清洁化、低碳化转型，天然气作为清洁高效能源，在世界各国均得到高度的重视和发展。由于各国天然气市场发育程度参差不齐，天然气行业的市场特征差别很大，并且一直发生着根本性转变。特别是国际油气市场、贸易方式的变化使区域市场间的联结性逐渐加强，当前许多发达国家的天然气行业已形成以市场竞争形成价格为基本特征的商品市场。根据国际天然气联盟（IGU）2014 年报告显示，全球天然气批发量中 43% 是基于竞争性定价，19% 是与油价挂钩，定价方式更多的是通过天然气供应方之间的竞争，或者是基于枢纽或现货市场。①

天然气产业链结构及特征是各环节价格形成的基础，不同的管理模式、市场结构特征通常采取不同的定价方式。天然气行业结构大致分为竞争性市场结构与非竞争性市场结构，不同的市场结构特征决定了天然气定价方式。目前，竞争性的定价方式主要指"气与气"竞争的定价方式，非竞争性定价方式是指政府定价（或政府指导价），包括成本加成法和"市场净回值"的定价方式。由于天然气输送依赖于自然垄断性的运输体系，所以早期研究往往以"自然垄断性"作为天然气行业的技术经济特征，定价采取非竞争性的方式。

天然气定价方式的演变与其发展阶段密切相连。随着天然气产业的快速发展和市场规模的扩大，参与主体对价格改革的需求也日益强烈，把握有利时机通过制度设计放开上下游市场行政限制及管输环节的第三方准

① IGU："IGU World Price Survey - 2014 Edition"，hppt：//www. igu. org/publications，2014 年 5 月。

入，健全管理体系和运行机制，以市场竞争逐步取代政府主导的价格模式，成为各国价格形成机制的改革方向。本章将重点从理论角度概述天然气产业链的构成及基本特征、价格形成模式和终端价格的定价方式，并归纳不同定价方式递进演变的前提条件与关键因素，为我国天然气价格改革提供思考。

第一节　天然气产业链的构成及基本特征

基于天然气的产品属性，天然气的工业运转是一条完整链条，将井口生产、净化处理、储气、运输配送和终端用户连接起来。天然气从生产或进口后，经过初级净化处理进入高压输气管道，直接输送到大工业用户消费，或者进入城市天然气门站，由城市燃气配送（销售）公司分销到各终端用户，包括居民用户、商业用户以及一些小工业用户等。

天然气不同于其他能源，不能低成本的大量储存，其运输需要采用特殊的长距离管网运输。在此过程中，从天然气生产、流通和消费环节形成了不同价格，包括天然气出厂价格、管输价格、城市配送服务价格，加总构成的终端销售价格。鉴于上述环节市场结构的差异性，各环节费率的形成方式也迥然不同。此外，因其具有明显的规模经济特点，天然气运输配送涉及自然垄断性。随着基础设施的巨额投资大量收回、风险趋于下降，由垄断带来的弊端就需要政府建立监管框架，采取必要的产业规制措施加以改善。本节首先探讨天然气产业链的构成及基本特征。

一　天然气产业链的基本构成

（一）天然气产业链结构

传统天然气产业链的结构一般包括上游天然气勘探生产、中游管网运输及地下储存和下游城市配送。随着部分发达国家天然气工业的快速发展和市场化改革的推进，供应多元化、管道第三方准入及分离管道公司的销售业务，使独立营销商成为天然气工业的新添内容（如图 3.1.1 所示）。其中，网络依存度高的是中游长输管网和下游城市配送管网两部分，也就是说当天然气市场发展到一定阶段，整个天然气市场中仅这两部分仍属于自然垄断性环节。

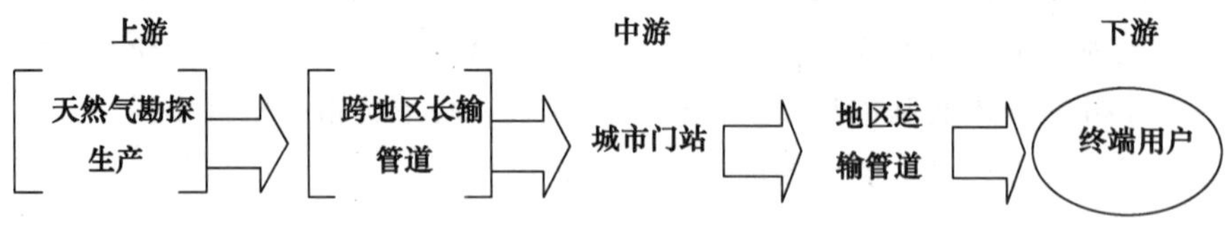

图 3.1.1　天然气产业链结构

1. 上游勘探生产

上游天然气勘探生产业务可进一步细分为天然气勘探、开发、净化处理。天然气勘探开采是指寻找具有经济开采价值的天然气并提供到地面以供商业使用。从气井中开采的天然气一般无法直接使用，需要输送到处理厂进行净化处理（如脱水、脱硫、脱杂质等）以达到标准质量或管输要求，由此引申出净化处理业务。

2. 中游管道运输储存

通常产销分属不同区域，将天然气生产地与市场区域有效链接的功能设施就是输气管道。为满足用户需求上的波动，管输服务商一般还会建立相应的储气服务设施。

3. 下游城市配送

自管道运输系统接收的天然气通过城市配气系统输送至最终用户的过程即为配送服务环节，完整的城市配送系统由配气站、配气管网、储气和各类调压等组成。针对不同用户的消费时段的差异性，需要合理调节管网输送量。

此外，天然气国际贸易的发展促使 LNG 业务成为产业链的衍生环节。天然气资源分布的区域性特点，使 LNG 国际贸易成为各国平衡供需的重要手段。伴随天然气液化和储存技术的进步，LNG 运输成为天然气贸易使用最广泛的运输方式。

（二）天然气产业链的微观主体

从天然气产业链的构成可以看出，天然气产业链的参与主体一般包括生产商、管道运输商、地方配送服务商。随着天然气工业的发展成熟，各微观主体所扮演的角色差别很大，市场发育成熟的国家还进一步衍生出了中间营销商。

1. 生产商

生产商负责上游天然气的勘探开发、净化处理，以便符合管道气所要求的质量标准，并将天然气在上游交气点以供气价格出售给管道运输服务商。

2. 管道运输商

管道公司负责将从上游供给商购入的天然气通过长输管道输送至下游消费区的工业用户或城市门站。管道服务商既可以是独立的天然气承运商，也可以是天然气生产商。

3. 地方配送服务商

地方配送服务商负责将从城市门站购进的天然气通过地方配气管网系统输送至所服务的终端用户。配送服务商一般是区域内的垄断服务商，在市场发育还不充分的情形下，一般也负责天然气的销售业务。

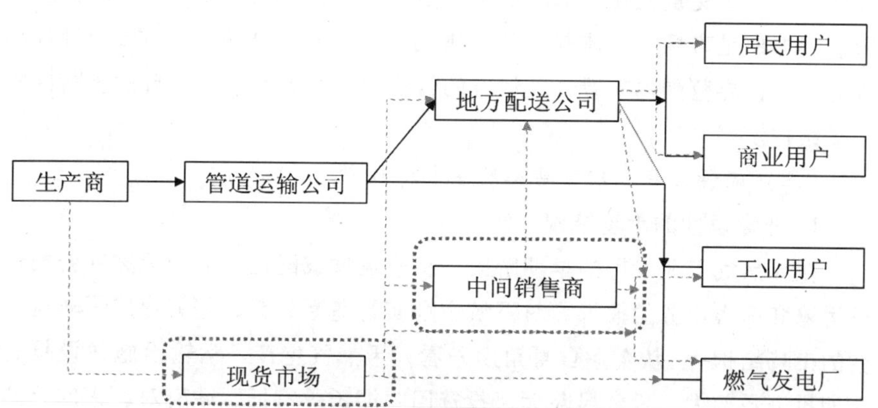

图 3.1.2　天然气产业链各环节的参与主体

注：实线区域表示当前我国天然气产业链的主要构成；虚线部分则表示当前我国天然气市场仍然不具备的环节。

二　天然气产业链的市场结构特征

天然气工业内部的市场结构源自各国的资源禀赋、宏观政策和市场发育程度。天然气的价格形成机制与市场发展阶段有关。纵观各国发展的实践，天然气市场的发展过程大致形成两种市场结构：非竞争性的市场结构和竞争性的市场结构。

（一）天然气产业链的参与主体面临的市场结构

1. 上游勘探生产环节

上游勘探生产环节面临的市场结构很大程度上取决于国家能源政策。为促进天然气工业的生存与发展、保护资源和规模经济等因素，许多国家实行上游勘探生产的特许经营制度，导致上游勘探开发权集中在有限的生产商手中，形成某种程度的垄断市场结构。

目前，我国天然气的上游仍然处于寡头垄断性的市场结构，三家国有石油公司占据绝对主导地位。对于市场化程度较高的国家，比如美国、英国，上游勘探开发则是基本完全开放，允许天然气上游市场自由竞争，而中间管输配送环节属于独立的服务商，管输配送实行第三方准入。

2. 管道运输和配送服务环节

天然气管道运输和配送服务领域具有网络天然垄断特征，属于非竞争性产业，为避免重复建设采取政府严格审批；输气领域受到国家产业政策限制，即使是市场经济体制非常完善的国家，也会采取相应的管制措施。因此，从世界范围内来看，天然气的管输配送服务环节均是自然垄断性的市场结构。

（二）两种天然气市场结构的基本特征

1. 非竞争性的市场结构

在天然气工业发展的早期阶段，从事运输或配送业务的天然气公司通过运输和销售业务的捆绑，对下游市场实行垄断经营，这就形成了非竞争性的市场结构。[①] 从企业自身角度来看，天然气生产、运输设施建设具有初期投资数额大、投资风险大、投资回收期长等特征，政府对新兴的天然气工业实施垄断地位的合法化，有利于降低投资风险和推动产业发展。为了降低投资风险，保障未来收入流的稳定性，天然气公司与上下游用户通常签订带有“照付不议”性质的长期购气合同，这种合同安排使运输配送服务商不希望向第三方开放，而是以运输服务与销售捆绑方式实现对供应市场的垄断。

2. 竞争性的市场结构

就天然气本身而言，在上游生产开发不受限制的条件下，上游供应是

---

① 此处的天然气公司既指从事天然气运输配送业务的管道公司和地方配送公司，也指生产运输垂直一体化结构的天然气公司。

完全竞争的市场结构，而中下游运输配送环节是自然垄断的。所以，要实现天然气行业整体的竞争性就要对管道配送系统向第三方无条件开放，以消除终端消费者在运输上的限制。从各国发展经验来看，随着市场化程度的扩大，天然气管道运输、地方配送与销售业务逐步分离是大势所趋，并要求管道公司或配送公司向第三方公开、无歧视地提供运输服务，以便为各方提供公平竞争的基础。[①] 因此，中游管网运输的第三方准入（TFP）成为决定上下游市场结构的关键因素。

（三）市场结构与定价机制的相互关系

通常而言，天然气定价机制与市场所处发展阶段有关，发展阶段不同形成的市场结构也就不同，而市场结构特征则决定了何种定价机制。竞争性市场结构一般采取以市场竞争方式实现交易价格的形成，垄断性的市场结构则采取以政府定价为主，市场手段为辅的方式。

天然气作为一种资源性商品，应当遵守商品的供求和市场规则。在竞争性市场结构中，天然气用户，包括工业用户、发电厂或地方配送公司，均可直接与上游供气商进行谈判购气合同，以市场化方式形成交易价格，再以支付运输服务费的方式委托管道公司输气。因此，竞争性的天然气市场结构体现三个方面：一是产业链的上、下游减少或取消市场准入限制；二是中间储运设施的第三方公平开放；三是价格由市场竞争形成。

第二节　天然气产业链的价格形成模式

天然气的终端消费价格由天然气自身价值、运输配送成本及两者的合理利润构成。[②] 天然气作为资源性商品，价格是其价值的外在反映形式，价格形成机制的选择是决定价格水平的基础。作为一种清洁性能源，伴随环境外部性问题的凸显，天然气与其他能源之间的比价关系还体现在社会效益的差异。天然气的定价机制与天然气市场所处的发展阶段有关。当一国的天然气市场由初始增长阶段过渡到快速增长阶段以及到稳定增长阶段

① 严格意义上讲，第三方准入是指管道公司或地方配送公司代表管道所有者之外的一方运输天然气。

② 考虑本书的研究范围，对于天然气行业的定价方式此处仅探讨终端销售价格的定价方式。

时，天然气的交易方式由长期合约向短期合约转变，天然气的定价机制也将经历政府定价（成本加成定价）、政府指导价（与可替代性能源挂钩）和“气与气”竞争的市场化定价阶段。

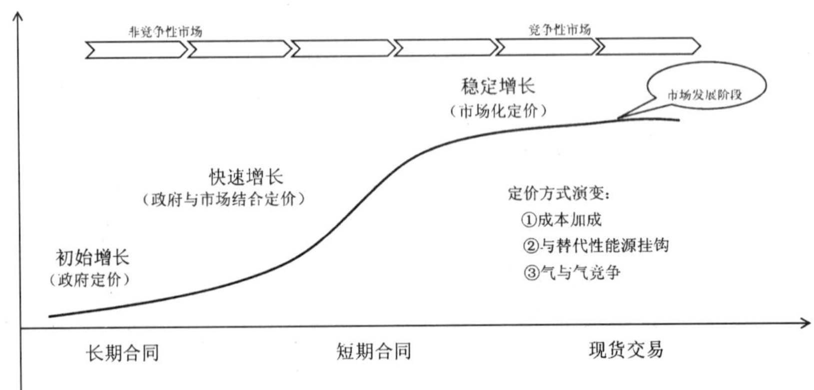

图 3.2.1　天然气定价方式的演变历程

管道运输属于自然垄断环节，国际上循例采取政府定价或政府指导价的定价模式。有效的定价政策既可为天然气用户提供激励政策，进而鼓励消费，又可为投资者提供合理的投资回报以增加供给。目前，国际天然气市场上基本存在着两种市场形式和与之相配套的三种定价模式：一种是欧亚等为代表的垄断市场形式，而另一种是美国、英国为代表的取消管制的市场形式。前者实行政府定价或政府与市场相结合的定价方式，后者则是“气与气”竞争的完全市场化定价方式。

一　天然气产业链的三种定价模式

（一）以政府为主的定价模式

非竞争性的市场结构通常是以政府为主的定价方式。在天然气工业与市场发育的初期阶段，从事配送业务的天然气公司通过运输与销售业务的捆绑实行垄断经营是适当的。如果经营配送业务的天然气公司未向第三方开放配送服务系统，以此形成对服务市场的垄断局面，那么地方配送公司向其用户提供的是一种捆绑式供气服务，终端用户价格是包含采购成本以及配送服务成本在内的捆绑价格。

在一个垄断市场中，垄断者可以凭借垄断地位长期获得高于正常回报水平的利润，即垄断利润。政府通过特定的价格监管措施，在保证自然垄断企业获得正常利润的情况下，可降低终端消费者的支付价格，使市场供给量增加。此情形下，政府主导的定价方法主要是以成本为基础的定价方法，或称为成本加成法。这种方法以天然气生产、运输、配送服务成本（包括合理利润）为基础，通过顺加形成天然气产业链各环节价格的一种方法。其中，地方配送公司的终端零售价格由管道公司的门站批发价格及自身的配送成本所构成。

政府管制价格的制定通常是由监管当局综合考虑卖方的供应成本、买方的支付能力以及其他政治、社会等因素设置调整，设定的价格既可以是包含供应成本（拥有合理的投资回报率）的价格，也可以是低于成本的价格，将天然气提供给消费者，政府再对此予以适当补贴。譬如，2013年，北京市政府对使用天然气的一些下游终端用户实施了补贴。当前，全球天然气实行以政府主导的定价模式约占33%，主要集中于亚洲、拉美、欧亚大陆等地区的国家。

（二）政府与市场相结合的定价模式

在非竞争市场中，尽管天然气公司不受同行业的竞争，但仍然要与其他可替代性能源进行竞争。例如，在民用和商业领域，天然气要与电力、液化石油气和取暖用油竞争；在工业领域，天然气要与煤炭、燃料油竞争；在发电领域，天然气要与煤炭、油、核能、水力等能源竞争。因此，定价政策必须考虑它与替代燃料之间的市场竞争力。

政府与市场相结合的定价方法一般是指市场价值定价或“市场净回值”定价，即以天然气的市场价值为基础，采取“回推”方式形成天然气产业链各环节价格。天然气的市场价值是指最终用户使用天然气取代其他替代燃料时产生同一成本的气价。其中，包括不同燃料热值的差异、热值利用效率、不同燃料投资和使用成本以及最终的污染成本等。考虑到天然气的清洁性、高效性和便捷性，只要终端销售价格不超过天然气的市场价值，天然气相对替代性燃料就具有竞争优势。

（三）完全市场化的定价模式

市场化的定价方式建立在竞争性的市场结构基础上。在以政府定价或政府与市场相结合的定价方式中，天然气价格更多地反映产品的供应成本而不反映市场供求关系。随着天然气工业与市场的发展成熟，许多国家开始对天然气工业进行结构性改革，通过开放天然气市场引入竞争机制来提高天然气工业的效率。根据国际天然气联盟（IGU）2014 年报告显示，全球批发量中 43% 是基于竞争性天然气定价。

天然气作为一种商品能够在市场中自由交易，但其运输配送环节带有自然垄断性，因此建立竞争性市场的前提是要消除生产者与消费者之间在运输上受到的限制。这种监管改革的要点包括：一方面分离天然气公司的管输配送与销售业务，使天然气公司仅作为第三方负责运输天然气；另一方面是实行第三方准入，要求运输配送公司向包括自身在内的所有托运人开放管输配送网络。自此，天然气公司成为专门从事承运的服务商，并对所有承运人提供无歧视的运输服务，这样就出现了上游天然气供应方之间为争夺下游用户的竞争。

市场化的定价方式强调“气与气”之间的竞争，而不是运输服务之间的竞争，所以政府还需对运输服务和运输费率制定监管规则。终端用户价格被分为天然气价格和管输配送价格两部分。天然气自身的商品价格是由上游供应商通过公平的市场竞争形成的，运输费率的确定一般是依据供气成本确定的政府管制价格。这种价格既要保证供应商之间的公平竞争，同时还应保证运输配送公司回收成本并取得合理的投资收益。

假定放开天然气上游供气市场，并对管道配送服务实行第三方准入，则上游供气商之间将形成完全竞争的市场结构，其价格形成机制如下图所示：

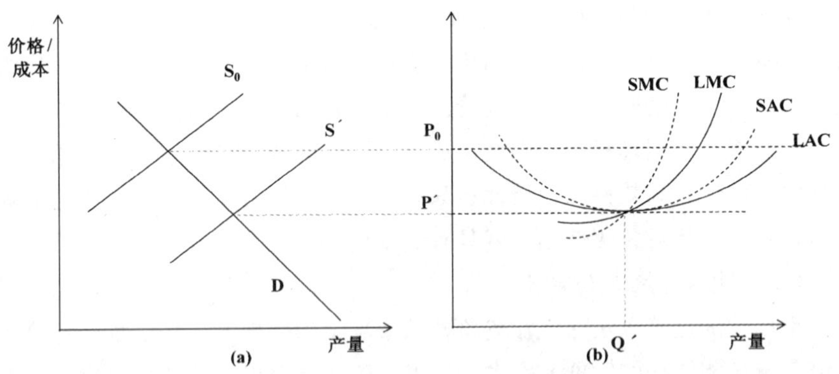

图 3.2.2　竞争性市场结构下的定价机制

图（a）中，S、D 为市场供给与需求曲线，图（b）中 SMC、SAC 分别为企业短期边际成本与平均成本曲线，LMC、LAC 代表企业长期边际成本与平均成本曲线。初期，供给与需求曲线相交形成的均衡价格为 P_0，且 $P_0 > LAC > LMC$，所以企业具有经济利润。此时，在行业进入门槛很低的情况下，经济利润会促使更多的企业进入该行业，导致企业供给曲线向右下方移动，直到均衡价格到达长期边际成本与平均成本的相交点，即 $SMC = SAC = LMC = LAC$，否则企业将会产生亏损。此时，企业由于市场内竞争的影响，市场机制的作用致使市场价格位于企业平均成本最低点，该企业的市场供给为 Q'，整个行业各企业的经济利润为零，其他企业不再进入，生产效率达到最高。因此，竞争既能促进行业生产效率的提高和供给稳定，也有利于福利流向终端消费者。

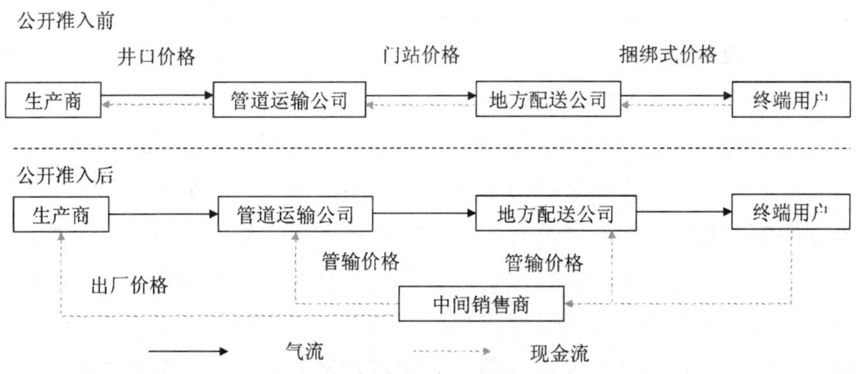

图 3.2.3　不同市场结构下的交易价格结构变化

二　天然气需求及价格形成的影响因素

（一）天然气需求的影响因素

天然气价格的形成取决于供给与需求的关系。天然气供给受制于国内特有的资源禀赋，需求的影响因素则包括经济发展阶段、能源政策、产业结构、生活方式等。

1. 经济发展阶段

人均收入水平是体现经济发展阶段的重要指标。收入对需求的影响显而易见，不同的发展时期其能源的收入弹性不同，且不同国家之间往往仅具有参考性。不同经济发展阶段对天然气的需求程度截然不同。假定既定的资源禀赋和经济发展模式相似，则经济发展相对落后的国家，能源利用效率低下，单位 GDP 资源消耗程度较高，能源需求的收入弹性较低。与此同时，经济发展水平高的国家，技术水平往往更高，在相对价格调整变化时，其使用效率和技术提高的速度更快，需求强度和能源的相互替代性转换更快。

2. 能源政策

减排增效的新政策制约了煤炭的快速增长态势。我国煤炭占终端能源消费比重偏高，能源资源与经济重心逆向两大问题将长期并存，日益严重的外部污染问题，使得我国能源消费亟需作出调整，能源生产和消费革命加快清洁能源发展。不同燃料结构造成的污染程度不同，在治理雾霾的外部压力下，环境治理加快要求能源发展方向是清洁化，为此相继出台了一系列环境保护政策促进能源结构的进一步优化，对环境的整治力度明显加大。受制于减轻污染的新政策，一些煤炭密集型企业关闭停产，天然气作为清洁能源之一，具有很大的发展潜力。

3. 产业结构

社会经济结构影响着能源消费部门结构的配置。一般而言，不同产业单位产值的能耗强度存在差异，工业能源强度通常要大于服务业，所以一个国家产业结构直接影响该国对能源的需求量。在发展初期，优先发展工业是世界各国经济发展和社会进步的必经之路，此时对能源需求往往非常高；经济发展到一定阶段后，服务业所占比例开始提升，对能源的需求量也逐步下降。因此，适合的经济发展模式成为制定国家能源战略必须考虑的问题。

例如，就我国而言，2014 年国内工业经济运行受外需萎缩、内需不足、部分行业产能过剩、产业结构调整等综合影响，总体增长动力不足。同时，受农业刺激政策、投资拉动、产业升级等影响，农用产业飞速发展。党的十八届三中全会通过《决定》提出要构建城乡一体化体制机制，逐步促进城乡之间要素的平等交换与公共资源的均衡配置，所以农业机械化水平的提高将促进农业生产能源消耗的提升。

4. 生活方式

居民生活方式的变化会直接影响能源需求量的变化，包括城镇化、取暖制冷和交通出行等。城镇化程度的加深，会扩大对天然气商品的需求。

尤其是随着城市天然气普及率的提高，天然气商品的需求量呈现快速增长的趋势；城镇化建设过程中对电力、钢铁等需求的增加，推动大量高耗能重化产业发展，带动需求的强劲增长。同时，作为能耗强度高的交通运输业是影响天然气消费的重要因素。随着我国经济的飞速发展，人均汽车保有量也在不断增长，交通运输部分的能源消费占相当大的比重，这必然也会产生较高的能源需求。

其他因素比如能源强度、替代能源价格也对天然气需求产生影响。随着能源强度的降低，创造等量经济活动所需的能源将减少，其他条件不变时，导致能源需求量会下降。

（二）天然气价格的影响因素

天然气价格是由该行业的社会平均成本为基础决定的，因为成本差异促使不同地区的价格大不相同。此外，部分外在因素也对天然气价格具有重要影响。

1. 供求关系

供求是影响市场价格的重要因素。天然气的供给和需求是影响价格形成的重要变量。供求关系对天然气价格的影响主要体现在两个方面：一是供需缺口对市场价格的影响；二是耗竭性也影响长期天然气供给量，需求弹性应包含在天然气的定价机制中，包括长期、短期价格弹性对天然气价格的影响。供给与需求对天然气定价的影响程度存在差异。一些学者认为，天然气需求是影响价格的主要因素，定价机制变化完全是需求量变化的结果，这也是目前的主流观点，即随着替代能源的发展，能源需求结构的变化一般会促使价格作出相应调整。

2. 市场结构

竞争性和垄断性的市场结构决定了生产者的供给曲线形状。对于垄断性供给者而言，能源价格与边际成本差额不仅包含稀缺租金，而且也包含由此形成的超额利润。生产者作为价格的接受者是竞争性市场结构的主要特征，供给者难以通过减少产量来维持价格上涨。一般情形下，供给曲线随价格的上涨向前弯曲，即伴随着价格的上升，开采量是逐步增加的。这种形状形成的主要原因包括两方面因素：一是企业产权性质；二是企业生产的边际收益，即企业是否增加产量取决于天然气供给是否具有合理回报率。

3. 金融发展

现货市场价格的不稳定促进了天然气金融市场的发展。气候变化、消费模式等偶发性因素对天然气现货价格的影响，导致未来价格波动的不确定性增大，市场参与者面临较大的价格风险。因此，应对管理风险工具需求的加大，促进了金融市场的快速发展。现代能源金融的发展使得能源价格不再只由供需关系等因素决定，金融衍生工具的发展、金融炒作等已成为价格决定的重要因素之一。在能源金融领域中，对市场定价参与者行为的研究开始成为重要内容，如何有效分析能源金融对预测能源价格、引导风险规避具有重要的作用。

4. 环境治理

价格机制直接影响能源消费结构的优化，这不仅为经济发展提供持续保障，也是提高经济增长质量的有效途径。如果天然气与其他能源之间的比价关系未能反映环境外部性，不利于企业获得经营激励和提高能源效率。部分地方政府出于对 GDP 增长考虑，对高耗能产业采取了放任式发展。从不同化石能源内部比较来看，天然气与煤炭、石油相比而言，其消费过程更加清洁，对环境污染损耗程度更小，具有促进经济增长和保护环境的双重效应。倘若要促进能源利用结构的优化，确定合理的能源比价关系是关键。

第三节　天然气基准价格的定价方式

不同产业结构决定了基准价格的制定方式。天然气作为一种重要商品，在初期管网尚未实行第三方公平准入及业务分离的情形下，需要建立外部约束和监管机制，通常天然气价格实行政府主导或政府指导定价是现实选择。成本加成定价往往是与政府管制相联系的，而市场价值定价或“净回值”定价则是与政府对价格的轻度监管相联系的。早期天然气市场交易以长期合同为主，一般采取成本加成或“净回值”定价方法，这对平衡上下游利益关系和稳定供需发挥了重要作用。现货合同更具灵活性、流动性和反映市场供求关系，尤其是在国际油气价格的大幅下降的形势下优势愈加显现。现货市场的出现为天然气市场化定价提供了新的方式，也促进了交易中心的形成和发展，比如美国亨利交易中心（Henry Hub）、英国“全国平衡点”（NBP）以及欧洲大陆的 TTF。当前我国天然气市场交易规模与日俱增，具备建立亚洲天然气交易中心的诸多现实条件，应借助深化改革及国际油气价格低位的有利时机，推动“市场净回值”定价逐步向交易中心形成价格的方式转变。

一　成本加成定价方式

（一）天然气产业链的供给成本是成本加成法的基础

成本加成定价法是以天然气产业链的成本（含合理利润）为基础，以顺加方式形成天然气生产、运输、配送各环节价格的定价方式。城市燃气的销售价格是在城市门站购进价格（支付给上游供气公司的出厂价格和管输价格）基础上，加上地方管道公司或城市燃气公司的输配服务价格组成。终端销售价格的购气成本一般是顺价传递给用户，运输费率则由相关监管部门制定。价格主管部门在制定城市燃气销售价格时通常根据供气成本、用户承受能力等因素实施分类定价。

成本加成定价法操作相对容易，是各国产业发展初期普遍采取的定价方式。然而，这种方法的弊端也显而易见，供气成本不是一成不变的，况且确定企业合理的投资回报收益十分困难，价格制定的不准确会向市场传递错误的信号，所以成本加成只适用于某一特殊发展阶段，随着天然气行业的发展成熟，定价方式也逐步向更高层次过渡。

（二）垄断市场结构下合理利润率的确定

一般而言，成本加成方法要确定企业合理利润率。即厂商向规制者提出提高价格的要求，在规制者进行研究评估后，确定哪些因素影响价格的制定，然后对企业提出的价格水平作出相应调整，确定某种投资回报率作为既定时期内定价的依据。即为：

$$R(p,q)=C+r(RB) \qquad 3-3-1$$

式中，r 为制定的投资回报率，RB 为投资回报基数，C 为企业生产成本。此时可通过以下公式确定天然气价格：

$$P=C_1+r(I-D)+d+T/Q \qquad 3-3-2$$

其中，P 为天然气价格，r 为投资者要求的投资回报率，I 为项目初始投资，D、d 分别为累计折旧摊销和折旧摊销支出，C_1、T 分别代表生产成本和企业各种纳税支出，Q 表示天然气的产量。

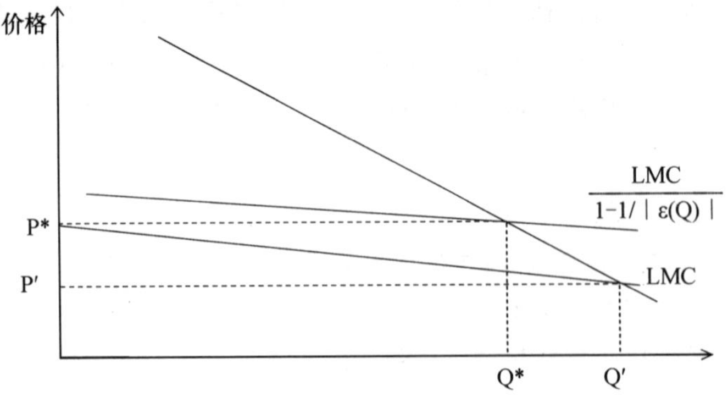

图 3.3.1　以成本加成为基础的定价方式

在垄断市场情况下，如果厂商决定增加产量，那么 ΔQ 对利润会产生两方面的影响：首先是产量增加得到收益 $p\Delta Q$；其次是产量增加造成价格下降 Δp。起初产量 q 要按照现在较低价格销售，则对收益的总体影响是：

$$\Delta r = p\Delta Q + Q\Delta p \qquad 3-3-3$$

边际收益为收益变动量与产量变动量之比，则：

$$\frac{\Delta r}{\Delta Q} = P + \frac{\Delta p}{\Delta Q}Q \qquad 3-3-4$$

将最优化条件“MR = MC”结合弹性公式（正常商品的弹性为负值）代入上述公式，企业成本加成定价应为：

$$P(Q) = \frac{LMC}{1-1/|\varepsilon(Q)|} \qquad 3-3-5$$

由于自然垄断厂商是在需求富有弹性点供给，则 $|\varepsilon(Q)|>1$，从而加成数值一定大于 1，而加成的具体数值还取决于弹性值的大小。从经济学角度讲，对投资回报率的确定采用重置成本的方式比较合理，但是该方式因未能考虑技术进步因素而高估厂商投资。因此，实际中往往是规制者与被规制者通过相互讨价还价的方式确定。

二　“市场净回值”定价方式

（一）替代性能源价值是“市场净回值”定价方式的基础

“净回值”定价方法是在考虑不同燃料之间的热值差异、利用效率、使用成本及环境污染成本等的基础上，以天然气替代其他燃料时产生相同热值时的用气价格。只要终端销售价格不超过天然气的市场价值，终端用户就不会因消费天然气额外增加支出。天然气的市场价值扣除地方配送成本为城市门站价格，配送服务价格则以成本加合理利润的方式确定。倘若考虑天然气在使用中的清洁性特点，天然气相对其他替代性燃料就更具备价格优势。以“净回值”方法确定的终端销售市场价格，一方面不应超过相比其他燃料的市场价值，另一方面也不能低于成本加成方式下的价格，否则投资商会因缺少正常利润回报而弱化投资激励。

天然气终端销售价格的确定往往与某种指数相联系，这种指数可能是与原油、煤炭可替代性能源价格的零售价格指数有关。

$$P = P_0 * (\beta_1 \frac{GO}{GO_0} + \beta_2 \frac{FO}{FO_0} + \beta_3 \frac{PI}{PI_0}) \qquad 3-3-6$$

其中，P_0、P 为天然气的基期价格和即期价格。GO、FO、PI 分别代表替代燃料价格，β_1、β_2、β_3代表各自相应的权重。根据广东、广西的试点模式，上海被选为中心市场作为计价基准点，综合考虑燃料油、LPG 价格，以市场净回值法推算的具体定价公式为：

$$P = 0.85 * (0.6 * P_{燃油} * \frac{H_{燃气}}{H_{燃油}} + 0.4 * P_{LPG} * \frac{H_{燃气}}{H_{LPG}}) * (1 + R) \qquad 3-3-7$$

市场净回值法是政府调控与市场竞争相结合的重要选择。

以天然气市场价值而不是生产成本确定价格的“市场净回值”法，优点是能够保持上下游价格的联动性，市场信号能够及时传递给生产商，但缺点是某些与供气商自身经营无关的因素会对供气价格产生重要影响。

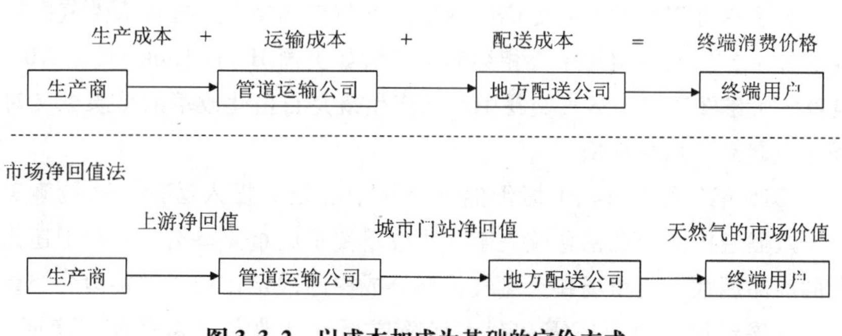

图 3.3.2　以成本加成为基础的定价方式

注：天然气运输成本和配送成本均包含合理的投资回报率。

天然气行业的经济剩余是指市场价值减去参照成本加成原则确定的上游供气价格、管输价格和城市配送价格后的差额。经济剩余一般为正值，否则整个行业难以实现持续发展。天然气的门站价格、管输配送服务费率的确定会影响到经济剩余的分配。如果门站价格靠近“市场净回值”确定的价格上限，生产商会获得更多的经济剩余，这将吸引生产商继续扩大天然气勘探开发的投资力度。如果这个气价接近确定的价格下限，最终用户将得到更多的经济剩余，这将鼓励终端用户的消费利用。

以运输与销售的捆绑实现对下游市场垄断经营的管道运输公司，既可以采用成本加利润的定价方式，也可以采用“净回值”定价方式。在政府未对价格直接干预的条件下，管道公司会倾向于采用后一种方法。如果该定价方式形成的价格超过了供气成本，由于天然气供给的边际成本很小，便会产生较大的边际利润。因此，许多国家通常针对不同用户选择“市场净回值”法与成本加成相结合的方式。

然而，随着国际市场环境的不确定增加，尤其是在国际油气价格大幅下跌的局势下，与油价挂钩的合约价格明显高于基于市场的天然气价格，使与油价挂钩的定价机制面临挑战。

三　交易中心主导价格形成的市场化定价方式

现货贸易的发展为天然气市场化定价方式提供了新的方式，也推动了交易市场的出现。贸易方式的变化以及长期合同缺乏的灵活性、流动性，促进了天然气现货市场的发展，给销售商和终端用户提供了更多的交易选择。为了集合资源和引导更广泛的主体参与市场交易，提高天然气的资源配置效率，区域性枢纽中心相继诞生。譬如美国 Henry Hub、英国 NBP 以及欧洲大陆 TTF。天然气交易中心的产生既是自由化改革的结果，又对市场竞争起到了强化作用。

2015 年 7 月 1 日，上海天然气交易中心正式投入运行，这是落实党的十八届三中全会和国务院关于深化改革要求的重要举措，有利于还原能源的商品属性，使市场在天然气价格形成中起决定作用。借鉴国外交易中心的发展经验，政府还需在制度保障层面创新改革，在完善“净回值”定价方式基础上，进一步开放上下游市场和输气网络准入，吸引生产和销售者积极参与市场交易，为全面市场化改革奠定基础。

天然气交易中心的建立对市场化改革具有显著的促进作用。一方面直接连接买卖双方，降低了交易成本，并且存在强大的网络效应。交易中心通过提升市场透明度，降低了搜寻潜在交易者的成本，使新的参与者更容易进入天然气市场，扩大市场交易主体数量和交易规模。另一方面以市场竞争确定天然气价格，反映资源价值和供需基本状况，基于价格信号提高经济效益。交易中心的基准价格反映了市场整体的供求关系，能够引导区域之间资源的有效配置，最大限度地提升交易中获取的收益以及供应来源的多元化。

四　天然气价格形成机制存在的争议

关于天然气市场化改革的理论研究主要集中于两方面：一方面是探讨政府对市场的直接干预所带来的经济影响；另一方面是研究政府对市场的直接干预和能源政策给社会带来的净福利损失。

（一）价格管制是加强宏观调控和对自然垄断性行业管理的必要手段

政府规制是为实现一定的公共政策目标，由具有法律地位的政府机构，依据相应政策法规对企业进行规范和制约的行政活动。自然垄断产业的价格规制有三个目标：一是防止企业制定垄断价格，保护消费者的经济利益，促进社会分配效率的提高；二是通过管制政策和措施，保持企业在自然垄断下的竞争动力，刺激企业不断进行技术创新和管理创新，努力提高生产效率；三是使企业具有一定自我积累能力和不断进行大规模投资的能力，维护企业发展潜力。目前，许多国家通常以价格监管等措施对天然气业务进行规制。

早期政府对能源市场的干预主要受到凯恩斯经济学中有效需求不足理论的影响，强调市场干预是全面性的，随后的争论焦点集中在市场机制无法实现最优的前提下，政府应如何更好地发挥作用。市场机制的缺陷，经济学家公认的有以下几种：一是外部性，即当个人的边际成本低于社会边际成本时，或当个人消费的边际收益不等于社会消费的边际收益时，这就形成对竞争性市场干扰的外部性；二是公共物品，即社会消费的边际收益高于个人消费的边际收益的情形，自由竞争的市场下可能导致公共物品有效供给不足；三是自然垄断性，即部分环节的垄断特征导致生产量与商品价格不能达到社会最优水平。

因此，这种情形下市场机制难以解决能源安全、环境保护、节约能源等多重性问题，需要加强政府管理调控。[1] 部分研究认为各国政治也是价格干预的原因之一。市场参与者都是以利润最大化原则进行生产交易，政治因素不影响价格形成。另一种观点则认为在能源消费需求快速增长和需求缺乏弹性的条件下，基于自身政治利益考虑对能源生产采取干预手段，可以达到相应的政治目的。比如，美国借助强有力的政策支持，鼓励非常规天然气资源如页岩气的开发和大规模利用，这对全球能源地缘政治产生了深刻影响。

（二）天然气行业的市场化更有利于增加供给和提高效率

相反，面对传统的政府干预主义或以能源安全等问题作为加强政府控制的观点，主张能源市场自由化的经济学家则将政府干预的弊端归结为以下几方面：一是行业的低效率，即由于缺乏有效竞争而导致生产成本居高不下；二是政府规制的不经济性，即政府干预的结果可能难以实现经济或社会福利水平的提高，同时由于信息的不对称性和市场的不确定性，无法保证政府干预决策的正确性；三是干预有失公平性，即政策的制定可能受到外部利益集团的压力，导致制定成本全民负担而福利受惠群体分布却不均衡。

因此，政府干预下往往会致使价格水平的不合理，过高则会影响消费者利益，如果价格较低缺乏激励机制，则会造成社会的价格扭曲现象以及资源利用的浪费，对生产商而言，则会导致市场有效供给不足。[2] 鉴于此，无论采取何种定价方式，根据产业发展的阶段性特征实行更为有效的价格形成机制，既能解决当前亟须解决的现实问题，又能从长远角度形成激励机制来推动进一步发展是至关重要的。

从经济学理论来讲，相比较市场机制而言，国家并不是最有效的经营者，政府应当把管理权力更多地赋予市场参与者。政府需要做的是为天然气产业建立一个既能促进投资又能保护用户消费权益的监管框架。在此框架下，各方均能获得正当收益，天然气提供者至少能达到资本投资的正常利润水平，从而促进天然气产业投资，保证早期市场发展所需的激励作用。在社会主义市场经济体制背景下，如何正确处理政府与市场之间的关

---

① James M. Griiffin and Henry B. Steele, *Energy Economics and Policy*, Qrlando: Academic Press, 1996.

② Collin Robinson and Lester Hunt, *Energy in Competitive Market*: *Essays in Honor of Collin Robinson*, Northampton, England, 2003.

系是深化改革长期面临的问题。就天然气市场化改革来看，既要推动市场机制的建立，发挥市场在资源配置中的决定性作用，又要充分发挥国有经济的主导地位和国家宏观调控，借此更好发挥政府作用。

本章小结

首先，阐述了天然气产业链的基本构成、参与主体及市场结构。详细分析了天然气产业链的基本特征和微观主体，并结合天然气工业的基本特征，归纳了各环节微观主体面临的两种市场结构：非竞争性的市场结构和竞争性的市场结构。

其次，根据世界各国发展经验，探讨了天然气的定价机制和影响因素。归纳三种定价模式：政府定价（成本加成定价）、政府指导价（与替代性能源挂钩）和“气与气”竞争的市场化定价方式。阐述了影响天然气需求和价格的主要因素：需求的影响因素包括经济发展阶段、生活方式、产业结构、能源政策；天然气价格的影响因素包括供求关系、市场结构、金融发展和环境治理等。

再次，阐述了天然气基准价格的定价方式，并简要总结了当前天然气定价方式存在的争议和分歧点。天然气终端销售价格的主要定价方式包括成本加成、“市场净回值”以及当前交易中心主导价格形成的市场化定价方法。在成本加成法的前提下，终端销售价格中的购气成本一般是顺价传递给用户，而运输费率的确定则是以成本加成的方式确定；“市场净回值”法中的天然气自身市场价值是扣除地方配送成本后的城市门站价格，配送成本的确定则以成本加成的方式确定；交易中心则是通过市场竞争主导价格形成，反映资源价值和市场供求关系，也是目前我国重点推进的改革方向。此外，简要陈述了当前天然气定价方式存在的争议和分歧点，如何正确处理政府与市场的关系仍是未来深化改革长期面临的核心问题。

第四章

我国天然气价格形成机制的演变及问题

回顾我国天然气管理体制的变迁不难发现，国家管理体制的设定、改革与当时历史时期的经济体制、发展目标和经济发展水平密切相关。能源工业市场化改革是在计划经济向市场经济转变的大环境下进行的，随着国民经济社会发展、经济体制的深化改革和社会主义市场经济的确立发展，国家对天然气价格管理、价格结构、价格水平和价格形成机制实施了循序渐进的改革，天然气价格管理模式从计划价格管理模式逐步向国家指导价的管理模式转变，定价机制从最初纯粹政府定价方式逐渐演变为政府与市场相结合下的定价方式；计划经济作为过去国家管理经济运行的正式制度，在政府定价向政府与市场相结合方式演变的过程中，价格政策的变迁主要是如何正确处理政府与市场之间的关系，同时呈现渐近性和遵循制度变迁的路径依赖特征。

制度变迁具有很强的路径依赖性，价格改革是不同利益主体的边际利润调整。激进的制度改革不可能是一蹴而就、立竿见影的，各利益相关者对制度变迁需要一个适应过程。针对天然气价格形成机制的根本性变革，需要从制度上对法律法规、管理体制、市场结构等多方面，采取有序的、分层次的政策措施，革除已有的体制弊端，推动天然气产业向前发展。目前，我国天然气价格机制仍然存在诸多问题，比如上下游行政干预过多、价格形成缺乏联动、价格监管缺失、价格结构不合理及交叉补贴等一系列问题。同时，政府规制等非价格因素导致价格未能反映市场供求与能源比价关系变化，对我国天然气产业健康持续发展产生不利影响。本章将重点以新制度经济学论述我国天然气价格政策的演变特征及内在逻辑，探讨现行价格机制存在的问题，并采用计量方法分析价格对能源消费的影响。

第一节　我国天然气定价方式的历史变迁

长期以来，我国天然气价格采取政府主导的管理模式，实行国家定价或国家指导价格。天然气定价的核心因素是国家宏观经济政策、发展战略及产业结构调整，而对企业运营成本、市场价值和使用效率等因素统筹考虑不够。显而易见，这时期的天然气定价机制更多地取决于国家经济发展政策。随着社会主义市场经济的逐步确立和发展，天然气商品价格与企业经营效益的低关联度、价格背离价值及成本的不断上升等问题引起了产量下降和储采比严重失调。因此，国家在兼顾用户价格承受能力的同时，开始考虑天然气企业的成本因素，成本加合理利润成为定价的基本前提，并逐步推进价格形成的市场化程度，包括“净回值”定价改革、增存量气并轨、放开直供用气价格、建立交易中心等。在整个定价机制的调整过程中，不仅体现着政府与市场职能定位的转变，而且外部利润的再分配也是政策调整的重要内因。

一　我国天然气定价机制的历史变迁

中国天然气工业诞生于20世纪50年代初期，伴随着市场规模的不断扩大，国家对产业管制的制度安排也与时俱进，其中包括天然气价改的制度安排。根据天然气的产运配性质和产销流程，我国天然气价格包括出厂价格、管输价格和终端用户价格，其中，陆上天然气价格实行“分级管理”体制，出厂基准价和管道运价由国家发改委制定，终端销售价格由省级物价部门制定。改革开放以后，随着天然气产业的加快发展，定价机制也随之发生较大程度的调整，但主要依据仍是成本加合理利润原则，并作为价格规制的正式制度长期存在。

我国天然气价格形成方式是按照产业链的结构顺序从上游至下游，采取成本加成方法依次累加形成，直到2013年，针对增量气价格改革提出了“市场净回值”定价方式。归纳起来，天然气定价改革大致经历了三个时期：

（一）1984年以前完全的政府定价管理模式

天然气价格受到严格有力的控制，价格仅仅作为一种核算工具，而不是经济杠杆。改革开放以前，我国天然气产业发展更多地依靠国家计划拨款，完成国家计划任务，这种管理体制下对天然气的使用由国家统一调配，政府对天然气定价主要考虑宏观经济政策、发展战略及产业结构等。一般而言，国家直接规定能源价格，天然气同样也被包括在内，天然气的供给与使用计划、价格制定等一系列内容均被纳入国家计划。

在计划经济体制下，天然气的勘探开发、基础设施建设均由国家投资，因此天然气的价格与企业生产经营状况无关，主要取决于国家的宏观政策。全国商品价格管理权限归中央一级政府，天然气价格包括出厂价格、管输价格和城市配送服务价格一律采取政府定价方式。通常财政部、石油及燃料工业部参与制定天然气井口价格、管输费用，城市配送服务价格由地方政府管理，列入地方政府管理目录，由省级部门根据当地实际制定或调整。价格的调整需要经由各级物价部门层层审批，整个时期内价格调整次数少，幅度低。

1. 国产天然气出厂价格政府依据以成本加成法定价

天然气出厂价是价格链的核心组成部分，容易受到勘探开发环境和替代能源价格的影响。终端销售价格的变化多是由于出厂价的变化，出厂价格一直是政府价格控制的重点，企业基本没有自主定价权。改革开放前，天然气出厂价的定价依据与企业生产经营效益、资源优化配置等因素关联度小。即使在改革开放初期进行了一些调整，然而在实践操作中，由于缺乏科学的定价机制和价格调整方法，天然气价格调整一般是由企业与政府协商达成。

2. 管输配送环节属非竞争性行业，国家实行严格的政府定价

1964 年和 1976 年石油化工部下发的《关于收取天然气管输费的通知》等文件，明确天然气管输服务收费是为了输气管线的投资能够及时收回和减少亏损，规定了天然气管输须按输送距离收费，并制定了管输距离与服务费率的标准。进入城市管网后，城市燃气公司按照实际发生的天然气购入费及增容费、计量费、调峰费、利润等确定用户价格，用户成本不同配送气费的价格水平也有差异。

这段时期普遍实行低价优惠政策，虽然政府在 1982 年和 1984 年分别上调了天然气价格，但整体而言，天然气价格十分低廉。截止到 1984 年左右，天然气价格从建国初期的 49.3 元/10^3m^3上调至 80 元/10^3m^3，而同期的 PPI 上涨了 169.3%，价格调整幅度小于生产资料上涨幅

度，企业基本毫无盈利可言，这也成为制约天然气产业发展的重要因素之一。

（二）1984～2004年“双轨制”价格管理时期

自20世纪80年代中期开始，国家开始向市场经济体制过渡，市场在国家宏观调控下发挥对资源配置的基础性作用，市场化程度逐渐加强。对此，国家开始放开了部分商品的定价权限，先后在煤炭、石油等领域引入市场机制。尽管如此，天然气价格仍由中央或地方政府制定和调整，价格主管部门采取政府定价与指导价格相结合的办法，唯一区别是定价依据开始考虑企业生产成本和经营环境的变化。

1984年以后，为筹措勘探开发资金，抑制天然气产业生产投入不足和产量负增长局面，国家采取“以气养气”政策，实行计划内外的“双轨制”价格管理方式。1987年颁发的《天然气商品量管理暂行办法》规定，井口价格实行天然气商品量常数包干，基数内的天然气暂时按照各地现行价格，超过包干基数的部分执行高价格政策，该暂行办法标志着天然气计划内外“双轨制”价格管理方式的形成。但与其他生产资料价格的“双轨制”制度有所区别，计划外天然气仍由政府定价。

1. 将天然气区分为计划内和自销气分类定价，不同用户采取结构性价格

1992年，针对既定国情和天然气的消费利用关系，国务院颁发37号文件，决定对单一天然气井口价格作出重大改革，对井口价格采取化肥用户、居民用户、商业用户和其他用户的分类结构价格。随着经济体制向社会主义市场经济转轨，国家推行企业自销天然气价格，并对自销天然气井口价格采取国家指导价，即国家规定某一基准价格，允许生产企业参照基准价上下浮动不超过10%自主定价。自此，我国进入国家定价与政府指导价并存的价格管理模式。

针对与国民经济发展和人民生活关系重大、资源稀缺、自然垄断经营或公用事业型的商品价格，政府必要时实行政府指导价或政府定价。1998年1月1日正式实施的《中华人民共和国价格法》（以下简称《价格法》）规定，“制定政府指导价、政府定价，应当依据有关商品或服务的社会平均成本和市场供求状况、国民经济与社会发展要求以及社会承受能力，实行合理的购销差价、批零差价、地区差价和季节差价”，这也成为国家制定天然气价格采用的基本原则。

规范天然气价格，实行优质优价。2003 年，国家发改委文件（〔2003〕1323 号）规定西气东输天然气出厂价实行政府指导价，出厂基准价格依据替代燃料价格的变化每年调整一次，这为实施天然气指导价和建立与替代能源价格挂钩的定价机制改革奠定了基础。

2. 管输运价采取“新线新价，老线老价”的定价原则，收费实行用户结构价

管输服务费用实行以“成本 + 利润”原则的新线新价制度，按照补偿成本原则确保合理利润，并区分差异分类实施。根据不同地区、不同距离等分别定价，也要适当兼顾用户承受能力。1984 年前，国家对实行“拨改贷”“利改税”政策之前由国家拨款建设的输气管道，运输价格由国家统一制定，执行国家统一运价率，国家按照保本微利原则核定价格水平，主要包括油气田周边管线。对 1984 年国家实行“利改税”“拨改贷”政策之后由企业投资建设的天然气管线，采取“新线新价、一线一价”的管理办法，报国务院价格主管部门批准后单独执行。执行“新线新价、一线一价”的管道，主要是天然气长输管线，新线采用项目经济评价方法，按照合理投资回报率核定管输价格。国务院价格主管部门按照补偿成本、合理赢利和有利于市场销售，并且兼顾用户承受能力的原则核定价格。

（三）2005 年至今政府与市场相结合的定价时期

天然气是我国实行计划价格管理方式时间最长的商品之一。截至 2005 年，国家仍然下达天然气产量分配计划并执行天然气计划价格。价格“双轨制”对促进天然气产业发展和保障市场供应发挥了有益作用，但弊端也是显而易见的。两种价格的差距使供需双方很难在气量分配上形成一致。此外，同类用户不同的购气成本也影响公平竞争。以西气东输工程一线的建成为标志，天然气市场从区域性市场变成全国性市场，产区外市场得以释放，供需形势也发生逆转。尤其是由于气价相对偏低，部分地区盲目发展附加值低的化工项目，天然气消费需求快速增长。因此，2005 年年底，国家发改委将天然气价格统一改为国家指导价，即在参照规定基准价基础上，在浮动范围内由供需双方确定，由此开始步入全面市场化改革阶段。

1. 逐步取消价格双轨制，建立与替代能源挂钩的定价机制

2005 年，国家发改委提高了天然气出厂价，天然气出厂价格由政府

制定改为政府指导价。其主要内容：一是简化分类，将以前各种天然气出厂价格归并为两档价格，将出厂价简化为直供工业用气、化肥生产用户和城市燃气用户三类；二是提出价格改革原则，即坚持市场化方向，正式废除了存在50年的天然气“价格双轨制”，出厂价格统一改为实行政府指导价；三是建立与可替代能源的挂钩机制，天然气出厂基准价格根据原油等可替代能源价格变化情况每年调整一次，相邻年度的调整幅度最高不超过8%。建立天然气价格与可替代能源价格挂钩机制，基准价格原则上允许进口价格根据5年内原油、LPG和煤炭价格，以40%、20%、40%的相对权重的加权平均数每年调整一次，且每次调整幅度不得超过8%。

2007年，国家发改委将工业用户的天然气出厂价格提高了400元/10^3m^3。2010年6月，为促进资源节约，理顺天然气与可替代能源的比价关系，引导天然气资源的合理配置，国家出台了新的国产陆上天然气的定价方案，将各油气田出厂基准价格每千立方米均提高230元。与此同时，在新的定价方案中取消价格“双轨制”，扩大价格浮动幅度，将出厂基准价格允许浮动的幅度统一改为上浮10%、下浮不限，即供需双方可以在不超过出厂基准价格10%的前提下，协商确定具体价格。为缓解供需矛盾，优化消费结构和促进节能减排，国家发改委于2007年8月发布天然气利用政策，将天然气利用划分为优先类、允许类、限制类和禁止类，确保天然气优先利用在环保效益更高的城市燃气领域。

表4.1.1　　2007年8月发布的我国天然气利用政策

利用顺序		利用领域
优先类	城市燃气	1. 城镇（尤其是大中城市）居民炊事、生活热水等用气
		2. 公共服务设施（机场、政府机关、职工食堂、幼儿园、学校、宾馆、酒店、商场、写字楼等）用气
		3. 天然气汽车（尤其是双燃料汽车）
		4. 分布式热电联产、热电冷联产用户

续表

利用顺序		利用领域
允许类	城市燃气	1. 集中式采暖用气（指中心城区的中心地带）
		2. 分户式采暖用气
		3. 中央空调
	工业燃气	4. 建材、机电、轻纺、石化、冶金等工业领域中以天然气代油、液化石油气项目
		5. 建材、机电、轻纺、石化、冶金等工业领域中环境效益和经济效益较好的以天然气代煤气项目
		6. 建材、机电、轻纺、石化、冶金等工业领域中可中断用户
	天然气发电	7. 重要用电负荷中心且天然气供应充足的地方，建设利用天然气调峰发电项目
		8. 对用气量不大、经济效益较好的天然气制氢项目
	天然气化工	9. 对不宜外输或上述一、二类用户无法消纳的天然气生产氮肥项目
限制类		1. 非重要用电负荷中心建设利用天然气发电项目
	天然气发电	2. 已建合成氨厂以天然气为原料的扩建项目、合成氨厂煤改气项目
		3. 以甲烷为原料，一次产品包括乙烃、氯甲烷等的碳一化项目
		4. 除第二类第 9 项以外的新建以天然气为原料的合成氨项目
禁止类	天然气发电	1. 陕蒙晋皖等 13 个大型煤炭基地所在地区建设基荷燃气发电项目
	天然气化工	2. 新建或扩建天然气制甲醇项目

2010 年 4 月下发的《关于调整天然气管道运输价格的通知》决定将执行国家统一运价的天然气管道运输价格提高 0.08 元/立方米，调价范围包括 11 个省市，以此缩小新老管线管网价格的差距。2010 年 6 月，国家发改委再次提高了国产陆上天然气出厂价格，明确提出各地要按照与 90 号汽油最高零售价格不低于 0.75∶1 的比价关系，理顺车用天然气价格与汽油的比价关系。

表 4.1.2　　我国天然气出厂基准价格　　单位：元/千立方米

油气田	用户分类	改革前基准价	现行基准价
西气东输	化肥	560	790
	直供工业	960	1190
	城市燃气（工业）	960	1190
	城市燃气（除工业）	560	790
忠武线	化肥	911	1141
	直供工业	1311	1541
	城市燃气（工业）	1311	1541
	城市燃气（除工业）	911	1141
陕京线	化肥	830	1060
	直供工业	1230	1460
	城市燃气（工业）	1230	1460
	城市燃气（除工业）	830	1060

资料来源：国家发改委价格监测中心的统计数据。

2011 年，国家发改委在广东、广西开展天然气定价机制改革试点，首次引入市场净回值定价方法，以取代成本加成定价法。这种方法有效地将城市门站价、进口价与其替代燃料的价格相挂钩，替代燃料的价格受制于市场力量的影响。此项政策的出台时机非常关键，因为中国的天然气供给资源在增加，而国内井口价持续低于进口价（接近进口价的一半）。

2013 年 6 月 28 日，国家发改委下发的《关于调整天然气价格的通知》决定在全国范围内推广天然气价格改革。价格机制改革的基本思路是按照市场化的发展取向，逐步建立反映市场供求和资源稀缺程度的、并与可替代能源价格挂钩的动态调整机制，理顺与可替代能源比价关系。天然气终端销售价格中购气成本实行顺价传递，在此基础上加配送成本和合理利润形成入户价格。各地根据自身状况在价格水平上有所差异，城市配送气价也同样采取用户结构价，以反映天然气配送的技术经济特性和用户需求特征。

表 4.1.3　　2014 年全国部分省会城市用气价格表　　单位：元/立方米

城市	居民气价	工业气价	公共服务	交通	城市	居民气价	工业气价	公共服务	交通
北京	2.28	3.23	3.23	5.12	南京	2.2	3.39	2.95	4.6
天津	2.4	3.25	3.25	4.2	杭州	2.4	4.84	3.5	4
石家庄	2.4	3.45	2.95	3.75	合肥	2.33	3.6	3.6	3.98
太原	2.26	3.8	3.6	4.45	海口	3.15	3.98	3.96	5.68
呼和浩特	1.82	1.92	2	3.56	长沙	2.45	3.48	3	4.6
郑州	2.25	2.86	3.16	3.6	武汉	2.53	3.41	4.09	4.5
沈阳	3.3	3.9	3.9	4.7	西安	1.98	2.3	2.3	3.55
哈尔滨	2.8	4.3	4.3	4.5	银川	1.63	2.18	2.71	3.58
济南	2.7	4.14	3.61	4.71	乌鲁木齐	1.37	2.11	2.11	4.07
上海	2.5	3.79	3.69	4.7	兰州	1.7	1.99	2.57	3.1
西宁	1.48	1.7	2.07	3.14	成都	1.89	3.25	2.2	4

资料来源：国家发改委价格监测中心

2. 深化改革推进市场化的价格形成机制

2014 年资源性产品价格改革全面提速，为理顺天然气价格，国家发改委要求全国在年底前实施增存气并轨和居民气阶梯气价制度。2015 年 2 月 26 日，结合国内外市场形势以及替代能源价格的变化，国家发改委发布《关于理顺非居民用天然气价格的通知》（发改价格〔2015〕351 号），自 4 月 1 日起实行增量气和存量气价格并轨，试点放开直供用户用气门站价格，居民用气门站价格暂不作调整。这意味着天然气价格改革完成“破冰之旅”，是推进天然气价格市场化改革的又一次有益尝试。现阶段，随着经济形势和国内外油气价格变化，新一轮改革迎来了重要机遇期，如何有序推动改革将是亟待解决的现实问题。

二　我国天然气定价机制演变的内在逻辑

我国天然气定价机制演变具有渐进性和路径依赖性特征。制度约束界定了政治与经济之间的交换关系，从而决定了政治、经济系统的运行方式。政治不仅界定并形塑着一个经济体系基本激励结构的产权，而且政府在国民生产总值中的份额，以及政府无处不在的管制都是影响经济绩效的关键因素。制度变迁所蕴含的是随着时间推移，经济、政治组织将逐渐演化出更有效率的制度结构。[①] 在社会主义市场经济的背景下，国有经济在国民经济中占据主导地位，制度变迁的路径也是遵循已有的体制渐进铺开，政府在经济运行中发挥着重要作用；伴随着经济社会发展的障碍因素凸显，经济体制改革逐步深入推进，但制度变迁是在既有体制下作出的边际调整，表现为政府与市场之间的作用发生转变，经历了完全由政府主导向政府主导与市场调节相结合的时期演变，并具有路径依赖性和渐进性特征。

（一）政府与市场的职能定位发生转变

市场机制和政府规制均有其特定功能和作用条件，随着我国社会主义市场经济的发展，市场机制对优化资源配置的作用愈加重要。《价格法》明确了商品或服务价格的指导方针和原则，即国家实行并逐步完善宏观经济调控下主要由市场形成价格的机制。价格制定应当符合价值规律，大多数商品或服务价格实行市场调节价，极少数商品或服务价格实行政府指导价或政府定价。从我国天然气价格机制的演变过程来看，定价机制改革遵循以政府主导向以政府与市场相结合的定价方式转变，市场机制在价格形成中的作用愈加重要。

1. 产业发展初期政府作用占主导地位

政府规制是实现资源最大效率配置的重要手段之一，也是市场经济中不可或缺的制度安排。[②] 即使是再完善的市场也无法替代规制，在国家对资源性产品价格实施市场化改革的大背景下，如何有效发挥政府的作用显得至关重要。天然气供应属于网络型的公用事业，具备典型的自然垄断性市场结构，同时，天然气又是关系到国计民生的重要产品，其价格形成必然接受政府的严格监管。

天然气价格改革是伴随市场规模的扩大渐进展开的。在天然气产业发展的初级阶段，天然气工业作为石油勘探开发的副产品，对我国能源供应和应用范围很小，更多地扮演着辅助角色，况且当时国家价格改革还未全面开始，天然气的定价方式由政府完全主导。所以，国家对天然气供应与

---

① 效率是指一套现存的约束能带来经济成长的情况，经济绩效反映了制度框架在降低交易费用以及转型成本方面的不同成效；参见 Douglass C. North, *Institutions*, *Institutional Change and Economic Performance*, Cambridge University Press, Cambridge, 1990。

② ［法］拉丰、梯若尔：《政府采购与规制中的激励理论》，石磊、王永钦等译，上海人民出版社 2004 年版。

消费执行完全的政府管制，企业没有自主经营的权限。随着产量的提高和用户群体的增加，天然气勘探开发资金不足，政府必须建立激励性的定价方式。由此，为加快企业转换经营机制逐步向市场经济过渡，国家在提高天然气价格的同时，提出了“双轨制”的定价方式，对出厂价格按照消费利用关系和实际用途分类定价。这种特有的定价方式兼顾了当时特定的历史情形，起到过渡缓冲和推进天然气产业发展的作用。

2. 产业发展走向成熟，政府定价开始向市场决定价格转变

经过多年改革，我国在天然气产业已具备市场化的成熟条件，应从市场结构、价格管理、准入条件和服务质量等内容入手来放松政府规制，增强产业的内部竞争，促进天然气产业健康发展。政府对天然气产业的经济性管制，阻止了低效率的非规模经济企业进入天然气市场，一定程度上保障了产业的报酬递增性，有利于集聚资本扩大生产，避免了生产分散化，也保证了稀缺的天然气资源分配及利用的合理性，有利于维护宏观经济的稳定和繁荣。但政府规制的弊端也是显而易见的，表现为用户交叉补贴、价格不能真实反映供需关系、产业投资回报率偏低及价格传递不对称等问题。为此，2013 年我国天然气“市场净回值”定价方式改革正是从价格内容方面来减轻政府规制的重要举措。[①]

（二）制度变革具有显著的路径依赖性和渐进性特征

政府管制就是一种制度安排，是特定市场主体的特定市场活动的行为准则。[②] 根据新制度经济学的理论，制度通常被定义为决定人们的相互关系而设定的行为规则，也是指社会中各种制度安排的综合，即制度结构，涉及社会、政治及经济的各个方面；制度变迁的过程则是将现有制度安排、制度环境由不满意状态转化为满意状态的变革过程，是制度创立、变更及随着时间变化而被打破的方式。[③]

1. 制度变迁的路径依赖性

路径依赖理论是新制度经济学关于制度变迁的重要分析方法。路径依赖是事物对其既已进入的路径产生某种依赖性，可能会在既定方向上不断

---

① 一般情形下，成本加成是在政府规制较强时采用的定价方式，而“市场净回值法”则是与轻度管制相联系的。

② 刘华涛：《自然垄断产业的激励性管制研究》，中国社会科学出版社 2014 年版。

③ Douglass C. North, *Institutions, Institutional Change and Economic Performance*, Cambridge: Cambridge University Press, 1990.

自我强化。诺斯把技术变迁的这种机制扩展到制度变迁中，进而提出了制度变迁的路径依赖理论。该理论认为，“路径依赖是理解长期经济变迁的关键”，制度变迁和技术变迁一样，存在着规模报酬递增和自我强化机制。这种机制一旦走上某条路径，它的既定方向就会在以后的发展中得到自我强化，从而形成对制度变迁轨迹的依赖。① 路径依赖对制度变迁具有较强的制约作用，原因来自两方面：一是制度变迁的成本与收益之比对推动制度变迁起关键作用，只有预期收益大于成本时，才会实现制度的变迁；二是初始的制度选择会强化现存制度的刺激和惯性。

在计划经济时期，社会主义制度的建立基本确定了天然气产业的初始状态，强调国家对经济的宏观调控职能，政府对行业管理、市场运行机制具有绝对的主导权。随着经济体制改革的深入推进及要素相对价格的变动，产业发展的持续动力呈现不足，这就要求政府顺应形势通过制度改革释放企业经营活力，为微观主体提供必要的激励，刺激生产能力的增长和实现报酬递增性。比如，从全面管理到实行价格“双轨制”，部分放开天然气的价格管制，2013 年的“市场净回值”定价机制改革等。尽管如此，国家对天然气价格管理仅是在一定程度上管控的力度有所下降，总体依旧遵循既有的体制，并未对价格管理体制实施根本性变革。

2. 制度变迁的渐进性

长期的经济变迁是政治、经济组织的无数短期决策的累积性结果，这些决策直接地或间接地（通过外部效应）形塑了经济绩效。前面提到，制度变迁过程具有显著的路径依赖性，早期形成的特定制度安排具有锁入效应，路径依赖作用客观存在，决定了产业制度变迁的渐进性特征。渐进性的制度变迁可以逐步融合原有制度的运行特征，化外部性因素为内部性因素，从而适应相关生产要素的价格演变过程，实现新制度安排的收益递增的目标。②

天然气领域的特殊性、复杂性及改革影响的广泛性，决定了天然气价格改革必须在社会可接纳的幅度内渐进地展开。就天然气而言，由于政府、企业和消费者三方立场和利益不同，在推进价格改革时，必须正确处

---

① ［美］道格拉斯·C. 诺斯：《经济史中的结构和变迁》，陈昕、陈郁译，上海人民出版社 1994 年版。

② 刘华涛：《自然垄断产业的激励性管制研究》，中国社会科学出版社 2014 年版。

理三者的多重博弈关系。企业期望获得更大的价格管理权限，减少政府直接的价格干预。消费者在价格谈判中处于劣势地位，期望政府能够代表自身利益，加强价格管制力度。受到传统管理体制路径依赖的影响，推行激进性的变革措施存在较大阻碍，因此需要采取相对折中的、渐进性的改革方案。

（三）利润的调整分配是政策变革的重要原因

相对价格的变化是制度变革的最重要来源。制度环境的变化会改变经济主体活动潜在的成本与收益，产生外部利润。诺斯指出外部利润的不断积累，诱致当事人进行制度变迁的努力，是实现制度变迁的重要原因。[①]相对价格的变化形成外部利润积累，改变着个人在社会互动中的激励，例如要素价格比率的变化，信息成本的改变，技术的变化等。外部利润表现为要素价格变动、技术变化和市场化改革产生政府补贴费用、企业成本—收益和用户支出的变化。

资源类产品的价格管制，是稳定相对价格变化和减缓国民经济震荡的制度安排。资源类产品的价格管制是影响成本的关键因素，低价格诱致消费过快增长、供给相对迟缓的双重格局，自此实施突破资源约束的创新激励的制度改革变得重要起来。我国天然气定价机制经历了一系列调整，究其原因是利益主体之间不断博弈的结果。初期天然气作为副产品，其价格构成基本不包含激励性因素，随着市场供需形势的变化，政府开始引入利润分享机制，实行投资回报率管制的政策。尽管这项制度在初始阶段不一定成熟，但是通过逐步学习、改进完善制度框架，不断调整管制费率、适用范围，使企业获得持续经营的动力和激励企业进行新的投资，实现在制度约束既定的情况下产业的持续增长。

价格政策的调整遵循这样的逻辑：在不损害消费者利益的条件下，提高天然气收购价格，促进企业扩大市场供给和生产投入水平。当定价机制不符合既定宏观形势的情形时，渐进性地推动天然气定价机制的市场化改革。早期天然气仅仅是作为一种副产品，消费利用的领域十分狭小，这时供给与消费之间的矛盾还未显现出来。然而随着产量的扩张和消费量的增加，价格问题日渐突出，国家需要适时地调整消费价格以满足企业持续发

---

① ［美］道格拉斯·C·诺斯：《经济史中的结构和变迁》，陈昕、陈郁译，上海人民出版社1994年版。

展的需要。为了兼顾消费者利益，政府采取双轨制和结构性定价，适应不同消费群体的价格承受能力。随着市场经济体制的确立和居民消费水平的提高，天然气价格进一步改革的时机渐渐成熟，国家逐步引入政府与市场相结合的定价方式。

（四）市场结构发生变化是定价机制变革的内在驱动力

政府在定价机制改革中扮演主导性角色，需要在各方之间进行慎重权衡。广义上讲，不同时期定价机制改革的变化反映了不同主体之间利益此消彼长的关系：气价过低不利于上游企业的勘探开发和可持续发展，气价过高则在终端用户承受力给定的条件下，对中下游的相关行业带来冲击。政府的严格规制必定产生一定的弊端，随着天然气市场迅速发展和需求规模的快速增加，多元化的供应主体成为满足日益增长的需求的必然趋势，市场结构由少数几家企业垄断向多元主体竞争格局转变，尤其是鼓励各类资本投资天然气领域政策的实施，使市场竞争的基本格局初步显现，这就需要逐步放松政府的价格管制程度。

基于能源之间的可替代性，尽管天然气公司没有受自身产业内其他企业竞争的影响，但仍要受其他能源如煤炭、石油以及其他可再生能源等的竞争。政府在实施产业规制定价的过程中，需要综合考虑替代燃料的竞争力，进一步研究更有效的解决方式。“市场净回值”定价方式改革正是基于能源之间的替代关系而确立的，将燃料油、液化石油气考虑在内。随着天然气市场准入限制的进一步取消，定价基础不仅要考虑天然气的社会平均成本及社会承受能力状况，更要真实反映资源稀缺、市场供求和环境外部性，以此逐步完善宏观调控下的、主要依靠市场主导价格形成的机制。

第二节 当前我国天然气定价机制及存在问题

一 我国天然气价格管理体系及定价方式

（一）政府主导下的价格管理模式

通常情况下，天然气从气井或油井生产出来，经净化进入长输管道进行长距离运输后，运达用户所在的城市门站；进入城市门站以后，由燃气公司向工业、商业及居民用户负责调剂配送。从价格构成来看，我国天然气价格包括出厂价格、管道运输价格（管输费）和城市配送服务价格三部分。上游天然气价格和管输运价由中央一级政府管理，而天然气进入城市以后，价格制定则由省级价格主管部门管理。

（二）供给成本是天然气价格形成的基础

燃气上游批发价格，即门站价格是国产陆上或进口天然气的供应商与下游购买方在天然气所有权交接点的价格。现行门站价格由天然气出厂实际结算价格与管道运输价格组成。长期以来，我国采取成本加成方法来确定井口价格，由供给方的成本加合理利润构成，这种方式通常与政府对上游的价格管制相联系。2011 年以后，国家发改委开始实行“市场净回值”法，用与可替代能源价格挂钩的方式来确定井口价。

（三）价格规制是实现政府调控目标的主要方式

我国天然气产业的政府规制体现在全产业链。由于长期沿袭计划经济体制下的调控手段，使天然气产业发展到现阶段，尽管干预程度有所下降，但仍未脱离政府过度干预的问题。从经济学的角度来看，上游生产和下游销售属于竞争性市场，然而当前对上游生产和进口权依然实行准入限制；城市燃气配送属于典型的自然垄断行业，在市场机制不完善的情况下，国家干预则必然存在，从而弥补市场失灵和改善资源配置效率。国家干预的根本目的是改善资源配置效率，但从执行情况来看，政府规制导致运营企业难以获得正常的投资回报率，这对促进投资主体多元化、推动天然气产业的有序发展极为不利。

（四）“两广”地区天然气定价机制的改革实践

2013 年 6 月底，国家发改委下发《关于调整天然气价格的通知》，提出要按照市场化取向推动天然气定价机制改革，放开竞争性环节，逐步建立反映市场供求、资源稀缺程度和与可替代能源价格挂钩的动态调整机制，逐步理顺不同能源相互间的比价关系。新价格机制针对非居民用气价格进行调整，对天然气消费区分存量气和增量气，价格管理由出厂环节调整为门站环节，对门站价格实行上限管理。存量气门站价格提价幅度不超过 0.4 元/立方米，增量气按可替代能源价格的 85% 确定。为鼓励非常规气的开发利用，页岩气、煤制气等非常规气的门站价开始由供需双方协商确定。

按照广东、广西的试点模式，上海被选为计价基准点，其他省市门站均以上海门站价格为基础，综合考虑资源主体流向和管输费用及当地经济发展水平进行推算。假定 P_s 为上海门站价格，C_s、C_k 为从生产地到上海和某城市的管输运费，则某城市门站价格 P 为：

$$P = P_s - C_s + C_k \qquad 4-2-1$$

以“市场净回值”方法推算的具体定价公式为：

$$P = 0.85 * (0.6 * P_{燃油} * \frac{H_{燃气}}{H_{燃油}} + 0.4 * P_{LPG} * \frac{H_{燃气}}{H_{LPG}}) * (1 + R) \qquad 4-2-2$$

其中，$P_{燃油}$、P_{LPG}分别为计价周期内海关统计的进口燃料油和液化石油气价格，$H_{燃气}$、$H_{燃油}$、H_{LPG}分别代表燃气、燃油、LPG 的净热值（低热值），R 为天然气增值税率。

管输服务费是管道运输企业建设管道后，用于输送天然气而收取的用于收回其投资成本并取得合理收益的费用，通常根据不同地区、不同距离等因素分别定价。城市燃气价格（终端价格），是在城市门站购进价格（支付给上游供气公司的出厂价格和管输价格）基础上，加上地方管道公司或城市燃气公司的输配气价。地方价格主管部门在制定城市燃气销售价格时，通常根据供气成本、用户承受能力等因素实行分类定价。定价公式为：

终端用户价格 = 城市门站价格 + 地方管道配气费（含合理利润）

4-2-3

表 4.2.1　　按运输距离收费天然气管网管输费

输气距离（公里）	管输费（元/方）	输气距离（公里）	管输费（元/方）
50 以下	（0116）0.116	301～350	0.148
50～100	0.121	351～400	0.154
101～200	0.127	401～450	0.159
201～250	0.138	451～500	0.165
251～300	0.143		

资料来源：《国家发展改革委关于调整天然气管道运输价格的通知》（发改价格〔2010〕789 号）

一般来说，我国大多数城市目前的配气价格中包括固定资本的投资、企业日常运行费用和设备检修、维修费、安全支出，正常利润及扩大开发市场的经营成本。当然，有些企业的固定资本的投资通过建设费（初装费、开口费、接驳费、增容费）回收。完全成本加成法的定价方式为：

单位配送价格（元/立方米）＝单位成本 *（1 + 合理利润率）

4-2-4

国家发改委下发价改通知后，北京、河北、山东等多个省市根据通知规定的最高门站价对非居民用气的终端价格进行调整。其中，工业和交通用气价格调整幅度较大，工业用气价格调整幅度在3%～22%之间。从区域来看，杭州的调整幅度较大，约为21%，调整后价格为4.84元/立方米，天津工业用气价格调整幅度较小，仅为3.2%，调整后价格为3.25元/立方米。车用气价格调整幅度更大，在4%～30%之间。

随后在2014年和2015年，天然气价格改革再次迈进一步。阶梯价格制度的推进实施、增存量气价并轨、直供用户价格的放开，以及上海石油天然气交易中心的建立，都预示着天然气价格改革新一轮的机遇期即将到来，探讨当前定价机制的问题显得尤为重要。

二　我国天然气定价机制存在问题

传统的价格规制方式一般是基于服务成本定价的服务成本规制方法，由于忽略了规制过程中存在的信息不对称问题，无法对企业提供正当的激励；基于政府对价格管理体系等方面存在的问题，造成终端价格难以准确及时地反映企业成本的不断变化。

（一）政府仍是价格决策主体，价格与供求关系脱钩

政府以产业规制方式主导价格形成，导致价格信号引导市场供求的功能无法发挥。通常情况下，价格应由市场供求决定。但在某种特殊情形下，政府会对价格采取干预性措施。这种价格干预当然是有前提条件的，只有保证天然气市场的供给稳定，才能支撑这种干预机制的正常运转，否则就会出现“气荒”问题。目前，我国在现行的价格机制作用下，产品价格与供求关系严重脱钩，甚至价格成为一个逆市场供求的反向信号。在供给严重小于需求的同时，价格还会刺激消费需求的不合理，进而继续拉大供求缺口，使价格平衡供求的作用无法发挥，影响天然气市场的健康发展。

（二）政府规制下的定价机制致使天然气市场价值未能反映

相比较其他竞争性燃料价格，天然气的市场价值未能充分反映出来。作为优质清洁能源的天然气的市场价值被低估。根据国家发改委的统计数据，国际市场天然气价格通常为等热量原油价格的60%左右，但是目前国内仅达到25%左右。这一方面是因为原本不使用天然气的行业开始使用，进而刺激了天然气需求，造成天然气的低效用；另一方面由于市场价格不能对投资形成有效激励，导致新气源的开发能力不足，当供求严重失

衡时还会造成天然气短缺。此外，管输配送服务价格的形成，也需综合考虑资本的正常回报率和天然气的清洁属性，以此促进基础设施的供给能力。鉴于此，迫切需要改革现行的天然气定价机制，否则会影响上游天然气开采、基础设施建设以及企业采购天然气的积极性。

（三）分级价格管理模式致使上下游价格定价机制未能实现联动改革

当前我国的市场环境快速变化，分级管理体制导致价格信号的作用滞后，妨碍资源的合理利用和有效配置。政府主导价格的缺陷是缺乏对环境变化的适应能力。当通货膨胀较低、竞争性能源的价格相对稳定时，这种制度安排或许能够使双方满意。一旦外部条件发生明显变化时，这种制度就不能适应新的市场环境。尤其是面对当前国际市场油气价格的动荡变化，应对变化能力不足的弊端充分显现出来。

分级管理体制下，政府负责审核企业实际提供的成本信息，按照公平合理回报率的原则确定价格。销售价格一旦确定后，除特殊情况或政府认为有必要调整外，在相对较长时间内不再作出调整。因此，在企业购气成本发生变动的情形下，基于上下游实施不同的管理方式，这种非对称性的管理体制导致上下游价格联动不顺畅、不一致，下游市场的调价具有滞后性。上游市场一次大幅度的价格变化会对快速发展的下游市场带来很大经营风险，这容易削弱下游燃气企业的风险承受能力和可持续发展的动力。

（四）宏观调控导致终端销售价格存在交叉补贴

我国天然气城市配送环节的价格制定是采取一部制定价，不同用户的结构价格主要是照顾不同用户的承受能力。由于各地气源、管网输送距离及燃气企业运营管理水平的差别，造成天然气终端销售价格差异较大。况且，由于区域经济发展水平、产业结构的不同，使各地区的天然气终端用户分类差异也较大。

一般来说，终端用户分为居民、工业、商业、采暖制冷、车用等类别。以北京市为例，天然气终端价格中，居民、工商业、发电（含采暖和制冷）和车用，2014 年天然气的价格分别是 2. 28 元、3. 65 元、3. 09 元和 3. 04 元。部分城市如上海市的居民、工业、公共服务、车用天然气价格分别为 2. 5 元、3. 79 元、3. 69 元、4. 7 元，天津市的上述四种用户价格分别为 2. 4 元、3. 25 元、3. 25 元、4. 2 元。从中可以看出，居民用户和非居民用户存在价格倒挂。对民用气价实行价格补贴，牺牲了部分工业用户的利益，这与国际普遍采用工业和电力用户价格便宜的价格结构形成鲜明对比，不符合用量越多价格越便宜的定价规律。比如，北京市政府规定工业燃料价格在3.00～3.65元之间，居民用气价格为2.28元，明显存在工业对居民用户的交叉补贴。这一方面让城市燃气企业面临很大的经营压力，另一方面也不利于鼓励工商业用户向清洁能源转变。

（五）天然气正外部性的环境收益没有得到合理补偿

煤炭、石油资源的消费理应需要补偿外部环境成本。煤炭、石油在能源运输、消费过程中会严重破坏外部环境，产生大量的有害气体和颗粒物，近几年出现的气候变化、“雾霾”天气等与此直接相关。2014年，我国二氧化硫和氮氧化物排放总量达到了1974.4万吨和2043.9万吨，远远超过我国环境容量。然而，政府往往在经济发展与环境保护之间权衡，煤炭、石油作为我国经济增长的主导引擎，价格的提升会对经济发展产生很强的阻碍作用，致使煤炭、石油价格形成未能将外部成本包括在内（林伯强，2014）。

作为清洁能源的天然气，不但为经济稳定增长提供动力，对外部环境的影响也远远低于煤炭、石油。因此，煤炭、石油资源的消费理应补偿其外部环境成本，从而在限制这些能源过度使用的同时，为已经造成的环境污染提供治理补偿。目前，我国天然气与煤炭、石油之间的比价关系即天然气价格中未能体现环境的正外部性效益，天然气产业收益率总体较低，缺乏对开发投资和基础设施建设形成足够的激励。需要进一步完善天然气的价格形成机制，将对促进空气质量的改善作用的生产企业进行一定的补偿，探求建立“公共物品”供给者的价值补偿机制。因此，随着我国天然气市场的不断发展，需要对现行天然气价格形成机制进行重新优化改革。

制度改革是推进天然气产业持续发展的最根本手段。探索通过制度安排形成一种有效率的制度结构，建立以市场为主导、积极发挥政府作用的运行机制，使价格能有效地反映市场供求、稀缺程度及与替代能源比价关系和环境外部性，并逐步建立上下游之间的联动机制，形成对经营者的有效激励机制。

第三节 天然气价格对能源消费影响的实证研究

天然气的价格变化影响能源需求主要通过三种途径：一是高价格提高

了技术创新水平和资源使用效率；二是价格调整改变现有的相对价格体系，造成能源消费组合的变化；三是高价格抑制了能源需求的进一步扩大。即能源价格的上升导致能源需求的变化，或是由高价格诱致的技术创新引起，或是能源消费品种之间的重新组合，也可能是由能源冲击的经济衰退所致。能源价格变动对需求的长短期影响差别很大：短期内能源需求由于缺乏弹性可能仅造成经济运行成本的增加，而长期价格弹性较大，依靠市场的约束力量会促进经济主体节能技术改进、生产方式转变及新能源开发等。若经济信号在价格上得不到应有的体现，导致价格相对市场需求或高估或低估，进而引起资源配置效率的低下。

天然气需求价格弹性反映了在其他因素保持不变的条件下，价格变化对天然气市场需求变动的影响程度。探讨价格弹性可对价格对下游市场的潜在影响形成判断，准确把握能源价格弹性对科学制定能源战略具有的重要指导意义。本节首先以北京市为例，测算了 2009 年以来天然气用户的长短期价格弹性，实证分析价格调整与天然气消费变动量的潜在影响并形成初步判断，基于新古典经济增长理论构建 C－D 生产函数，详细探讨了 1980 年以来我国天然气相对价格与消费之间的长期关系。

一　天然气需求价格弹性的变化趋势

天然气的需求价格弹性是度量价格变化导致市场需求变化程度的指标。根据 OECD 国家天然气需求与价格的相互关系，价格变动与需求之间存在显著的关联，即价格因素发挥着对需求的驱动作用。在此，通过测算天然气的长、短期需求价格弹性，可以对价格变动与市场需求的相互关系形成判断，作为价格调整是否合理的简要参考。

（一）需求价格弧弹性的计算方式

北京作为国家首都，保障天然气供应稳定与安全是燃气企业的首要责任。通常情况下，北京市的天然气供给是与上游中石油公司签订长期供应合同，天然气供给均能有效保障，需求变动基本不会受到供应制约的影响。因此，以北京市为例分析天然气的需求价格弹性更为客观。探析北京市自 2009 年以来天然气价格对需求的影响，以此测算天然气价格调整对市场需求存在的长期与短期两种效应。

天然气需求具有很强的季节性或趋势性特征，存在显著的以月度为单位的需求变化，其中也包括燃气价格的变化。由于考察时间段内天然气供需并无明显的异常情形，为计算价格调整引起需求的平均变化，以对应时段引起的消费量变化与平均增加量的差值作为价格的影响量。因此，设定 Q_j^p 为第 j 月的消费量，ΔQ_j^p 作为 j 月的价格影响量，$\Delta\ \bar{Q}_j^p$ 为趋势增加量，且代表对应价格调整月份的需求量之差的平均值，那么：

$$\Delta\ \bar{Q}_j^p = \frac{1}{n}\Sigma\frac{1}{n=1}\ (Q_j - Q_{j+t}) \qquad 4-3-1$$

式中，n 为考察期年限。基于价格调整所引起的需求变化量为：

$$\Delta Q_j^p = \Delta\ \bar{Q}_j^p - \Delta Q_j \qquad 4-3-2$$

鉴于数据的可获得性和现实需要，在此仅计算一段时期的弧弹性。

表 4.3.1　　2009 年以来北京市天然气价格调整表　　单位：元/立方米

	居民	工业	发电	供热	商业
2010 年 9 月前	2.05	2.35	1.95	1.95	2.55
2010 年 9 月	2.05	2.84	2.28	2.28	2.84
2012 年 12 月	2.28	2.84	2.28	2.28	2.84
2013 年 7 月	2.28	3.24	2.67	2.67	3.23

资料来源：北京市发展与改革委员会。

根据表 4.3.1 显示，自 2009 年以来，北京市的天然气价格经历了四次调整，最近一次发生在 2014 年 9 月 1 日，但是考虑到价格弹性分析的实际需要和数据问题，在此仅测算前三次价格调整，根据北京某燃气公司的统计数据得到北京市天然气的月度消费量。① 由于天然气消费具有明显的季节性变动特征，因此需要先剔除掉季节性影响因子。在此，应用 stata12.0软件工具进行季节性调整，从而得到北京市天然气月度消费量的趋势变化量。

从图 4.3.1 可以看出，短期内天然气价格变动可能会对市场需求产生阶段性波动，但从长期趋势来看，2011 年以来，北京市天然气消费需求快速增长。剔除外部环境因素的影响，天然气价格的调整并未实质性的影响到市场消费需求的增长趋势。

① 此处所指的北京市天然气价格经历四次调整特指截止到 2014 年 9 月。

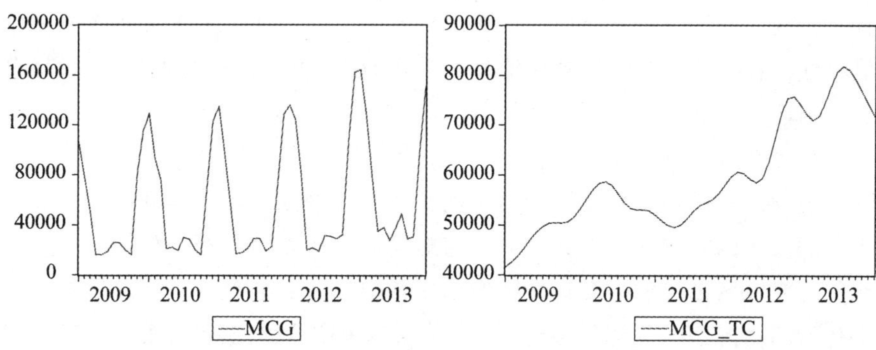

图 4.3.1 北京市天然气月度消费量

注：MCG 表示天然气月度消费量，MCG_ TC 表示季节调整后的趋势变化量。

资料来源：数据来自北京某燃气公司统计数据。

（二）天然气需求价格弹性的测算

1. 短期价格弹性

基于短期影响以月度变化作为价格的影响量，在此天然气价格变化对需求的影响分析时间段为：2010 年 9 月、2012 年 12 月和 2013 年 7 月价格调整及近两月的需求变化。计算方式为：2010 年 9 月 28 日天然气价格调整后，历年 9 月和 10 月变化量的均值作为趋势变化量。天然气价格变动以北京市发改委价格调整为依据，并以《北京市统计信息网》消费结构数据作为各自权重得到价格变化的平均值，以此计算得到表 4.3.2 天然气短期价格弹性。

表 4.3.2 北京市天然气的短期需求价格弹性表

时间	趋势变化量	本月变化	价格变化	平均量	价格	需求价格弹性
2010 年 9 月	-446.3	-273.6	0.289	172.6	2.511	-0.187
2012 年 12 月	-835.8	-1587.1	0.031	-751.3	2.542	-0.106
2013 年 7 月	-818.5	1141.6	0.335	1960.1	2.871	-0.091①

① 由于北京市受政策性影响较大，在 2013 年分析中以近 3 年的月度平均值进行计算，同时剔除了外生性因素的影响。

北京市天然气消费需求具有很强的刚性。从表 4.3.2 的测算结果来看，在剔除外部因素的条件下，北京市的天然气短期需求价格弹性的绝对值较低，各时期需求价格弹性值分别为 0.187、0.106 和 0.091，市场需求趋于刚性，且呈现出一定的下降趋势。

2. 长期价格弹性

长期需求价格弹性是以价格调整所在月份为起点，计算剔除季节性因素后的一年的需求变化，计算方式与短期需求价格弹性基本相同。

从实际情形来看，随着全国空气质量的下降，北京市政府开始着手解决环境污染问题。优化能源消费结构，推动能源消费模式变革，积极实施“煤改气”工程。从 2012 年 12 月至 2013 年 11 月的实际情况来看，分析前应当剔除政策等外生性因素所导致需求的异常变动。

表 4.3.3　　北京市天然气的长期需求价格弹性表

时间	趋势变化量[①]	本月变化	价格变化	平均量	价格	需求价格弹性
2010 年 9 月	731	2045	0.289	6580	2.511	-1.077
2012 年 12 月	399	-2356	0.031	5043	2.542	-0.489
2013 年 7 月	-2379	10958	0.335	8618	2.871	-0.249

虽然长期价格弹性一定程度高于短期价格弹性，但两者同样存在刚性下降的趋势，天然气消费需求的增速不断加快。2013 年，国务院颁布《大气污染防治计划》进一步促进“煤改气”工程的实施，导致天然气消费总量呈现刚性增长。通过对 2013 年全年的价格取平均值，得到北京市居民用气平均价格约为 2.87 元/立方米，计算得出居民用户的长短期价格弹性均值分别为 -0.13、-0.61。不难发现，即使 2013 年天然气价格的调整幅度加大，其短期与长期需求价格弹性却依然在不断下降。

同理，可以计算出工业用户、发电用户的长短期需求价格弹性。如下表 4.3.4 所示：

① 2012 年北京市政府政策的调整变化使天然气需求出现异常变化，对此进行适度调整。

表 4.3.4　　北京市工业与发电用户的长短期需求价格弹性

用户类型	工业用气	发电用气
短期价格弹性	-0.189	-0.357
长期价格弹性	-0.576	-1.264

同理，对北京市 2014 年整个年度的工业、发电用户的天然气价格取平均值后，得到北京市工业、发电用气均价分别为 3.65 元/立方米和 3.29 元/立方米，由此得到天然气用户的长短期需求价格弹性约为 -0.189、-0.576 和 -0.357、-1.264。从结果来看，天然气工业用户、发电用户对价格变动的敏感性略高。

综合以上分析，可以得到天然气的长短期价格弹性均有所下降，且短期价格弹性很低，国家的价格调整对天然气需求的影响很小，工业用户、发电用户的用气需求也呈现了显著的刚性特征，即天然气价格未能真实反映市场供求的变化。主要原因：第一，长期以来国内天然气价格处于相对较低水平，即使在价格改革的步伐加快以后，天然气价格增幅也明显要慢于地区的收入增长或经济发展速度，所以天然气用户对价格的调整并不敏感，甚至可能出现“量价齐升”的局面；第二是，天然气需求一旦形成，由于其具有清洁、高效等优质属性，当基础设施就位时终端用户对价格的顾虑就会减少，此外技术革新也会导致转型的可能性减少。[①] 第三，近几年来，虽然天然气价格持续调高，但天然气的需求保持增长态势，尤其是当前面临的城市化、环境污染等诸多非价格因素致使需求刚性增长。

二　价格对市场需求影响的实证分析

根据霍特林（Hotelling）[②] 的资源可耗竭性理论，随着能源消耗程度的加深，能源的边际价格将呈现边际递增的趋势。反观我国的能源价格水平明显的不合理，尤其是作为清洁能源的天然气价格未能反映内在价值，

① 从发达国家的实践经验来看，天然气需求弹性存在一种“棘轮效应”（Ratchet Effects），即一旦天然气需求达到一定水平，由于转型的可能性很小，所以需求减少就会有限。总体来看，在天然气价格上升期间，生产、生活和电力行业对天然气的需求似乎同步增加。

② ［美］哈罗德·霍特林：《可耗竭性资源经济学》，转引自于立宏《可耗竭资源与经济增长：理论进展》，《浙江社会科学》2007 年第 5 期，第 179～184 页。

这一方面是国家宏观发展战略的原因所致，另一方面则体现了天然气价格机制改革的滞后性。对此，以新古典经济增长理论模型为基础，以能源消费的影响因素作为自变量构建 C－D 函数，分析价格变动对其市场消费量的潜在影响。

（一）能源的可耗竭性使其边际价格呈现边际递增趋势

能源资源具有可耗竭性，其使用者成本占收入比重呈逐步上升趋势。最早对可耗竭性能源定价进行深入研究的文献是霍特林（Hotelling）发表于 1931 年的《可耗竭性资源经济学》，可耗竭性资源的边际成本和价格是不相等的，两者之间的差额称为“稀缺租金”。[①] 随着化石能源价格的提高，可替代性能源的替代条件会进一步实现，J. M. Hartwick（1996）甚至提出当生产替代能源的当期投资等于化石能源耗竭现值时，能源消费就可以维持现有水平。林伯强、何晓萍（2008）运用 EI Serafy 方法估计了我国石油、天然气资源的使用者成本，结果表明石油和天然气资源的使用者成本占收入的比例总体具有逐步递增的趋势，但石油要比天然气高很多。即使以 10% 以上的高贴现率来看，石油达到 40% 以上，而天然气却不足 2% 。

20 世纪 70 年代的石油危机，引起全球对资源枯竭和环境质量恶化的普遍忧虑，使人们认识到提高能源效率，促进能源利用可持续的重要性，许多学者也对能源效率问题开展了大量研究。价格对能源需求的影响表现为能源节约以及寻找替代性能源、开发新能源，两者均在一定程度上促进技术进步。通过价格杠杆的作用体现能源的内在价值，可合理引导社会需求，重视技术进步和提高能源效率，延长能源使用年限，减轻消费对外部环境的损害。

（二）价格与市场需求关系理论基础与模型构建

新古典经济增长理论假定资本、劳动要素投入增加及技术进步是经济增长的三大要素。与哈罗德－多马增长模型不同，索罗－斯旺首创的新古典经济增长模型认为仅用资本和劳动投入并不能解释经济增长的全部内容，大部分的产出增长是由一个外生的用以解释技术进步的“余值”决定的，技术进步对劳动生产率与资本产出率会产生影响，在资本产出、劳

---

① 转引自于立宏《可耗竭资源与经济增长：理论进展》，《浙江社会科学》2007 年第 5 期，第 179～184 页。

动生产率相对稳定的条件下，技术进步速度 a 为：

$$a = y - \alpha_k k - \alpha_l l \qquad 4-3-3$$

其中，y、k、l 为产出、资本和劳动的年增长率，α_k、α_l分别为资本、劳动力产出弹性。

如果企业的生产函数是具有希克斯中性技术的 C－D 函数，那么根据已有研究将能源作为一种投入要素加入生产函数，则含有技术进步速度的生产函数为：

$$Q_t = A_0 e^{\tau t} K_t^{\alpha_k} L_t^{\alpha_l} E_t^{\alpha_E} \qquad 4-3-4$$

根据 *Fisher-Vanden* 等（2004）关于企业成本函数的推导，可知企业对能源的需求函数为：

$$E_t = \alpha_E Q_t A_0^{-1} P_K^{\alpha_k} P_L^{\alpha_L} P_E^{\alpha_E} \qquad 4-3-5$$

其中，E_t为能源总需求，Q_t表示总产出，A_0表示技术水平，P_K、P_L、P_E分别表示资本、劳动和能源投入的价格。假定 $P_Q = P_K^{\alpha_K} P_L^{\alpha_L} P_E^{\alpha_E}$ 和能源相对价格 $EP = P_E / P_Q$……，上述公式可表示为：

$$EI = Q/E = A_0 \alpha_E^{-1} EP \qquad 4-3-6$$

式中，EI 即为能源效率。对此，本书采用史丹等（2006）关于中国能源利用效率问题的研究结论，即从宏观经济角度来看，产业结构、技术进步及工业化阶段等因素也对能源需求产生影响，此处将技术水平 A_0定义为广义生产率，包含上述因素变化对技术水平的影响，则上式变为：

$$EI = A_0 exp\ (\beta T + \theta Industry + \varphi HI)\ a_E^{-1} EP \qquad 4-3-7$$

β 是以时间趋势表示的技术进步速度，θ 反映经济发展中工业化程度，φ 表示重工业化指标，强调工业发展模式对能源效率的影响。将上述公式两边取对数可得：

$$\text{In } EI = \text{In } A_0 + \alpha_E + \beta T + \theta Industry + \varphi HI + \text{In} EP \qquad 4-3-8$$

考虑到能源价格等因素对能源需求的影响不一定是对数线性的，那么能源效率的分析模型为：

$$\text{In } EI_t = \beta_0 + \beta_1 T + \beta_2 Industry_t + \beta_3 HI_t + \beta_4 \text{In} EP_t + \varepsilon_t \qquad 4-3-9$$

式中，β_0为包含初始技术水平的截距项，β_1、β_2、β_3、β_4分别为各变量的影响系数，ε_t为随机扰动项。根据前面理论框架，主要涉及能源效率、工业化程度、重工业化和能源相对价格四个变量。由于数据来源的可得性，此处分析内容将三种化石能源汇总来反映价格对能源利用效率的影响。①

（三）数据来源与模型的实证分析

1. 数据来源

（1）能源消费

能源消费数据采用以发电煤耗计算的能源消费总量，单位万吨标准煤，数据来自《中国能源统计年鉴（2013）》。

（2）工业化与重工业比重

工业化指标是以不变价格计算的工业增加值占 GDP 比重，重工业化指标是重工业总产值占工业总产值的比重。其中，工业化指标数据来源于世界银行官网统计数据，重工业化指标按照《中国统计年鉴》（历年）和《中国工业统计资料》规模以上工业总产值和重化行业产值汇总而来。

（3）能源相对价格

目前，关于能源消费的统计资料中尚未涉及能源消费支出方面的数据，在此选用替代方法测算能源相对价格。在不考虑库存的条件下，假定每年的能源工业的供给量完全等于市场消费量，具体计算方法为：$EP=$ 能源工业增加值/能源消费量。

1980～2008 年能源工业增加值数据取自陈诗一（2011）关于中国工业分行业增加值统计数据估算，能源行业主要包括煤炭采选业、石油开采业、石油加工业和电力、燃气的生产供应业。由于获得的能源工业增加值没有将部分行业（如天然气开采、煤炭及炼焦工业等）涵盖在内，尤其是 1984 年、1992 年两个节点前后的统计口径差异很大，因此能源工业增加值会相对较小。但从总体变化趋势来看，与国内能源价格变化趋势还是保持一致的。

（4）能源效率和技术进步

能源效率以总产出与能源消费总量之比作为衡量指标。GDP 以 CPI 平减后的不变价格作为计量指标，单位：亿元；技术进步以年度时间序列

---

① 目前，我国天然气价格的历史统计数据相对不完善，且能源工业增加值中没有天然气的单独统计数据，所以难以获取到足够的数据进行模型分析。基于此，只能通过替代方案以能源工业增加值与消费量的比值计算相对价格，以三种能源合计的相对价格进行计量分析。从预期结果来看，由于石油、煤炭的市场化程度要远远高于天然气，因此与此方法获得的结果相比，现实的能源利用效率应当要比实证分析的结论更为低下。

表示，每年具有逐步向上递增趋势。为考察改革开放以来上述变量对能源消费的影响，所有变量以1978年为基期，以1980～2012年的时间序列数据，样本量为33。

表4.3.5　　1980～2012年模型中各变量数量指标汇总

	工业化程度（%）	重工业程度（%）	能源效率（对数）	时间趋势	相对价格（对数）
1980	48.2	52.9	-1.22	3	0.11
1985	42.9	52.9	-0.85	8	0.26
1990	41.3	50.6	-0.70	13	0.08
1995	47.2	52.7	-0.31	18	0.04
2000	45.9	60.2	0.00	23	0.19
2006	47.9	70.0	0.07	29	0.43
2007	47.3	70.5	0.15	30	0.59
2008	47.4	71.3	0.21	31	0.65
2009	46.2	70.5	0.22	32	0.61
2010	46.7	71.4	0.22	33	0.63
2011	46.6	71.9	0.23	34	0.65
2012	45.3	71.2	0.30	35	0.72

基于表4.3.5中的汇总数据，按照模型变量要求对各变量进行合理调整，运用stata12.0软件工具得到各变量的统计描述，由此得到下面实证结论的对比参照。

表4.3.6　　1980～2012年各变量的统计描述

	LnEI	*T*	*Industry*	*HI*	*LnEP*
平均值	-0.33	19.00	45.46	57.96	0.26
中间值	-0.24	19.00	46.00	53.30	0.22
最大值	0.30	35.00	48.20	71.90	0.72
最小值	-1.22	3.00	41.30	48.50	-0.06
标准差	0.47	9.67	1.85	8.39	0.21

2. 实证检验

根据自变量与因变量相互间的关系，初步预期β_1、β_4均大于零，技术进步、能源相对价格的提高促进能源效率的提高；β_2、β_3则具有一定不确定性，通常会小于零。鉴于研究区间的国家经济发展模式，尤其是当时我国处于工业化高速发展时期，经济快速增长可能引起能源的大幅投入，当经济增长的速度快于能源需求时，则出现β_2、β_3大于零的情形。

通过对各变量平稳性检验，发现初始序列是非平稳的，为避免“伪回归”问题，对初始回归方程采用非限制性协整秩检验和最大特征根检验，趋势假定为线性确定趋势，且含有截距项，结果如下：

表 4.3.7　　回归方程变量协整检验

	非限制协整秩检验		最大特征根检验	
协整个数假定	特征值	5%临界值	特征值	5%临界值
None *	70.993	63.876	40.001	31.46
At most 1	30.992	42.915	17.593	25.54
At most 2	13.399	25.872	10.530	18.96
At most 3	2.868	12.518	2.869	12.25

注：“*”表示在5%的显著性水平上拒绝原假设。

从选取变量的经验来看，不同变量之间应存在很强的相关性。为消除序列自相关与异方差的影响，使用含有怀特异方差一致协方差修正参数估计量的方法，估计结果如下：

$$\ln EI_t = -0.807 + 0.061 * T + 0.002 * \ln Ind_t - 0.012 * HI_t - 0.223 * \ln EP_t + \varepsilon_t \qquad 4-3-10$$

$$(-2.296)\quad (0.236)\quad (3.799)\quad (-31.685)\quad (-2.031)$$

$$adj.\ R^2 = 0.987\quad S.E. = 0.058\quad F = 518.910\quad DW = 0.715$$

除工业化程度变量外，其他变量均通过t统计量检验，拟合优度R^2、F统计量表明模型拟合效果较好。D－W值为0.715，初步判定模型存在一定的序列相关性。

根据上述估计结果，改革开放以后，技术进步对能源效率有提升作用，平均每年的速度约为0.061%，但是系数不显著；工业化对能源效率的影响不明显，仅为0.002%，可能与序列相关性有关（D－W检验值远小于2)；重工业化程度的加深会降低能源效率，重工业比重每增加1个百分点，导致能源利用效率下降0.012%；工业化程度与重工业化发展两者高度相关，对能源效率影响具有共线性，两者的影响系数存在某种程度的抵消。随着我国工业化进程的加快，工业体系基本建立和成熟，轻工业也呈现出快速发展的局面，这在很大程度上缓解了能源需求的压力。能源价格系数符号与预期不符，系数值为－0.223，含义为能源相对价格的上涨不仅没有抑制需求，反而能源强度表现为进一步地增加。

能源价格相对变化对能源需求存在两种效应：一是技术进步促使能源需求总量的减少；二是价格调整导致生产要素之间的相互替代引起需求减少，或是新技术的推广应用促进能源供给量的增加。上述回归结果与历史状况相关联。改革开放初期，能源供需矛盾得到很大缓解，但是天然气价格管理体制改革却相对迟缓，并出现了相对价格的下降。① 同时，技术进步的作用大大抵消了能源价格的微幅上涨，因此，模型估计结果表明价格对能源效率的贡献还远没有体现出来。

假定经济发展对能源需求的影响因素仅为技术进步、能源相对价格，则能源需求函数为：

$$C_E = f(T, P_E, Q) \qquad 4-3-11$$

其中，T 表示技术进步；P_E 表示能源相对价格；Q 表示总产出。全微分可得：

$$dC_E = \frac{\partial f}{\partial T}dT + \frac{\partial f}{\partial P_E}dP_E + \frac{\partial f}{\partial Q}dQ \qquad 4-3-12$$

两边同除以能源消费总量 C_E，并进行适当变换可得：

$$\frac{dC_E}{C_E} = \frac{\partial f}{\partial T}\frac{T}{C_E}\frac{dT}{T} + \frac{\partial f}{\partial P_E}\frac{P_E}{C_E}\frac{dP_E}{P_E} + \frac{\partial f}{\partial Q}\frac{Q}{C_E}\frac{dQ}{Q} \qquad 4-3-13$$

由 $C_E = Q * (C_E/Q) = Q * EI$，两边取对数为：

$$\ln CE = \ln Q + \ln(C_E/Q) \qquad 4-3-14$$

对方程全微分得到：

$$\frac{dC_E}{C_E} = \frac{dQ}{Q} + \frac{d(C_E/Q)}{C_E/Q} \qquad 4-3-15$$

代入上述公式可得：

---

① 能源相对价格的下降一方面是指替代能源比价关系的变化，另一方面是国内生产价格指数上涨幅度要高于天然气价格的涨幅。

$$\frac{d\ (C_E/Q)}{C_E/Q}=\frac{\partial f}{\partial TC_E}\frac{T}{T}\frac{dT}{T}+\frac{\partial f}{\partial P_E}\frac{P_E}{C_E}\frac{dP_E}{P_E}+\ (\frac{\partial f}{\partial Q}\frac{Q}{C_E}-1)\ \frac{dQ}{Q} \qquad 4-3-16$$

则能源消耗强度、能源消费变化率分别为：

$$e_{EI}=\frac{d\ (C_E/Q)}{C_E/Q},\ e_c=\frac{dC_E}{C_E} \qquad 4-3-17$$

假定：

$$\frac{\partial f}{\partial TC_E}\frac{T}{T}\frac{dT}{T}=\Delta Q_T,\ \frac{dC_E}{C_E}=e_c,\ \frac{\partial f}{\partial P_E}\frac{P_E}{C_E}=\varepsilon_E,\ \frac{\partial f}{\partial Q}\frac{Q}{C_E}=\beta \qquad 4-3-18$$

则 ΔQ_T 为技术进步引起的能源消费减少量，e_c 为能源消费变化率，ε_E、β 分别为能源需求的价格弹性和能源消费-产出弹性系数，其中 $\varepsilon_E<0$，$\beta>0$。p_E 以表示能源相对价格的变化率，q_E 表示总产出的变化率，则代入原公式可得：

$$e_c=\Delta Q_T+\varepsilon_E p_E+\beta q_E \qquad 4-3-19$$

上式表明能源消费绝对量的变化率。当能源相对价格上涨导致需求量减少时，满足 $e_c<0$，即 $\Delta Q_T+\varepsilon_E p_E+\beta q_E<0$，$(-\Delta Q_T-\beta q_E)\ /\varepsilon_E<p_E$。基于技术进步引起的能源消费变化率与能源强度变化率呈反向关系，取其绝对值后，则公式变为 $p_E>\ (\Delta Q_T-\beta q_E)\ /\varepsilon_E$。

假定在其他变量不发生变化的条件下，只有能源相对价格的上涨幅度达到一定值时，对能源需求才会起到抑制效果。同理，可以验证能源效率的提高也需要能源价格上涨到一定程度后才能实现。第一种情形的提价幅度要明显高于第二种情形，即能源价格大幅上涨才能导致能源绝对需求的下降。在能源消费具有刚性需求的前提下，经济增长的内在要求一般难以实施。在第二种情形下，能源价格相对小幅上涨也能达到能源效率提高的目标。

这与世界各国的实际情况基本相符。自改革开放以来，相比其他生产要素而言，能源价格尤其是天然气价格仅是微幅上涨，技术进步对能源效率的提升要远远大于价格机制的作用，这种现象也为世界发达工业化国家所普遍经历。已有研究的测算显示，技术进步对我国能源效率的提升作用大约占到60%。对此，下面研究剔除技术进步、重工业化因素，区分能源相对价格（引起能源替代产生的需求减少）及工业化对能源需求强度的独立影响。

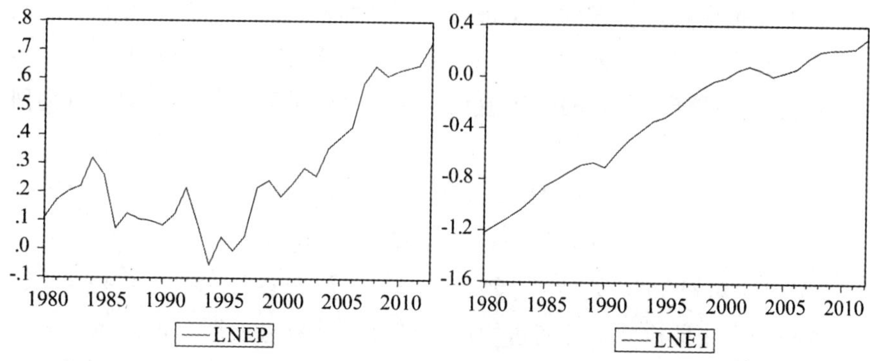

图 4.3.2 1980～2012 年能源价格与能源利用效率的基本趋势

此处选取变量、分析长期均衡关系，前述检验表明序列是一阶平稳的，回归方程残差序列的 ADF 检验显示两者不具有协整关系。

表 4.3.8　　残差序列 ADF 单位根检验结果

Augmented Dickey-Fuller test statistic			
未添加虚拟变量		添加虚拟变量	
t-statistic	*Prob.*	*t-statistic*	*Prob.* ＊＊
－1.899	0.328	4.015	0.004

注："＊＊"表示在 5% 的显著性水平上拒绝原假设。

通过分析能源相对价格的变动趋势可以发现，在 1994～1996 年期间是能源相对价格发生变化的转折点。在此之前，能源价格呈现波动下降的趋势，而 1996 年之后能源价格总体呈现不断上涨的态势。为验证 1978 年以后我国能源相对价格是否存在结构性变化，研究中以 1996 年为转折点运用 Chow 检验拒绝了无时间断点的原假设，即认为期间发生了显著性变化。因此，采用以 1996 年为分界点加入虚拟变量回归。

表 4.3.9　　邹至庄断点检验结果

Chow Breakpoint Test：1996			
F-statistic	61.290	*Probability*	0.000000
Log likelihood ratio	54.576	*Probability*	0.000000

添加虚拟变量后，对两变量进行 ADF 检验发现拒绝了存在单位根假设，即变量之间存在长期均衡关系。基于上述分析，利用 1980～2012 年样本数据，以能源相对价格、工业化指标为自变量重新估计模型，得到回归估计结果如下：

$$In\ QE = 1.1456 + 0.386DT - 0.036IND - 2.051\ln RP + 2.665\ln RP * DT$$
$$(-3.414)\ (-1.793)\ (-4.144)\qquad (5.043)$$
$$adj.\ R^2 = 0.892\quad S.E. = 0.166\quad F = 57.597\qquad 4-3-20$$

通过 t 统计量检验，各变量均比较显著，符号与预期理论一致，工业化水平在 10% 显著性水平拒绝零假设，其余均在 5%，拟合优度 R^2、F 统计量表明模型的估计效果较好。①

1980～1995 年期间，能源相对价格对能源利用效率具有负向作用，但 1996 年以后，价格对能源效率表现出显著的正向作用，弹性约为 0.514，即能源相对价格每上升 1%，能源效率大约提高 0.514%；工业化程度对能源效率具有负向作用，半弹性为 -0.036。从模型估计效果来看，与已有研究结论基本一致。

（四）结论及对我国天然气价格改革的启示

能源价格对我国能源效率的影响程度要高于其他因素，表明资源禀赋和供给条件是决定能源效率的重要因素，而理顺能源价格机制是提高能源利用效率的最主要途径。初期能源价格影响的下降显然与经济体制、能源工业发展阶段有关。在改革开放初期，能源供需状况得到明显缓解，能源相对价格上涨极为缓慢甚至出现一定程度的下降，其影响系数也就自然较小或者出现负向效果。在 20 世纪 90 年代后，随着社会主义市场经济体制的建立和完善，能源市场体系和能源价格机制开始逐步完善，能源相对价格相比之前也在不断上升，价格引导能源供求的作用开始明显改善。

价格是引导市场供求、优化资源配置的重要手段，深化能源价格机制改革是当前能源革命的主要任务之一。如何处理降低能耗与保持经济发展速度的矛盾是能源体制改革面临的核心问题。党的十八大提出了生态文明建设目标，要求切实加快经济、能源发展方式向可持续方向转变，推动经

① 作为对数线性模型，只反映了各变量对能源效率在全部样本区间内的平均影响程度，这是因为回归系数是解释变量的线性函数，只有在均值意义上才具有明确的理论含义。若要更详细地反映能源相对价格对能源消费的影响，则需要采用变系数半参数进行估计。

济增长与能源消费增长“脱钩”。面对国内供给宽松、国际油价持续低迷的良好时机，政府应积极推进新一轮的能源体制深化改革。针对天然气领域而言，集中在放开市场准入、价格改革、转变监管方式等方面，通过构建有效竞争的市场结构和市场体系，进而使价格反映资源稀缺、市场供求、可替代能源价格及环境外部性。

本章小结

第一，阐述了我国天然气定价机制的历史沿革和价格改革的过程。从1978 年至今，我国天然气定价机制大致经历了三个阶段：完全的政府定价、“双轨制”定价及以政府与市场相结合的定价方式。从演变过程的内在逻辑来看，价格改革首先体现在政府与市场各自作用的重新定位，初期以政府主导为主，进入快速发展时期后，市场机制的作用逐步显现；价格政策的调整具有显著的路径依赖性、渐进性特征，外部环境变化引致利益的重新调整，价格政策的侧重点体现出政策调整的方向。此外，市场结构的变化也是引起定价机制变革的内在动力，竞争的日益加剧促使市场机制发挥更加重要的作用。

第二，分析了当前我国天然气的价格机制及存在问题。目前，我国天然气价格机制仍是政府主导的价格规制，价格形成机制和分级管理体制致使价格不合理、与市场供求脱钩、上下游价格之间未能建立联动机制，以及用户之间存在严重的交叉补贴。

第三，研究了我国天然气价格水平与消费需求之间的关系。首先，根据不同用户的替代能源价格，以北京市为例测算了用户的长、短期价格弹性，发现我国天然气用户的需求价格弹性具有刚性下降的趋势，即使国家对天然气价格进行一定上调，消费量不会下降。以居民用户为例，天然气短期的需求价格弹性由 0.187 下降至 0.091，所以价格并没有达到消费者的边际效应水平。

其次，利用新古典经济增长理论模型，笔者探讨了价格对能效的影响。研究结果显示，1978 ~ 2012 年期间，技术进步和能源价格在不同时期的作用具有显著的差异性。1996 年以前，能源价格对能效的作用为负，弹性值为 -0.036，能效的提高主要依靠技术进步。而进入 1996 年以后，随着能源价格的提高，其对能效的作用开始显现，弹性值为

0.514。不难看出，只有将价格提高至一定程度以后，能源价格才会对能效发挥积极作用。因此，深化天然气价格管理体制和市场运行机制改革，实现以科学供给满足合理消费需求，对经济、能源的可持续发展具有重要意义。

第五章

政府规制下的价格规制模型与实证分析

2013 年，党的十八届三中全会审议通过的《中共中央关于全面深化改革若干重大问题的决定》指出：经济体制改革是全面深化改革的重点，核心问题是正确处理好政府与市场的关系，使市场在资源配置中起决定性作用和更好发挥政府作用。价格的制定应当符合价值规律，除极少数商品或服务价格实行政府指导价或政府定价外，商品或服务价格应当实行以市场供求为基准形成的调节价。明确政府与市场的关系，健全天然气产业链的价格管理体制是深化改革的内在要求。

政府规制的逻辑起点是修正市场机制的结构性缺陷，避免市场经济可能对社会带来的弊端。正确区分竞争性环节和自然垄断环节，天然气上下游属竞争性环节，应以市场竞争提高效率，中游管输环节的高额固定成本投入和低廉的运营费用，使其具有自然垄断属性，应加强监管减少市场支配力。针对竞争性环节，发挥市场对价格形成的决定性作用，提高能源资源的配置效率；对于自然垄断环节，政府应健全监管框架，建立合理的规制机制，鼓励生产投资和设施建设。

当前，我国天然气产业链实行政府主导的定价模式，过度干预容易导致价格形成的不合理和上下游价格缺乏联动性，增加企业运营风险。因此，探讨政府规制下的天然气价格、用户价格承受力及需求变动，考察价格是否真实反映市场价值和供求变化，有助于完善价格形成机制的同时，统筹考虑了下游市场的拓展应用，并使天然气产业能够获得合理回报率，推动天然气领域的有序发展。鉴于此，本章以政府产业规制的相关理论为基础，探讨天然气产业规制的合理性：（1）运用投入产出分析法测算实际价差与理论水平的差异；（2）利用面板数据模型测算用户价格弹性；（3）构建结构向量自回归模型和误差修正模型，分析天然气价格管理体制对上下游价格传导的影响，为如何实现产业链的价格联动提供依据。

第一节　政府产业规制的相关理论

英国古典经济学家约翰·斯图亚特·穆勒（John Stuart Mill）在《政治经济学原理》中首先提出了自然垄断概念，该概念与资源条件密切相关，即由于资源条件的分布而不适宜竞争所形成的垄断。现代经济学对自然垄断的理解着重在规模经济层面上进行阐释，并提出了相应的产业规制理论。比如1902年，托马斯·法勒（Thomas Farrer）以规模经济为基础定义了自然垄断，即随着产量的增加，单位产品或服务的平均成本出现下降的现象。[①] 关于市场规制的理论通常归入凯恩斯学派。

市场与规制均有特定的功能和作用条件，即使再完善的市场机制也无法替代政府规制的作用。[②] 卡恩（Kahn）（1970）认为规制的实质是政府命令对竞争的明显取代，作为一种基本的制度安排，企图维护良好的经济绩效。[③] 传统的经济学认为在自由市场经济中，个人在追求各自利益的同时，会导致社会整体福利的最大化，但是斯蒂格利茨（Stiglitz）（2001）提出了相反观点，认为基于市场参与者之间的信息不对称，市场功能的不完善会对消费者的利益带来损害。因此，需要政府机构对市场进行部分干预，从而完善市场机制的作用。

所谓政府规制（Government Regulation），是指政府采取干预措施来修正或控制生产者或消费者的行为以达到某种特定目的的行为，包括决定价格、生产多少，甚至由谁生产和如何生产（Giles H. Burgess，2003），是行政机构直接干预市场配置机制或间接改变企业和消费者供需决策的一般规则（Spulber，2008b）。[④] 政府规制一般分为经济性规制和社会性规制

---

① Thomas Farrer，*the State in its Relation to Trade*，London：Macmillan，1902.

② Karl Polanyi. *The Great Transformation-The Political and Economic Origins of Our Time*. Beacon Press，2001.

③ ［美］丹尼尔·F·史普博《管制与市场》，余晖等译，上海人民出版社1999年版，第28～37页。

④ 政府规制又被称为政府管制、政府调节等，日本学者植草益将其译为“政府规制”，强调它是在法治背景下从事的管制行为；参见［日］植草益《微观规制经济学》，朱绍文等译，中国发展出版社1992年版。

(Hughes, 2007), 经济性规制包括价格管制、进入和退出规制、投资规制等。

传统的规制方法使受规制主体、规制机构面临扭曲的激励，而最优规制机制的设计面临成本—收益的基本权衡，符合效率标准和社会福利标准。传统规制方式导致的低效率是推动改革的直接原因。自 20 世纪 70、80 年代开始，许多国家在电力、电信及天然气等诸多自然垄断产业掀起了“放松管制”的自由化改革浪潮。这种改革与通常理解的规制改革明显不同，是为了获得竞争性收益、减少垄断的非效率。因此，自由化改革并不意味着所必需的规制措施的终结，放松规制的过程实际是引入激励性规制的过程。①

天然气作为一种重要能源资源，理应受到国家准入管制，既可以抑制资源的不合理开发，又可使生产企业获得规模经济，并回收前期投入的巨大成本（天然气上游生产投资大且具有沉淀成本）。此外，天然气管输配送环节具有典型的网络依赖性，符合自然垄断的技术经济特征，需要政府必要的规制措施以弥补市场失灵。因此，早期在以供给驱动市场需求的发展的战略下，我国天然气产业受到严格管制，尤其是上游勘探开发领域。即使在深化改革的今天，国家不断地出台相关政策，比如气田开发向社会资本招标、落实页岩气、煤层气等非常规天然气价格市场化政策，构建多元化市场结构和促进价格决定的市场化，但植根于已有经济制度的路径依赖性的影响，天然气产业链的政府管制程度仍然很高。

一 天然气行业的自然垄断性

（一）自然垄断的经济学解释

所谓自然垄断，是指由于存在着资源稀缺性、规模经济性、范围经济性以及成本的劣加性（亦称次可加性），使提供单一产品和服务的企业或联合起来提供多种产品和服务的企业，形成一家企业垄断或极少数企业寡头垄断的市场格局。②

---

① David M. Newberry. *Privatization, Restructuring and Regulation of Network Utilities*, Oversea Publishing House, 2002.

② ［日］植草益:《微观规制经济学》，朱绍文等译，中国发展出版社 1992 年版。

1. 天然气上游勘探开发领域的垄断性

由于自然资源的稀缺性和经济发展的战略要求，我国天然气上游勘探开发领域长期实行严格的进入限制。在早期，天然气的主要来源是石油开发过程中产生的伴生气，石油作为战略性能源属于政府控制的范畴，况且当时的市场规模很小，在供给推动消费市场的要求下，上中游一体化的垄断性格局是必然的。随着天然气市场规模的扩大，为实现稀缺资源的适度利用以及生产的规模经济性，天然气生产与销售的市场化始终未能更进一步。当前，天然气的勘探开发和进口权主要集中在中国石油、中国石化和中国海油，2013 年三家企业产量分别占比为 75.2%、15.8% 和 9%。

2. 天然气管输配送领域的自然垄断性

天然气的管输配送环节属于典型的自然垄断行业。Clarkson（1982）、Stiglitz（1997）等认为在某些情况下，提供某种商品或服务所使用的技术可以导致市场上只有单一厂商或只有很少几个厂商，由一家或少数几家生产就会比多家的效率更高。例如，如果两家公司在一个城市的每一街道上同时架设管线，其中一家把天然气输送到一家用户，而另一家则负责隔壁另一家的天然气输送，那么这将是缺乏效率的。因此，根据这一原理，单独一家厂商通常是提供某一区域天然气管输服务的最有效方式，这种情况被称为自然垄断。

规模报酬递增是天然气管输配送领域的显著特征。现代经济学关于自然垄断产业的阐释就是从规模经济角度开始的，即随着商品或服务产量的增加，企业平均成本曲线和边际成本曲线一直下降，具有持续递增的规模收益。但 Bonbright（1961）、Baumol（1977）也提出了不同观点，认为规模经济性是自然垄断的充分条件而非必要条件。对于部分公共服务而言，即使在单位成本上升的情形下，由独家企业提供也是最经济的，前提是存在成本的劣加性。当代西方经济学对自然垄断的理解主要是建立在成本劣加性的基础上，即单家企业供给既定产量的产品组合的总成本要小于多个企业分别供给该产品组合的成本加总。

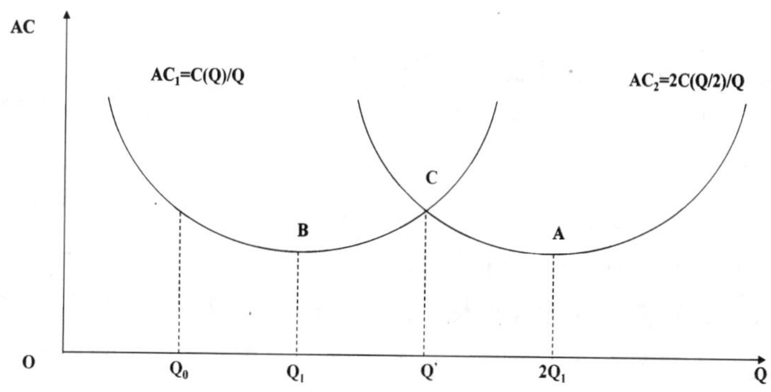

图 5.1.1 自然垄断行业的规模经济性与成本劣加性

图 5.5.1 中，AC_1为单个企业提供产品时的平均成本曲线，AC_2为两个企业提供同一产品时的最小平均成本曲线。在规模经济的假设下，对于产量 Q_0、Q_1的平均成本具有关系：

$$\frac{C(Q_1)}{Q_1}<\frac{C(Q_0)}{Q_0} \qquad 5-1-1$$

显然，当 $Q=Q'$时，产品由单个企业和两个企业同时提供的平均成本相等。推广至更一般的情形，当 $Q>Q'$时，存在如下关系：

$$\frac{2C(Q_1)}{2Q_1}>\frac{C(2Q_1)}{2Q_1} \qquad 5-1-2$$

此时，单个企业生产将不再具有生产优势，多个企业存在的情形下会带来更低的成本，这不符合自然垄断的基本条件。倘若以成本劣加性为前提条件，如果 $Q<Q'$，那么则有：

$$\frac{2C(Q_1)}{2Q_1}<\frac{C(2Q_1)}{2Q_1} \qquad 5-1-3$$

由此可以看出，成本次可加性是存在自然垄断的充分条件。

（二）天然气产业投资的基本特征

作为促进经济发展的重要资源性产品，天然气既有一般商品的经济特性，又有明显的地域性和自然垄断性。商品性体现在作为稀缺性资源本身就具有价值，包括经济价值和生态价值（生态价值在外部性补偿问题中探讨），价值规律是其基本的交易方式；自然垄断性则指网络效应性，即天然气的自身特性需要依靠管网设施来运输配送，而管输配送环节具有明显的规模经济性和范围经济性，属于自然垄断环节。概括起来，天然气产业投资具有以下特征：

1. 资产专用性和固定成本沉淀性

资产专用性是指具有特定用途的资产通常难以再转作其他用途的属性；成本沉淀性则是由于资产专用性导致固定投资一旦形成就产生了成本沉淀。天然气上游勘探的技术装备及产品属性所要求的管道运输设施，具有很强的资产专用性，一旦建成很难转作其他用途；这些基础设施的前期投资较大，投资回收期往往很长，所以设施一旦建成就形成了大量沉淀成本。因此，天然气产业投资具有显著的资产专用性和成本沉淀性。

2. 规模经济性和范围经济性

在相关配送设施的高沉淀成本、高专用性基础上，前期投入的固定成本占天然气终端价格的比例很高。随着市场供应量的扩大，平均生产成本或输送费用会不断下降，天然气成本中固定成本分摊的比例逐步降低，所以具有明显的规模经济性。范围经济性是指随着供给用户类型的范围增大，由于用户消费时间的差异，所需的总调剂负荷成本要比每个用户负荷成本加总成本更低。以成本函数表示为：

$$f(nk, nl) < nf(k, l) \quad 5-1-4$$

$$f(q_1+q_2+\cdots q_n) < f(q_1)+f(q_2)+\cdots f(q_n) \quad 5-1-5$$

其中，k、l 表示资本和劳动要素，q_n为第 n 个用户。在满足上述条件的情形下，则表示存在规模经济性和范围经济性。显而易见，天然气生产、管输、配送领域均符合以上特征。

3. 成本劣加性

天然气管网设施具有前期投资大、投资回报期长、沉淀成本高及网络效应强等诸多属性，存在成本劣加性。为避免无效率的重复建设，一般政府规定管网经营必须符合一定经营资质或经营许可，因此运输配送环节具有高度的区域垄断性。

（三）天然气产业实施价格管制的原因

从经济学理论上看，在产销与运输业务尚未有效分离的情形下，天然气行业属于典型的垄断性行业，在市场机制不完善的状况下，必然存在着国家干预，进而弥补“市场失灵”和改善资源配置效率。下面以垄断市场结构下，依据厂商定价理论阐述政府的规制方式。

假定天然气厂商的长期供给边际成本曲线、长期平均成本曲线、边际

收益曲线分别为 *LMC*、*LAC*、*MR*，面临的需求曲线为 *D*。根据企业的利润最大化原则，在 $MR = LMC$ 时确定厂商最优产量为 Q，那么企业对天然气终端定价为 P。这种条件下确定的天然气终端价格要高于平均成本，且边际成本已经包括企业的正常利润，① 则天然气公司获得的垄断利润为面积 *ABCP*。

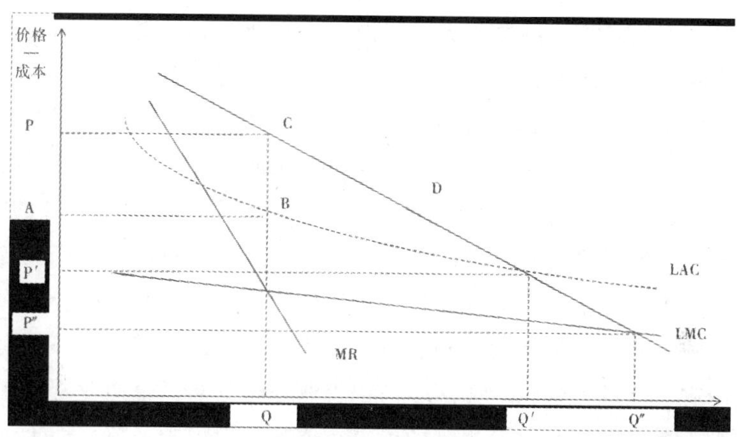

图 5.1.2　垄断市场结构下企业的定价方式

从理论上看，当 $LMC = D$ 时确定的价格 P''、Q'' 为社会资源达到最优配置时的价格和产量。但是，长期平均成本曲线与边际成本曲线是向下倾斜的（垄断企业处于规模报酬递增时期），即 $LMC < LAC$，此时天然气公司处于亏损状态，如果政府不实施补贴，则整个产业将失去进一步投资。Hotelling（1938）认为在边际成本递减的行业中，即使政府进行补贴，采用边际成本定价也是正确的。若在成本递增的自然垄断行业时，按照边际成本定价则存在超额利润。当行业进入存在诸多门槛时，会使厂商凭借垄断地位获得合法暴利。

因此，政府为克服垄断带来的弊端，应当按照长期平均成本定价，将价格定在长期平均成本曲线与需求曲线交点（Q'，P'）。此时，企业只能获得正常利润并依据价格 P'生产 Q'。显然，在天然气产业不受监管时，自然垄断厂商会通过限制产量来提高市场价格，从而获得垄断利润，造成

① 正常利润是指企业生产某种产品所要获得的最低利润，若无法获得则该企业将会退出该行业。

消费者剩余的减少。因此，政府通过价格管制措施，使得企业获得正常利润，而消费者的支付价格也在下降，市场供给量也得到增加，社会总体福利是提高的。从效率角度看，在市场供给量由 Q 至 Q' 的过程中，市场需求的价格要大于自然垄断企业的长期平均成本。所以，企业增加市场供给量导致消费者获得好处的同时，并未对企业带来损害，总体是帕累托改进的过程。①

即使是市场经济体制非常完善的国家，也会采取相应的管制措施。从市场结构和管制角度看，天然气产业的初始投资具有规模效应，所以在某种程度上说，产运销一体化时代是垄断行业，具有合理性，对下游供应市场占有“优势地位”。如果不对这种市场势力加以规制，一方面厂商将因垄断带来超额利润，另一方面消费者却无法获得因规模经济带来的好处。因此，当前国家对具有自然垄断性质的天然气公司实施监管，产业链各环节实行国家主导定价，可以保证用户获得规模经营带来的好处。然而，这种规制措施并非恒定不变的，随着市场化改革的推进，借助业务分离、结构性或所有权分拆，管输业务逐步与销售业务相分离，全产业链规制的前提条件已不存在，至此政府规制的内容主要是管网输配环节，而上下游竞争性环节则要发挥市场机制的作用。

二　政府规制的定价方式

（一）边际成本定价或平均成本定价

按照经典的经济学原理，以边际成本来决定销售价格的定价方式称为“边际成本定价”。如图 5.1.2 所示，当 $LMC = D$ 时确定的价格 P'、Q' 为社会资源达到最优配置时的价格和产量。但是长期平均成本曲线与边际成本曲线是向下倾斜的，此时天然气公司处于亏损状态，如果政府不进行补贴，则整个产业将失去进一步投资的动力。因此，政府为克服垄断带来的弊端，需要按照长期平均成本定价，将价格定在长期平均成本曲线与需求曲线交点（Q'，P'）。此时，企业只能获得正常利润并依据价格 P' 生产 Q'。

从规范的层面来讲，边际成本定价无疑是最优的定价方式，可实现提

---

① 经济学中所谓的帕累托改进是指参与主体交易达成后，在利益各方至少没有损失的前提下，部分或者所有的利润得到改善。

高资源配置效率的目标。尽管如此，考虑产业规模经济性的存在，边际成本定价容易导致经营企业的亏损。因此，如果对规制企业按照边际成本定价，一般需要对企业实施财政补贴或其他优惠性政策，但这往往带来低效率经营等问题。①

（二）投资回报率规制

作为传统的价格规制方式，投资回报率管制是指通过限制厂商投资收益率的方式使企业获得公正的资本收益。一般来说，厂商向规制者提出要求提高价格，在规制者进行研究评估后，确定哪些因素影响价格的制定，然后对企业提出的价格水平作出相应调整，确定某一固定的投资回报率作为该时期内定价的依据。即为：

$$R(p, q) = C + r(RB) \quad 5-1-6$$

式中，r 为制定的投资回报率，RB 为投资回报基数。这种定价方式需要进行周期性的价格调整，从而使企业承担的风险与收益达到均衡。理论上讲，投资回报率的确定采用重置成本更为合理，但考虑到技术进步的因素往往会高估厂商投资。因此，实际中一般是规制者与被规制者相互讨价还价确定。

针对天然气行业自身而言，既可以采用成本加利润的定价方法，也可以采用市场净回值定价法。当政府没有对价格直接干预的条件下，天然气企业更倾向于采用后者。如果该定价方式所形成的价格超过了厂商成本，由于天然气供给的边际成本很小，便会产生巨大的边际利润。对此，许多国家通常针对不同用户选择“市场净回值”与成本加成相结合的方法。

（三）最高限价规制

1983 年，英国经济学家斯蒂芬·李特查尔德（Stephen Littlechild）提出价格帽管制模型，即 $RPI-X$ 价格模型。假定 RPI 表示通货膨胀率，X 为一定时期内生产效率的增长率（或称生产效率因子），企业当期价格为 P_t，未来一期价格为 P_{t+1}，则：

$$P_{t+1} = P_t + P_t(RPI - X) \quad 5-1-7$$

该模型的实质是在现行价格的基础上，由政府相关部门针对 RPI 规定企业生产效率调整值 X，从而确定企业允许调整的价格上限标准为 $RPI-$

① 曲振涛、杨恺钧：《规制经济学》，复旦大学出版社 2006 年版。

X，企业可以在价格上限之下自由选择价格，借此防止被管制企业利用垄断力量制定高价。此外，为防止产品价格结构上的不合理现象，价格的离散程度一般要满足政府管制的另一种要求，即企业不得对不同的消费者采用价格歧视行为，通过逐渐调整价格使价格与成本相适应。

第二节　我国天然气价格规制的实证分析

政府规制一般是指政府机构依据相应的政策法规，为实现既定的政策目标，而对参与主体采取市场准入、价格管理等方面实施的规范或制约行为。[①] 外部性、自然垄断等市场失灵的存在是政府干预的主要原因。价格管制是政府实行经济性规制的主要形式，是指政府主管价格部门按照定价权限，规定基准价格及其浮动范围，指导市场主体合理制定价格。一般情况下，凡是关系国计民生的重要商品、资源稀缺性商品、公用事业和自然垄断经营的商品价格等，政府都会采取必要的手段实行政府定价或指导定价。

我国天然气价格受到政府管制。长期以来，我国天然气领域采用本质上与投资回报率管制相同的、基于成本的定价方法。政府管理部门根据被规制企业上报的成本，在参考用户价格承受力、合理收益率的基础上，对天然气出厂价格、管输配送服务价格和终端用户价格水平进行管制。天然气行业的经济剩余是以市场价值减去参照成本加成原则确定的天然气价格后的差额。经济剩余一般为正值，否则整个行业难以实现持续发展。如果这种定价方式形成的价格超过了供气成本，基于天然气供给的边际成本很小，便会产生巨大的经济剩余；相反，倘若这种价差剩余低于正常回报率水平，则会严重抑制产业的进一步发展。因此，探析合理的规制方式是兼顾消费者利益和促进产业持续发展的重要前提。

一　天然气产业链的价格规制方式

能源产业管制是世界各国的惯用举措。能源价格具有广泛的社会影响，基于国家能源安全和发展战略的原因，不管是发达国家还是发展中国

---

① ［美］小贾尔斯·伯吉斯：《管制与反垄断经济学》，冯金华译，上海财经大学出版社2003年版。

家都曾实施过或正在实施能源价格规制，区别仅仅是管制的形式和力度。从经济学角度来看，绝大多数的垄断经营是低效率的，政府需要对其加强监管。所谓监管是指政府对市场中那些不受竞争力约束的业务活动进行控制和指导。通常包含两层含义：一是市场存在竞争的可能性，监管的任务是引入竞争机制鼓励发展；二是倘若不存在引入竞争的可能性，则监管任务是通过管制实现与竞争同等的效果。

天然气产业链中的管输服务费、城市配送服务费等符合政府管制定价的基本条件。以运输与销售的捆绑实现对下游市场垄断经营的管道运输公司，既可以采用成本加利润的定价方法，也可以采用市场净回值法。国内外普遍采用的产业链规制方式一般包括：

（一）全产业链均采取成本加成的规制方式

倘若政府对天然气产业链均采取成本加成方式的管制，那么整个行业的经济剩余全部流向终端消费者，天然气消费者获得最大成本节约。这种定价方式一般发生在产业发展初期，对鼓励天然气消费具有促进作用。此情形下，天然气价格只反映供给成本，不反映当时的市场供求关系。因此，全产业链成本加成的规制方式主要是一国政府的短期政策。

（二）对天然气管道运输和配送环节采取成本加成的规制方式

基于市场净回值定价方法确定出厂价格，与替代性燃料价格建立指数化关系。供气商与管道公司协商确定供气价格。此时，达成的供给价格高于成本加成法下的管制价格，但低于市场净回值方法形成的价格。这种定价组合既能鼓励上游生产供应，又达到了对自然垄断环节的政府管制，尤其是天然气价格与竞争性能源建立长期的联动机制，促进天然气与煤炭、石油等替代性化石能源保持合理的比价关系。

管道公司基于天然气在城市门站价格的净回值，通过与地方配送公司协商形成城市门站价格，并与可替代能源建立价格联动机制，由此形成的天然气价格只要低于竞争性能源价格，则天然气就具有市场竞争力。这种定价组合下，天然气行业的经济剩余被上游供气商和管道公司所分享，地方配送公司仅获得合理利润。在天然气供给成本较高，经济剩余相对很少的条件下，该定价方式既可以鼓励上游生产，又能克服政府对门站价格管制缺乏灵活性的问题。

我国天然气终端价格构成中，购气成本是顺价传递给终端用户的。目前，我国天然气产业发展处于快速发展阶段，尤其是随着环保政策的推进实施，市场需求快速扩张，那么当前制定的天然气价格是否合理，在后续的深化改革过程中应如何有序推进，行业的规制方式以及城市配送服务环节的收益率该如何制定？基于此，利用产业规制理论和资本资产定价模型制定科学有效的价格成为研究我国天然气定价机制的重要问题。

二　我国天然气的测算价差与实际价差对比分析

我国能源价格长期处于政府严格的管制之下，尤其是天然气资源长期实行以成本加成法形成价格的规制方式。长期以来，以供给主导推动市场发展的方式导致天然气价格一直处于政府监管之下。与国外相比较而言，即使在竞争性的产业链环节，政府也保持对行业准入、市场价格等方面的管制，形成政府主导价格形成的管理体制，这也导致市场价格与理论价格之间存在不一致。

价格机制是市场机制的核心，政府可运用行政手段对能源价格实施管控，但目前的价格构成是否合理，很难找到适当的标准加以衡量。一般而言，合理的价格水平对能源效率和经济发展具有重要影响，国内外许多学者通过借助投入产出表及 CGE 模型分析价格变动对能源利用效率、经济增长的影响，比如林伯强、牟敦国（2008）、胡宗义（2008）、高志远、王立杰（2014）等，研究认为提高能源价格会降低我国能源强度，但从长期来看可能会对宏观经济增长造成负面影响；[①] 王浩（2009）则以投入产出表分析了能源价格变动对消费者承受力的影响。[②] 本书通过借鉴已有研究成果，应用投入产出技术建立混合型投入产出模型，探析当前市场价格水平和实际价格的差异，确定天然气价格究竟处于何种水平才能反映真实的市场价值。

（一）构建混合型能源产出投入模型

混合型能源投入产出模型是指混合计量单位的能源投入产出模型。

---

① 详见林伯强、牟敦国《能源价格对宏观经济的影响—基于可计算的一般均衡（CGE）的分析》，《经济研究》2008 年第 11 期；胡宗义等《能源价格对能源强度和经济增长影响的 CGE 研究》，《财经理论与实践》2008 年第 152 期；高志远、王立杰《基于 CGE 模型天然气价格波动的传导效应》，《企业经济》2014 年第 5 期。

② 王浩：《天然气价格上涨的国民经济承受力测度研究》，《中国物价》2009 年第 5 期，第 10～13 页。

在混合计量的能源投入产出模型中，能源产品流量采用实物作为计量单位，非能源部门和初始投入流量采取价值量作为计量单位。① 在进行能源产品的价格分析与预测前，首先要以混合型能源投入产出表为基础，通过测算能源消耗系数矩阵求解直接能源需求矩阵和完全能源需求矩阵。

1. 数据来源

为了研究 2013 年国内煤炭天然气的市场价格与理论价格之间的差异，中国投入产出协会统计资料显示最近一期的投入产出为 2010 年的，为此选取自中国投入产出协会的《2010 年投入产出表》（42 部门）、历年《中国统计年鉴》，能源消费实物量数据来自《中国能源统计年鉴（2013）》。

2. 初始混合投入产出表的形成

根据《2010 年投入产出表》与《中国能源统计年鉴（2013）》的部门分类方法，表中各对应行业均相同。其中，能源部门包括煤炭开采和洗选业、石油和天然气开采业、石油加工、炼焦和核燃料加工业、电力、热力生产和供应业及燃气生产和供应业，剩余均为非能源部门；针对行业、部门进行数据分解。例如，石油和天然气开采业、石油加工、炼焦和核燃料加工业按照 6 种能源消费区分为石油、天然气和成品油、焦炭，具体分解方法为：假定某种能源投入石油加工、炼焦和核燃料加工业的总量为 Q，且成品油、焦炭总产出量分别为 Q_p、Q_c，那么这种能源在成品油业、焦炭业的投入量分别为 $QQ_p/(Q_c+Q_p)$、$QQ_c/(Q_c+Q_p)$。

在混合型能源投入产出表中，第一象限内容为 6 种能源消费的实物量，第三象限为能源投入费用的价值量。从横向来看，表示 6 种能源在不同行业的中间流量和最终流量的实物部门，主要根据国家能源统计年鉴中分行业能源消费结构编制得到；从纵向来看，前六行表示 6 种能源中间投入的实物构成，下面部门表示能源初始投入的价值量构成部分（也称增加值），主要根据能源投入产出表中分行业价值型投入产出结构分类整理得出。以此，可以得到反映能源投入产出结构的混合型能源投入产出表：

① 宋辉、刘新建：《中国能源利用投入产出分析》，中国市场出版社 2013 年版。

表 5.2.1　　2010 年混合型能源投入产出简表

投入＼产出		单位	中间需求：原煤	原油	天然气	成品油	焦炭	电力	总产出合计
中间投入	原煤	万吨	24630	539	1024	13396	20691	170744	312650
	原油	万吨	0	965	36	15389	23769	2	42875
	天然气	亿立方米	5	113	13	27	41	216	1069
	成品油	万吨	238	235	14	496	765	154	27022
	焦炭	万吨	30	0	16	33	51	8	33688
	电力	亿千瓦时	819	361	103	239	368	6512	41934
初始投入	非能源部门	万元	64688137	25535305	10781486	23208433	7131838	89117980	
	劳动者报酬	万元	39800392	12576921	5720886	7641025	2099334	33540148	
	生产税净额	万元	22201313	14281320	4347955	23226609	8931056	20395585	
	资产折旧	万元	7606454	8395838	2970097	6005899	1212579	42035894	
	营业盈余	万元	23036049	19675820	6309687	6321272	4384607	13646016	
	增加值合计	万元	92644208	54929900	19348625	43646698	16175682	109617642	

注：表中初始投入也可称为增加值。

表 5.2.1 反映了 2010 年我国 6 种能源的投入产出构成。从横向的消费结构来看，天然气的自身消耗为 13 亿立方米，其余原煤、原油、成品油、焦炭、电力中间需求量分别为 5 亿立方米、113 亿立方米、27 亿立方米、41 亿立方米和 216 亿立方米；从纵向的价值分配来看，天然气的中间投入实物量分别为 1024 亿立方米、36 亿立方米、13 亿立方米、14 亿立方米、16 亿立方米和 103 亿立方米，初始投入中非能源部门为 6468.81 亿元，劳动者报酬为 3980.04 亿元，生产税净额 2220.13 亿元，固定资产折旧 760.65 亿元，营业盈余 2303.60 亿元，增加值合计 9264.42 亿元。其中，天然气价值构成中将燃气生产与供应业并入到天然气。

（二）能源产品价格的测算

1. 计算直接消耗系数

直接消耗即为投入系数，记为$\vec{\alpha}_{ij}$（i，$j=1，2，\cdots，n$），指在生产过程中第 j 产品部门的单位总产出所直接消耗的第 i 产品部门货物或服务的价值量。若将各产品（或产业）部门的直接消耗系数用表格的形式表现出来，则是直接消耗系数表或直接消耗系数矩阵。①

根据直接消耗系数计算方法，以表 5.2.1 中 6 种各列能源产品投入量除以总投入量，得到单位能源的直接消耗系数，计算公式为：

$$\overrightarrow{A_Q} = [\overrightarrow{X_{ij}}]\ \overrightarrow{X}^{-1},\ \overrightarrow{A_c} = [\overrightarrow{Y_{ij}}]\ \overrightarrow{X}^{-1} \qquad 5-2-3$$

式中，$\overrightarrow{A_Q}$为能源的直接消耗系数矩阵，$\overrightarrow{X_{ij}}$为能源中间投入的流量矩阵，$\overrightarrow{X}^{-1}$为能源总产出向量的对角矩阵的逆矩阵；$\overrightarrow{A_c}$表示能源价值中投入费用的直接消耗系数矩阵，$\overrightarrow{Y_{ij}}$能源的初始投入的流量矩阵。基于此得到能源的直接消耗系数表：

表 5.2.2　　2010 年混合型能源直接消耗系数矩阵

产品 消耗	原煤	原油	天然气	成品油	焦炭	电力
原煤	0.0718	0.0123	0.7847	0.4699	0.5422	3.6328
原油	0.0000	0.0219	0.0276	0.5398	0.6228	0.0000
天然气	0.0000	0.0026	0.0100	0.0009	0.0011	0.0046
成品油	0.0007	0.0053	0.0107	0.0174	0.0201	0.0033
焦炭	0.0001	0.0000	0.0121	0.0012	0.0013	0.0002
电力	0.0024	0.0082	0.0789	0.0084	0.0097	0.1386
非能源部门	188.6226	580.7966	8261.6747	814.0168	186.8783	1896.0869
劳动者报酬	116.0530	286.0602	4383.8210	268.0027	55.0097	713.6050
生产税净额	64.7363	324.8265	3331.7660	814.6543	234.0239	433.9394
固资产折旧	22.1795	190.9621	2275.9365	210.6520	31.7737	894.3617
营业盈余	67.1703	447.5235	4835.0092	221.7134	114.8916	290.3346

从表 5.2.2 可看出，天然气对原煤、电力的消耗最大，每生产 1 亿立方米天然气需消耗原煤 0.79 万吨及电力 0.08 亿千瓦时，而初始投入中非能源部门为 8261.67 万元，劳动者报酬为 4383.82 万元，生产税净额 3331.77 万元，固定资产折旧 2275.94 万元，营业盈余 4835.01 万元。

2. 能源消费的完全费用消耗系数

完全费用消耗系数是指 j 产品部门满足单位最终消费时，对第 i 部门产品或服务的直接消耗和间接消耗之和，记为$\overrightarrow{b_{ij}}$ $(i, j=1, 2\cdots, n)$。依

① 概念是最新国家统计局关于国民经济核算指标的最新解释。

据完全费用消耗系数计算方法，假定$\overrightarrow{B}$为能源完全费用系数矩阵，$\overrightarrow{I}$为单位对角矩阵，则有

$$\overrightarrow{B} = \overrightarrow{A_C}\ (\overrightarrow{I} - \overrightarrow{A_Q})^{-1} \qquad 5-2-4$$

式中，以对角矩阵$\overrightarrow{I}$与直接消耗系数矩阵$\overrightarrow{A_Q}$相减，并取其对角矩阵得出能源的完全需要系数矩阵（$\overrightarrow{I} - \overrightarrow{A_Q}$）为：

$$(\overrightarrow{I} - \overrightarrow{A_Q}) = \begin{vmatrix} 1.0897 & 0.0588 & 1.2472 & 0.5946 & 0.6861 & 4.6046 \\ 0.0005 & 1.0257 & 0.0434 & 0.5645 & 0.6514 & 0.0046 \\ 0.0000 & 0.0027 & 0.0434 & 0.5645 & 0.6514 & 0.0046 \\ 0.0008 & 0.0057 & 0.0127 & 1.0213 & 0.0246 & 0.0073 \\ 0.0001 & 0.0000 & 0.0124 & 0.0013 & 1.0015 & 0.0007 \\ 0.0030 & 0.0102 & 0.0967 & 0.0172 & 0.0198 & 1.1742 \end{vmatrix} \qquad 5-2-5$$

能源价值中投入费用的直接消耗系数矩阵$\overrightarrow{A_c}$乘以（$\overrightarrow{I} - \overrightarrow{A_Q}$）$^{-1}$最终得到完全消耗系数矩阵。

（三）能源价格的测算与对比分析

能源产品价格包括对非能源部门的消耗、劳动者报酬、生产税净额、固定资产折旧和营业盈余五部分组成，以此将能源完全费用系数每列的完全费用消耗额汇总，得到最终的能源生产者价格。在此，仅列出煤炭、天然气、电力三种能源参考价格与测算价格进行比较分析。如下表5.2.3所示。

表5.2.3　　2010年我国能源市场参考价格与测算价格对比

价格构成 / 产品	非能源部门	劳动者报酬	生产税净额	固定资产折旧	营业盈余	生产者价格	市场参考价格
煤炭（元/吨）	212.52	129.14	72.80	27.22	74.65	516.32	597
天然气（元/10^4m^3）	8806.35	4660.87	3517.38	2425.75	5022.12	24432.47	25800
电力（元/10^4kwh）	3149.43	1399.89	833.65	1167.35	1211.74	7762.07	11500

基于能源测算价格所包含价格构成内容的不同，在选取能源参考价格过程中价格选择具有差异。煤炭、电力价格以2010年规模以上企业购进价格为市场参考价格；天然气价格采用2010年各省会城市居民、工业、车用的天然气终端价格，并以各省份生活消费、工业与交通运输业消费量为权重加权平均得到。通过价格比较能够发现，煤炭生产者价格明显要比市场参考价格低，天然气测算价格基本与市场价格持平。即在扣除购气成

本或中间管输服务费用后，实际价差（经济剩余）要低于理论价差。

（四）多因素下的能源产品价格预测

伴随时间转移和政策变化，能源内部投入费用会发生相应变化。利用混合型能源投入产出模型，既能够测算当期的能源价格，也可根据投入要素价格变化和政策调整，测算未来时期的预期价格。在生产期内，能源投入要素可能发生要素替代、要素价格指数上涨以及技术进步会导致单位要素投入量下降等，同时税收政策、固定资产折旧比例发生调整也会对出厂价格产生影响。由于从 2010 年到 2013 年时间较短，暂时不考虑要素替代和技术进步产生要素投入结构的变化，仅来考察要素中间使用结构、价格指数变化及政策与税收、折旧比例调整引起的价格变化，进而预测 2013 年天然气价格。[①]

1. 应用 RAS 法调整直接消耗系数

1941 年，列昂惕夫在依据一定经济假定前提下，运用数学迭代法对直接消耗矩阵从行、列两个方向进行调整。假定基期直接消耗系数矩阵为 $\overrightarrow{A_0}$，第 i 行元素乘以相应的替代乘数 r_t，第 j 列乘以制造乘数，设替代乘数对角矩阵为$\overrightarrow{P_I}$，制造乘数对角矩阵为 $\overrightarrow{S}$，$\overrightarrow{A_i^t}$是以行总和的列向量，$\overrightarrow{A_i^t}$是以列总和的行向量，则有：

$$\overrightarrow{A_t} = \overline{P_I A_0 S} \qquad 5-2-6$$

其中，$\overrightarrow{P_I} = \overrightarrow{A_i^t}\ (\overrightarrow{A_0 S^T})^{-1}$，$\overrightarrow{S} = (\overrightarrow{P_I}^T\overrightarrow{A_0})^{-1}\overrightarrow{A_h^t}$

表 5.2.4　2010～2012 年能源总产出量和能源行业固定投资变动率

	能源品种	2011 年	2012 年		能源行业	2011 年	2012 年
能源总产出量变动率	电力	112.08	118.67	行业固定投资变动率	煤炭采选业	129.66	141.89
	焦炭	113.29	116.88		石油和天然气开采业	103.21	105.07
	煤炭	109.84	112.94		电力等供应业	99.76	112.99
	原油	102.55	108.87		石油加工及炼焦业	111.47	122.87
	天然气	122.06	136.80		燃气生产和供应业	129.09	166.46
	成品油	105.51	113.78		固定资产投资价格指数	106.60	110.44

资料来源：由国家统计局数据库的年度数据和 2013 年能源统计年鉴数据整理获得（以 2010 年为基期 = 100）。

① 国家统计局关于能源分行业消费数据仅截止 2012 年，因此 2013 年预测价格采用 2013 年的总消费量，权重比例以 2012 年为准。

表5.2.4显示2011～2012年期间我国部分能源品种产出和能源行业固定投资的变动率。由于数据资料的局限性，制造乘数方面数据存在不足，所以只考虑替代乘数对直接消耗系数影响。替代乘数变化根据2013年能源统计年鉴分行业能源消费结构和消费总量的数据表示，非能源部门、劳动者报酬等初始投入的完全消耗系数以各行业价格指数及国家政策为依据进行调整。

2. 以多因素变化调整完全消耗矩阵

多因素变化下对能源完全消耗矩阵的影响主要体现在国家政策对生产税调整、消耗的非能源费用、就业工资及营业盈余的变化等。2012年，俄罗斯对中国出口天然气生产税提高了12%，非能源部门费用提高22%，劳动者报酬增长29.6%，营业盈余增长7%，那么计算得到2013年初期平均门站价格为2.902元/立方米，考虑运输成本价格约在3.082元/立方米，同期国内采用“净回值法”改革后，各城市平均加权购气价格为3.205元/立方米。相比以前价差水平差异不大。

三　天然气价格改革的必要性及启示

（一）测算价差与实际价差产生差异的原因

首先，对煤炭而言，1985年国家开始煤炭价格改革，并于2002年取消政府指导价，基本上实现了煤炭价格由市场供需双方形成，因此煤炭价格的市场化程度更高；其次，对电力而言，在测算电力价格过程中未包含中间配送成本，而这项成本占据主要份额，因此实际差距应远比计算结果小。伴随2003年《电价改革方案》的推行，实行厂网分离、竞价上网，建立了竞争、开放的电力市场，电价的市场化取得重大进展。

天然气价格形成的市场化程度明显要低。2010年，国家针对天然气仍实行成本加成的定价方式，而且本书的测算价格中并未包括天然气城市配送服务成本和部分中间费用，2010年全国城市燃气企业平均运营成本为0.49元/立方米，[①] 单这项成本与购气成本加总就超过了市场参考价格。尽管门站价格采用“净回值”法试点后，价格水平相比之前有较大

---

① 根据中国城市燃气协会、北京市煤气热力工程设计院有限公司课题“城市管道燃气行业运行成本构成及气价调整机制研究”测算显示，2009～2011年期间我国城市燃气供应的单位平均运营成本分别为0.57元/立方米、0.49元/立方米和0.42元/立方米。

幅度提升，但是燃气用户的提价幅度并不大，原因是上游购气成本实行顺价传递，城市燃气配送环节的回报率受到严格管制，在投资收益率管制下制定配气服务价格，偏福利性质的管制价格不能反映真实成本，城市燃气运营商的经营压力明显，甚至部分企业出现亏损。

（二）天然气产业的定价特征

城市管网公司所在省市在企业购气成本发生变动的情形下，地方管理部门根据上游天然气价格的调整水平、企业配气成本增减变化，以及下游用户的承受力情况确定调整价格。在投资回报率管制的前提下，政府负责审核企业提供的成本信息，按照公平竞争、合理收益的原则确定服务费用。管输价格经由国家发改委确定调整后，除特殊情况外，通常在较长时间内不再作出调整。上游实行可变动价格，而下游居民价格的变动则需要经历较长时间的听证审核，这种非对称性的管理体制导致上下游联动不顺畅、不一致，下游市场的调价具有不确定性和滞后性。

当前我国的市场环境快速变化，政府的价格规制一方面会使价格制定水平不尽合理，使生产者与消费者获得扭曲的价格信号，资源不能合理利用和有效配置；另一方面是缺乏对环境变化的适应能力。当通货膨胀较低，竞争性能源的价格相对稳定时，这种定价制度或许能够使双方满意。一旦外部条件发生明显变化，这种定价制度就不能适应新的市场环境。上游市场每次价格变化会对市场化程度更高的下游市场带来经营风险，这容易削弱下游燃气企业的风险承受能力和可持续发展的动力。目前，下游企业纷纷提出要适当调整调价周期，推进非居民类用户价格的市场化程度，建立延滞较小或价格自动联动机制的建议。

（三）天然气价格改革启示

基于此，未来需要区分竞争性环节与自然垄断性环节，逐步放开竞争性环节，建立更加市场化的定价机制，使市场对价格形成起决定性作用，在反映生产成本的同时，也要反映市场供求关系和投资运营成本。在推进天然气“净回值”法的价格形成方式和区域配送实行特许投标竞争的条件下，天然气价格或配送服务价格的制定应综合考虑产品价值与社会价值，选取充分体现当前资本市场竞争程度、更加市场化的收益率指标，有利于引导社会资本投资，促进社会更广泛的资源投入天然气产业。

第三节 天然气终端用户的价格承受力分析

天然气价格改革涉及诸多市场主体，价格变动对不同主体的潜在影响存在差异性。天然气价格承受力代表终端用户的可接受价格，天然气的需求价格弹性与应用领域有很大关系，不同行业、不同地区的价格承受力也不一样。因此，详细考察天然气不同用户的价格承受力与终端用户价格的敏感性，是准确预测价格调整引起市场需求变动的必要前提。价格弹性对市场战略的制定具有指导意义，结合天然气价格弹性实施价格形成机制改革，能够有效地调节供需和拓展下游消费领域，并提前防范潜在的市场风险。在此，本节着重围绕以下几个问题展开：一是比较国内外不同用户的天然气价格水平与配气费用，探讨国内终端用户的交叉补贴问题，分析国内居民用户消费支出占可支配收入的比重及未来趋势；二是分析居民、工业和公共服务业用户的价格承受力，测算不同用户的终端价格与潜在边际效应的差值，以及在价格改革过程中如何制定合理的价格水平；三是利用国内各地区的面板数据模型，综合考虑天然气需求的影响因素，测算国内天然气各主体的需求价格弹性，借此作为未来价格调整或需求预测的依据。

一 国内外天然气价格对比及用户价格可承受力分析

（一）我国天然气用户价格存在交叉补贴问题

根据美国天然气各终端用户价格的统计数据显示，居民用气价格明显要高于工业、商业用户。根据美国能源信息署（EIA）网站公布的美国民用、商用、工业及城市门站价格，结合国家统计局每年公布美元汇率换算为人民币价格，天然气换算单位以 1 立方英尺等于 0.0283 立方米，从而得到不同用途的天然气价格。

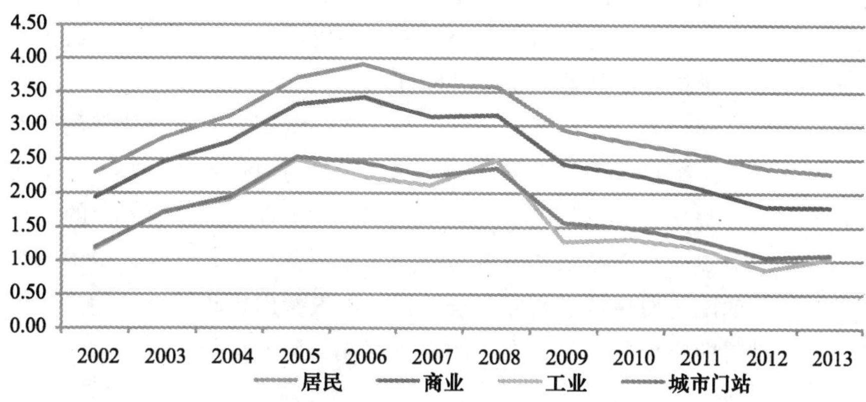

图 5.3.1　2002～2013 年期间美国天然气价格

资料来源：美国能源信息署（EIA）网站数据整理获得。

从图 5.3.1 可以看出，美国天然气用户中的民用价格最高，远高于城市门站价格；商业次之，工业和城市门站价格基本相同。美国天然气领域的市场化程度很高，除少数地区的民用类外，各类用户实现了以竞争形成价格的方式，工业、商业用户均能自由选择上游供气商和管道运输商。

表 5.3.1　2012 年全国 8 家主要城市燃气企业天然气分类价格调查统计表

项目	销售量（万立方米）	销售价（元/立方米）	购入价（元/立方米）	配气成本（元/立方米）	单位总成本（元/立方米）	单位利润（元/立方米）
居民	240010	2.31	1.67	0.93	2.60	-0.37
工商业	418791	2.96	2.12	0.43	2.55	0.32
其他	528052	2.94	2.12	0.48	2.60	0.25

资料来源：表中样本包含国内 8 家大型燃气企业，资料自国家发改委价格中心统计数据。

城市燃气企业是国内居民和商业用户的供气主体，作为关系民众日常生活的公共服务业，为保证居民用气优先供应的政策，城市燃气价格受到国家的统一管控，导致过去一段时期天然气终端价格偏低且用户之间存在交叉补贴现象。对比表 5.3.1 不难发现，国内天然气终端价格存在较为严重的交叉补贴现象。无论是增存量气分离期间，还是 2015 年实现增存气价并轨以后，城市燃气的居民用气价格明显低于其他类用户的终端价格。

我国天然气终端用户中居民用户的单位利润为负值，倘若考量用户的配气服务成本，居民用气单位总体要显著地高于其他用户，毫无疑问，我国天然气终端用气价格存在严重的交叉补贴问题。

为了探究这种现象背后的深层次原因，本书结合美国的天然气配气费用作对比分析。根据我国各省城市燃气配气费用的调查数据，结合各地区销售量作为权重比例，以2012年为例，计算出居民、工商业用户的单位平均成本为2.60元/立方米和2.55元/立方米。表5.3.2显示，中国与美国城市燃气的配气费用特点相同，居民用户配气费用要高于商业用户，但我国城市燃气的定价却相反，燃气的定价存在交叉补贴。

表5.3.2　　2002～2013年美国城市燃气的配气费用　　单位：元/立方米

年份	居民	商业	年份	居民	商业
2002	1.10	0.73	2008	1.21	0.79
2003	1.11	0.75	2009	1.37	0.86
2004	1.20	0.81	2010	1.26	0.79
2005	1.18	0.78	2011	1.26	0.77
2006	1.46	0.97	2012	1.32	0.75
2007	1.36	0.88	2013	1.21	0.71

资料来源：美国能源信息署（EIA）网站。

（二）居民类燃气的配送费用及消费支出占可支配收入比重下降

1. 城市燃气的配送费用由西到东逐步提高

从图5.3.2可以看出，依据全国燃气配送价格的线性趋势线，城市区域由东向西平均配气价格呈现依次下降的趋势，这与我国资源分布和经济发展形势基本吻合。我国的天然气资源主要集中在西部地区，所以西部地区的天然气运输成本要低于东部地区。况且东部地区经济发展程度相对高，对天然气的需求也高，由西到东天然气配送费用逐步提升是必然的。

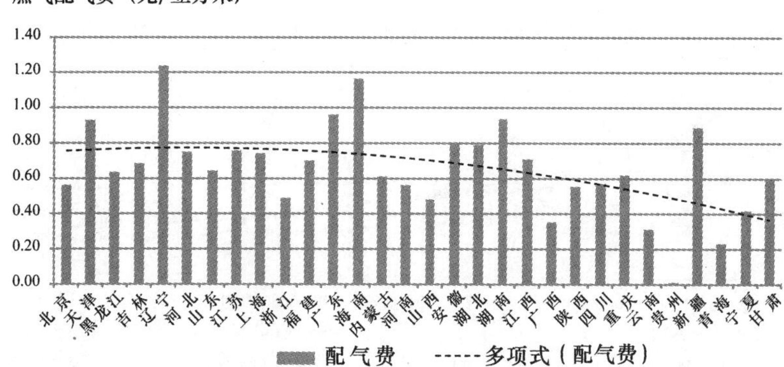

图 5.3.2　2013 年全国各省燃气配气费

资料来源：2013 年全国各省份燃气配气费调查数据。

2. 居民消费支出占可支配收入的比重下降

（1）我国天然气消费支出占总支出比重逐步下降

居民天然气消费支出是指人均天然气消费量与天然气价格乘积。若以 CR_{gas} 表示城镇居民的人均天然气消费支出占居民消费支出的比重，C 为城镇居民消费支出，Q_{gas} 是天然气人均消费量，则天然气消费支出占居民消费支出比重为：

$$CR_{gas} = P * Q_{gas}/C \qquad 5-3-1$$

根据历年《中国城市建设统计年鉴》、《中国统计年鉴》及国家发改委价格监测中心的统计数据，得到全国各地区天然气消费支出占居民消费支出的比重。以各地区天然气居民消费总量作为权重，整理获得东、中、西地区的示意图。依据图 5.3.3 显示，随着天然气价格的微幅调整上升，国内城市居民家庭的消费支出也在不断发生变化，总体来看，天然气消费支出占居民消费支出的比重在逐步下降。

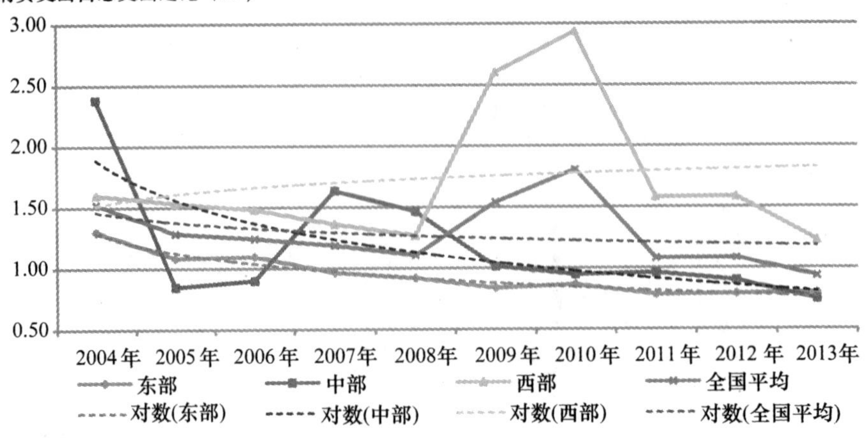

图 5.3.3　天然气消费支出占居民消费总支出比重

资料来源：《中国城市建设统计年鉴》（历年）、《中国统计年鉴》及国家发改委价格中心的天然气价格数据整理获得。

相比来说，我国居民用户的燃气消费支出占人均可支配收入的比重偏低。根据美国能源信息署、美国经济分析局的统计数据，计算得出美国居民用气消费支出占人均可支配收入的比重。图 5.3.4 显示，我国居民用气消费支出占人均可支配收入的比重明显要低于美国。即使过去一段时期，页岩气的商业化开采导致美国天然气价格趋于下降，但只是在一定程度上缩小了两者之间的差距，并没有改变整体上的差异性。

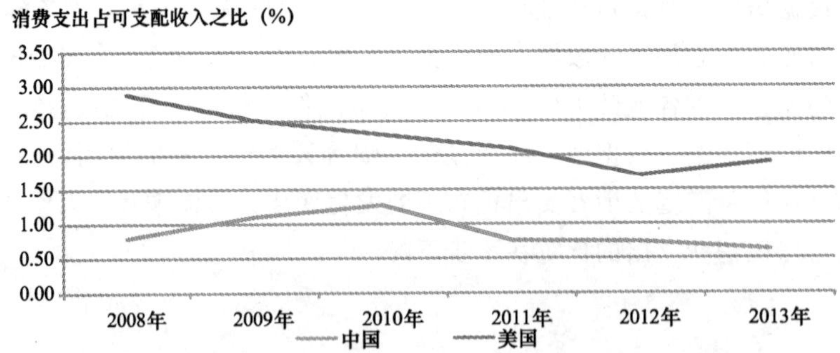

图 5.3.4　中美居民用气消费支出占人均可支配收入比重比较

资料来源：美国天然气消费数据来源于美国能源信息署网站，美国人均可支配收入来源于美国经济分析局。

（2）从区域分布来看，国内天然气消费支出比重大致呈现出：东部＜中部＜西部

从东、中、西部的区域对比来看，西部居民用气消费支出比明显高于东部和中部，东部地区的人均收入水平最高，但用气消费支出占居民消费支出的比重却是最低的。西部地区价格承受力相对较低，同时作为天然气的重要供给来源，供气成本要低于东部地区，所以市场净回值定价方式下确定的门站价格显著高于成本加成下制定的价格。为此，天然气价格改革应充分考虑地理分布、区域差异性，建立渐进性的改革方案逐层推进。

3. 天然气的总体价格水平明显低于用户的边际效应

（1）居民用户的价格承受力

目前，我国城镇居民尤其是大中型城市居民已基本不再以煤炭作为日常生活燃料，所以在城镇居民用气中，天然气的主要替代能源是液化石油气、煤气和电力。通过借助能源的等热值价格分析，[①] 可以测算居民用户可承受的天然气价格。

表 5.3.3　　2012 年我国四省市城镇民用燃料的等热值价格

地区	天然气		液化石油气		煤气		电力	
	市场价格（元/m^3）	热值价格（元/MJ）	市场价格（元/mg）	热值价格（元/MJ）	市场价格（元/m^3）	热值价格（元/MJ）	市场价格（元/千瓦时）	热值价格（元/MJ）
北京	2.28	0.059	6.67	0.133	N/A	N/A	0.48	0.133
上海	2.5	0.064	5.33	0.106	1.25	0.071	0.61	0.169
广东	3.5	0.090	8.40	0.167	N/A	N/A	0.63	0.175
四川	1.7	0.044	8.00	0.159	0.98	0.056	0.54	0.150

注：燃料价值：液化石油气 50.2MJ/kg，人工煤气 17.6MJ/m^3，电力 3.6MJ/kwh，天然气 38.9MJ/ m^3。

由表 5.3.3 得出，天然气的热值价格大大低于其他民用燃料，具备很强的市场竞争力。依据等热值等价原则，测算出四省市城镇居民的天然气

① 等热值价格是指等价热值所需的一次能源消耗量与该能源价格的乘积，以 P_j 表示等热值价格，P_i、Q_i 分别能源价格和消费量，则 $P_j = P_i Q_i$。等价热值是指获得一个度量单位的二次能源所消耗的以热值表示的一次能源量。

价格承受力。从表5.3.4测算的不同燃料的可承受价格不难发现，相比另外三种燃料而言，政府统管的居民用气价格水平尚未达到居民的边际效用点，管制价格与市场价值的差值正是政府对居民用户的福利转移。

表5.3.4　以天然气衡量的不同燃料的居民用户的可承受价格

单位：元/立方米

地区	液化石油气	人工煤气	电力
北京	5.17	N/A	2.59
上海	4.12	2.76	3.29
广东	6.50	N/A	3.40
四川	6.19	2.18	2.92

注：考虑到电能利用效率比利用天然气高和两者的竞争关系，电价按照折算成气价后的50%考虑。

（2）工业与公共服务业用户的价格承受力

按用途分类，工业用户分为工业燃料用户、工业原料用户。工业原料用户需要依据实际的投入产出开展研究，鉴于数据资料的有限性，此处仅对工业燃料用户进行分析。天然气作为工业燃料时，替代性燃料主要包括煤炭、煤气、燃料油和液化石油气等，因此工业燃料用户的价格承受力可依据上述燃料价格，按热值折算成天然气价格来评价。

仅考虑热值因素时，煤炭用户的消费成本最低，对转用天然气时的价格承受能力最差。煤炭用户的气价承受能力只有1.12元/立方米，[①] 煤气、燃料油和液化石油气用户最高时分别已达5.53元/立方米、4.93元/立方米和5.66元/立方米。如果考虑煤炭、天然气在运输、库存、热效率、燃烧工艺技术和环境污染等方面的成本差异，煤炭的使用成本将远远大于1.12元/立方米。

例如，同等技术条件下，煤炭的热效率值仅为天然气的54%，这使煤炭用户可承受的天然气价格上升幅度为0.95元/立方米。[②] 若考虑环境

---

① 深圳燃气关于《我国城市燃气用户价格承受力研究》。

② 天然气分布式能源项目的能源利用率更高。比如，全国火力发电能源利用率仅为33%～35%，而燃气分布式能源项目综合能源利用率可以达到80%，火力发电能效仅为分布式能源项目的43.8%。同时，由于系统不知在用户附近减少能源输送损失，使得能源利用率大幅提升。

成本（可通过清洁发展机制（CDM）和收取二氧化硫（SO_2）排污费实现），按照每减排 1 吨补偿 90 元、每排放 1 公斤 SO_2 罚 0.2 元的保守估计，煤炭用户的可承受价格能再增加 0.04 元/立方米。这样，煤炭用户的天然气可承受价格将达到 2.30 元/立方米，几乎等于或超过目前国内部分城市的工业用气价格。

因此，当前我国天然气的市场价格要明显低于消费者的边际效应，即管制价格没有体现出内在的市场价值。鉴于此，综合文章前面分析不难看出，价格与价值的偏离容易诱发消费需求的过度增长及能效偏低。随着能源供应与经济发展之间矛盾的日益突出，节约资源、提高能效成为能源消费模式变革的重要目标。进一步理顺终端用户价格和价格结构，逐渐消除居民用气价格的福利性，使市场价格与供气成本相适应。

二　天然气价格变动对市场需求的影响

天然气价格变动对用户需求存在影响，需求弹性是价格变动对需求影响的量化指标。在价格制定过程中，应充分考虑各用户的市场需求特征，作为下一步价格改革的重要依据。

（一）国内居民用户的天然气需求价格弹性

国内外关于需求价格弹性已作出了大量研究，研究领域多集中于电力、水利、房地产及能源等，研究方法也得到进一步完善。针对天然气领域，国外的研究文献相对较多，比如 Barnes（1982）、Blattenberger（1983）运用不同的计量模型测算了美国天然气居民用户、商业用户的需求弹性，Jones（1995）、[①] Urga、Walters（2003）、[②] Serletis（2010）等分别采用动态和静态模型、超对数模型以及局部调试性超对数函数，探讨了美国天然气消费的长、短期需求价格弹性，[③] 基于应用模型和选取数据的不同，相同问题得到的研究结论有所不同。

尽管如此，国内研究仍相对较少，且往往集中在单一城市或区域，考

---

① Jones C T, A Dynamic Analysis of Inter-fuel Substitution in US Industrial Energy Demand, *Journal of Business and Economic Statistic*, Vol. 13, 1995, pp. 459 ~ 465.

② Giovanni Urga, Chris Walters. Dynamic Translog and linear Logit Models: A Factor Demand Analysis of Inter-fuel Substitution in US Industrial Energy Demand Economic Modeling, *Energy Economic*, Vol. 25, No. 1, 2002, pp. 1 ~ 21.

③ Serletis A. Timilsina G R, Vasetsky O, Inter-fuel Substitution in the United States, *Energy Economic*, Vol. 32, No. 3, 2010, pp. 737 ~ 745.

察区域市场的需求弹性及内在影响因素，比如成金华（2014b）分别以双对数需求函数模型为基础，通过引入价格规制的虚拟变量，探析了华北地区的天然气消费价格弹性，结论认为价格规制降低了天然气需求的价格弹性。

然而，这些研究仍然存在一些不足。首先用户不同应考虑需求弹性的差异性；其次，以价格规制政策作为虚拟变量应针对价格矢量，否则在方程中单纯引入虚拟变量，理论上对价格变量的系数值不会引起太大变化，所以应针对价格矢量本身引入虚拟变量。此外，基于数据资源的可获得性，从宏观角度对比分析天然气需求弹性的文献几乎没有。

1. 数据说明

2013 年，天然气领域开始采用“市场净回值”法确定门站价格，政府设定价格浮动上限，实际价格依据替代能源价格调整公式确定，在一定程度上实现了价格随市场变化作出相应调整。然而，这仍然属于政府价格管制方式之一，归根到底是一种政府与市场相结合的方式，而且从两广地区的改革试点来看，“市场净回值”下的价格相比，过去并没有发生太大变化。同时，产业链的上下游价格传递的不联动问题依然存在。国家发改委 2013 年各省工业直供用户与城市燃气工业用户的价格数据显示，两者之间的价格变动趋势基本一致。因此，本节分析中对门站价格数据选取的是终端价格。

此外，考虑到不同用户需求弹性的差异性，分析过程中需要区分不同用户。2010 年价格改革后，上游天然气门站价格将不再区分用途差异，实行同气同价。因此，本书在此主要分析国内东西部区域差异、居民用户与其他用户。具体来说，选取 2006～2013 年全国 19 个代表性省份的天然气消费数据，采用面板数据模型探析天然气需求价格弹性。

2. 模型构建

根据国内外已有研究结论，天然气需求的影响因素包括：天然气市场价格、经济发展水平、可替代能源价格以及国家宏观政策等。在探究需求弹性问题方面，对数线性模型具有更为合理的经济学解释，故大多数学者广泛采用对数线性需求模型。基于此，采用对数线性模型研究天然气市场的需求价格弹性，并以固定效应变截距的面板数据模型作回归分析。结合国内外已有研究，以指数表示天然气市场需求函数的表达式为：

$$y_{it} = \alpha_{it} p_{it}^{\beta_p} \Pi_{i=1,2,\cdots,N} x_{it}^{\beta_n} e^{\mu_{it}} \qquad 5-3-2$$

式中，y_{it}代表天然气消费量，p_{it}^{β}代表天然气价格，$x_{it}^{\beta n}$表示影响天然气需求的其他控制变量。等式两边同时取对数，公式转化为：

$$\ln Y_{it} = \ln \alpha_{it} + \beta_p \ln p_{it} + \Sigma_{i=1,2,\cdots,N} \beta_n \ln x_{it} + \mu_{it} \quad 5-3-3$$

假定 $\beta_\alpha = \ln\alpha_{it}$，则 β_α 为常数项，β_p、β_n 为市场价格及其他控制变量的弹性系数，u_{it} 为随机干扰项。

自变量的选取依据现实情形的影响因子确定。天然气需求的影响因素一般包括经济发展水平、天然气价格、替代性能源价格、宏观政策因素等。根据经济学理论，人均可支配收入是影响居民消费支出的重要因素。因此，针对天然气居民用户引入人均可支配收入作为解释变量之一。

此外，人口增长、燃气的推广应用，“煤改气”等环保政策的强化实施，这些因素也导致天然气市场需求的刚性增长，因此因变量不能单纯以居民家庭消费总量作为标准。所以，选择人均天然气消费量作为居民需求的替代变量。

$$\ln Q_{it} = \beta_\alpha + \beta_p \ln p_{it} + \beta_l \ln C_{it} + \mu_{it},\ i=1,\ 2,\ \cdots,\ N,\ t=1,\ \cdots,\ T \quad 5-3-4$$

式中，Q_{it}、P_{it}、C_{it} 分别表示 i 省份的第 t 时期人均消费量、市场价格及可支配收入。

3. 数据来源

选取北京、天津、河北、山东、河南、辽宁、吉林、黑龙江、上海等20个省份，以历年各省天然气销售价格和销售量为基础。人均可支配收入来自国家统计局数据库，并以CPI指数消除通胀因素；各省的天然气价格数据来源于国家发改委价格监测中心，天然气用气人口、居民用户消费数据来源于历年《中国建设统计年鉴》、《中国统计年鉴》及各省燃气企业；全国许多省份在城镇化过程中，新的住宅建设普遍采用天然气作为生活燃料，为排除其他因素干扰，采用2006～2013年的时间序列数据。

表 5.3.5　　模型中变量定义及数据描述

	lnQ_{it}	p_{it}	lnC_{it}
均值	1.807816	4.232406	0.313178
中位数	1.761293	4.226824	0.311754
最大值	2.927081	4.641983	0.757396
最小值	1.370394	3.950394	0.028029
标准差	0.237219	0.157133	0.125938
Jarque-Bera 统计量	253.1881	3.799306	50.76279
观测值	160	160	160

从近8年的统计数据来看，由于实行居民用气价格的管制，导致人均可支配收入的增幅远远高于天然气价格的涨幅，天然气价格调整并未对市场需求产生明显影响，终端用户的消费量依然呈现持续增长的态势。

4. 实证检验

首先检验变量的平稳性，即对回归方程中的变量进行单位根检验。在此采取LLC检验和Fisher-ADF检验，结果显示三个变量均是不稳定序列，但满足一阶单整I（1）。因为选取不同模型形式将产生不同的估计结果，所以在回归之前首先设定模型形式。通常来说，面板数据模型包括混合模型、变截距模型，具体形式为：

混合回归模型：

$$\text{In } Q_{it} = \beta_{\alpha} + \beta_{p}\text{In } p_{it} + \beta_{1}\text{In } C_{it} + \mu_{it},\ i=1,2,\cdots,N,\ t=1,\cdots,T \quad (1)$$

变截距模型：

$$\text{In } Q_{it} = \beta_{\alpha i} + \beta_{p}\text{In } p_{it} + \beta_{1}\text{In}C_{it} + \mu_{it},\ i=1,2,\cdots,N,\ t=1,\cdots,T \quad (2)$$

根据个体影响的不同形式，变截距回归模型又可分为固定效应模型、随机效应模型，即：

固定效应模型：

$$\text{In } y_{it} = \overline{\beta}_{\alpha} + \beta_{\alpha i} + \beta_{p}\text{In } p_{it} + \beta_{1}\text{In } C_{it} + \mu_{it}, i=1,2,\cdots,N, t=1,\cdots,T \quad (3)$$

随机效应模型：

$$\text{In } y_{it} = \beta_{\alpha} + \gamma_{\alpha i} + \beta_{p}\text{In } p_{it} + \beta_{1} In \text{ In}C_{it} + \mu_{it}, i=1,2,\cdots,N, t=1,\cdots,T \quad (4)$$

公式（3）中，$\overline{\beta}_{\alpha}$、$\beta_{\alpha i}$分别表示均值截距项和截面个体截距项；公式（4）中，β_{α}、$\gamma_{\alpha i}$分别表示截距中的常数项和随机变量部分。

由于随机误差项不满足同方差假设，因此使用截面加权的GLS方法对模型进行估计。基于此，三种模型的估计结果如表5.3.6所示：

表5.3.6　三种面板模型的回归结果

	模型（1）	模型（3）	模型（4）
β_{α}	0.229371 (1.646174) [0.1018]	N/A	-0.079978 -0.23911 [0.8114]

续表

	模型（1）	模型（3）	模型（4）
$\overline{\beta\alpha}$	N/A	0.240966 1.687994 [0.0938]*	N/A
$\gamma_{\alpha i}$	N/A	N/A	-0.02136 0.624729
$\beta_{\alpha i}$	N/A	-0.229068 0.683118	N/A
$\ln p_{it}$	-0.903067 (-12.10851) [0.0000]**	-0.326311 (-5.334038) [0.0000]**	-0.57615 (-3.225633) [0.0015]**
$\ln C_{it}$	0.436344 (13.03847) [0.0005]**	0.39438 (11.463) [0.0000]**	0.488461 (5.879343) [0.0000]**
R^2	0.606315	0.997531	0.189017
调整后的 R^2	0.60103	0.997154	0.178132
F 统计值	114.7375	2645.839	17.36388
D-W 值	0.69439	1.425871	1.167262
残差平方和	6.179988	1.467231	1.772004

注：小括号、中括号分别显示 t-值和概率值，“*”、“**”表示在 10%、5% 显著性水平下拒绝原假设；值仅列出部分值。

三种模型的估计结果显示，lnPit 方程拟合优度均存在明显差异。固定效应变截距模型显示出良好的拟合优度，调整后的 R^2 值为 0.9975，且方程中各变量系数均是显著的。

为进一步判定回归模型的形式，首先对混合模型和变截距模型进行 F-统计量检验。假定 S_1、S_2 分别是模型（1）和模型（3）的残差平方和，N、T、K 是截面、观测时期和非常数项个数，那么：

$$F=\frac{(S_1-S_2)/[(N+1)(K+1)]}{S_2/[NT-N(K+1)]}\sim F[(N-1)(K+1),NT-(K+1)]$$

5-3-5

根据表5.3.6的回归结果，计算得到：F=8.4525。统计值在5%的显著性水平下临界值为1.4576，则拒绝原假设，表明利用固定效应模型更为合适。

同时，比较随机效应模型与固定效应模型。采用随机效应模型的豪斯曼检验，结果显示Chi-Sq统计值为3.7959，难以拒绝原假设。对此，通过对回归方程中的R^2值、D-W值等综合考虑，认为选取固定效应模型更为合适。因此，全国居民用户的长期需求价格弹性为-0.3263，即天然气价格每上涨1%，居民人均消费需求将下降0.3263%，表明居民用气需求是缺乏弹性的。[①]

当天然气供给价格低于居民可承受能力时，天然气需求将继续增长。研究表明，居民收入的增加会提高对天然气的消费需求，当居民可支配收入增加2000元/年时，需求增长幅度将会达到11%～12%。[②] 因此，随着国内人均可支配收入水平的不断提高，居民用户的价格可承受力也在增强，适当调高居民用气价格不会影响用气需求量。

（二）工业与公共服务业需求价格弹性

1. 模型构建

工业与公共服务业用气在全国平均用气占城市燃气消费量五分之三左右。由于工业与公共服务业的用气结构很难进行内部拆分，所以采取工业占公共服务业的合计总量计算，城市燃气价格是以工业与公共服务业占消费总量的比重予以加权；根据C-D生产函数形式，天然气资源作为一种投入要素，与GDP之间呈现正相关关系，选取各省份GDP、可替代燃料价格作为解释变量，可替代燃料价格选取每年等热值的可替代燃料价格指数。最近几年，由于政策性因素对城市燃气的需求影响很大，所以引入政

① 本文研究与国研中心资源与环境政策研究所关于“‘十三五’大幅提高天然气比重的途径及对策措施研究”课题组的研究结果大致相同。该课题组的研究显示居民、工业用户的长期价格弹性分别为-0.5、0.7，此处工业用户基本一致，而对于居民用户来说，由于本文采用2006～2013年期间的面板数据模型，故测算结果具有一定差异性。

② 此处引用国务院发展研究中心发布的《2014年中国气体清洁能源发展报告》中天然气需求的预测值；参见国务院发展研究中心《中国天然气发展战略研究报告》，2015年7月20日。

策性因素作为虚拟变量，探讨国家宏观政策对天然气需求弹性的影响。因此，对数模型形式可转化为：

$$\text{In } Q_{it} = \beta_{\alpha} + \beta_{p}\text{In } P_{it} + \beta_{1}\text{In } CDP_{it} + \beta_{2}\text{In } R_{t} + \beta_{3}D_{t}\text{In } G_{t} + \mu_{it} \quad 5-3-6$$

其中，$i=1$，$2\cdots$，N，$t=1$，$\cdots$，T，Q_{it}为燃气消费量，P_{it}为城市工业与公共服务业用户的终端价格，D_t为虚拟变量，R_t为政策性因素。

2. 数据来源与实证检验

（1）数据来源

由于数据获取的难度很大，在此以冯良（2009b）的研究为基础，以国家统计数据中的燃料与动力价格指数作为可替代燃料价格的增幅变化，并以天然气价格与可替代资源等热值价格比值进行修正。天然气需求量、工业与公共服务业用户价格及 GDP 数据分别来源于历年《中国城市建设统计年鉴》、《中国统计年鉴》和国家发改委价格监测中心。

（2）实证检验

首先是检验变量的稳定性，即对方程变量进行单位根检验。在此采取 LLC 检验和 Fisher-ADF 检验，结果显示三个变量是不稳定序列，但均满足一阶单整 I（1）。其次是模型选取。根据混合回归模型与随机效应模型的检验结果，计算 F - 统计量检验值：

$$F = \frac{(S_1 - S_2/ [\ (N-1\ (K+1)]}{S_2/\ [NT - N\ (K+1)]} = 1.3882 \sim F\ [(N-1)(K+1)] \quad 5-3-7$$

依据，$scalarF\ [\ (N-1)\ (k+1),\ NT-(k+1)\ ] = 1.5987$，所以难以拒绝原假设，选取混合面板回归模型。混合回归的最终结果为：

$$\underset{}{\text{In } Q_{it}} = \underset{(-10.16)}{-4.9781} + \underset{(6.48)}{0.4263\text{In } GDP_{it}} + \underset{(5.24)}{0.5671\text{In } P_{it}} + \underset{(8.06)}{1.1705\text{In } R_t} \quad 5-3-8$$

模型回归各项系数、F - 统计值均为显著的，R^2 值相对较低，约为 0.6651，D - W 值为 1.102，主要原因是混合回归未能考虑横截面的差异性造成的。由于未能考虑政策因素，导致需求弹性较高；在加入政策性虚拟变量后，天然气的需求弹性为 -0.6469，可以看出调控政策与天然气需求之间属于同向关系，比如环保政策的强化实施导致天然气需求呈刚性增长。

从实际情形来看，虽然根据不同时期要求，国家对城市燃气中工业与公共服务业的用气价格作了适度调整，但是节能环保等政策性因素导致用气需求依然保持增长。因此，价格并非真实反映市场供求状况，而外生性因素是引起天然气需求快速增长的重要原因。

三　天然气市场结构及需求弹性对价格改革的影响

（一）上游垄断性的市场结构尚不具备完全市场化的条件

上游竞争非常有限，需要有序地放开市场准入，逐步构建多元化的市场结构。在天然气上游的勘探开发和进口方面，1998 年重组形成了中石油、中海油和中石化三大国有石油公司，彼此之间存在一定程度的竞争，但三大石油公司“划地而治”，拥有对外合作的专营权以及矿产许可证非招标方式的发放，因此天然气产业的上游领域实质上处于寡头垄断状态。2013 年，中国石油、中国海油和中国石化的产量分别占国内总产量的 75.2%、15.8% 和 9%，其中，中国石油掌握了国内绝大部分的天然气资源，拥有全部的天然气批发市场和多数管网设施，形成了纵向一体化经营格局。

2010 年，国务院发布的《关于鼓励和引导民间投资健康发展的若干意见》提出，要支持民间资本进入油气勘探开发领域。此项政策开启了民间资本进入天然气上游领域，构建多元主体竞争格局的大门。自 2012 年以来，政府在促进天然气行业的竞争层面相继采取了诸多措施，如放开非常规天然气资源的勘探开发门槛，鼓励向民间资本开放等。总体上看，这些举措还未对市场格局产生实质性影响，上游市场的竞争仍然十分有限。

构建有效率的市场是实现天然气产业持续增长的关键措施，其中，放开上游市场准入成为价格改革的首要任务。市场化改革并非在短期内采取激进性措施就能实现的，应适时采取合适的制度安排有序、分层次地推进，在重新确立上游产权制度的同时，针对天然气正外部性价值也需要建立补偿机制，综合运用财税政策引导更广泛的社会资本参与勘探开发、设施建设，促进投资主体多元化格局的形成。

（二）下游燃气市场竞争性结构初步显现

燃气市场多元投资主体的区域竞争基本形成。虽然天然气配送服务领域基本是区域性垄断经营，但在产权形式的多元化、推进市场化改革进程上明显要快。在下游天然气城市配送领域，燃气企业在各自用气城市属于排他性的经营体，但是产权形式的多元化、社会资本的广泛参与，促使市场竞争主导的格局已经形成。比如国家鼓励燃气企业引入外资、民营资本等非公有制成分，成立合资公司或股份制公司，实行政企分离，鼓励其成为独立的市场主体。

2012 年 1 ~ 12 月，城市燃气行业的企业数量为 829 个，比去年同期减少 117 个；全年从业人员数量大幅增加，主要因为行业内发生了大量的并购重组，企业逐渐走向规模化。随着城镇化程度的加深，燃气企业的规模扩大是大势所趋，然而配送服务定价机制的不完善是制约发展的瓶颈，如何深化管理体制改革，科学制定投资收益水平是亟待解决的问题。

（三）天然气价格改革应考虑地域差异和用户的价格敏感性

1. 天然气价格改革应充分考虑地域差异性

基于东西部经济发展水平的差异，在着力东部环境治理的同时，需要防止区域之间的污染转移和加剧。2013 年，国务院发布的《大气污染防治行动计划》表明，污染防治政策设计的重点是控制东部煤炭消费，加快能源结构调整，增加清洁能源供应。2014 年，环境保护部与 31 个省份签署《大气污染防治目标责任书》，作为一项环境治理政策，在特定时期内将以环境容量为标的，仅是针对能源消耗总量和消费结构。详细来看，就是减少东部能源消费总量，西部的能源强度政策要进一步权衡经济发展与环境容量，引导高耗能经济活动向中西部转移。因此，当前环境政策在全球经济转移的环境下，实际上还未考虑国内经济转移的阶段性特征。

随着国内收入水平的提高，由贸易引致的环境污染效应在逐步下降，但东、中、西部区域内贸易引起的污染转移正在逐步加深。鉴于我国特定的资源分布特征，东部清洁能源（天然气）的气源主要集中在西部地区，这可能导致西部环境污染的加速，需要政府通过顶层设计，以提高天然气价格或转移支付等方式，给予西部财政支持，使其能够拥有更多的资金投入环境治理。因此，未来如何制定合理的天然气价格，在抑制东部不合理消费的同时，支持西部天然气开发利用及环境治理，避免环境污染的区间转移也是价格调整面临的问题之一。

2. 不同终端用户实行区别对待

不同收入水平对用气需求具有不同的收入弹性，节能减排行为取决于利益主体对环境需求的支付意愿或支付能力。比如，从目前情形来看，天然气发电难以与常规能源发电竞争，其对天然气的价格承受力极低。据中国价格协会课题组研究成果显示，燃料价格和发电利用时间对上网电价水平的影响较为明显。在满足资金内部收益率8%的前提下，天然气价格每上涨0.5元，将使上网电价上涨0.18元/千瓦时。当燃气电站供气价格达到2.89元/立方米的目标价格时，燃气发电上网电价达到约0.8元/千瓦时，表明在当前市场环境和电力体制下，天然气发电难以与常规能源发电竞争，其对天然气的价格承受力较低。

针对天然气发电的分布式能源项目，应当加强财政支持力度。天然气分布式能源是目前世界上天然气最高效的利用方式之一，是布置在用户负荷中心就近实现能源供应的现代能源供应方式。通过技术耦合将发电排放的余热重新回收利用，实现能量的梯级利用，大大提高了一次能源的利用率（综合能源利用率在80%以上，较传统供能方式提高30%～40%），安全稳定地为用户提供清洁能源服务。2013年国务院制定出台的《大气污染防治计划》提出，鼓励发展天然气分布式能源等高效利用项目，因此应理顺燃气价格机制，进一步强化扶持性政策，适时推动天然气利用政策的更新升级，使有限资源利用到更具价值的领域。

与此同时，运营成本管理的精细化程度将成为市场化改革后城市燃气企业成败的决定性因素。无论是居民阶梯气价、非居民用户定价体系的建立，还是市场化改革后城市输配管网运营，管输运营成本的界定和压缩可能是关键因素。作为重要的公共服务业，城市燃气企业应以居民阶梯气价改革为契机及成本监审成果，进一步厘清城市燃气管网运营成本的分类标准，进一步挖掘成本压缩的潜力，为将来的终端市场化改革打下坚实的基础。

综上所述，我国天然气不同用户的价格承受力存在差异，针对不用领域应采取不同的制度设计。部分行业的价格承受力较高，可通过完善市场化的价格形成机制自然实现使用结构优化，而针对价格承受力较低的发电用户等，则需要政府的政策改革、财税等经济性手段，将清洁能源的正外部性价值显化为外部收益，实现正外部性价值的补偿机制，进而实现消费领域的拓展和技术进步。①

① 此处研究结论与华贲（2008）观点相一致。参见华贲《中国天然气产业下游市场与政策发展刍议》，《天然气技术》2008年第3期，第1～3页。

第四节 天然气价格管理体制对上下游价格传导的影响

油气资源是关系到国计民生的战略性能源，早期作为石油开发的副产品，天然气的勘探开发长期实行垄断经营，气源、管道都掌握在中石油、中石化等大型央企手中，而城市燃气属于关系社会大众切身利益的公用事业，所以政府应对天然气领域实行严格监管。长期以来，我国天然气产业链实行分级管理体制，导致产业链的上下游之间存在价格传递的不一致。为了深入分析产业链的价格传导过程，本节通过运用结构向量自回归模型（SVAR）模拟天然气上下游的价格传导关系，以脉冲响应函数展示上下游之间的价格联动关系，并在上游企业与直供用户之间构建误差修正模型（VECM）探析两者的长期均衡关系。

一 天然气价格管理体制及影响

（一）天然气价格的分级管理体制

我国天然气产业链上下游实行分级管理体制。上游气源价格和管输运价由中央政府（国家发改委）负责统一管理。在城市燃气配送环节，属于地方政府的监管范畴，由地方发改委负责制定燃气终端价格。燃气上游批发价格，即门站价格，是国产陆上或进口管道天然气的供应商与下游购买方在所有权交接点的价格。2011 年，国家发改委开始在两广地区试行市场净回值法，即与替代能源价格挂钩的方式来倒推井口价格。因此，在企业购气成本发生变动的情形下，由于上下游不同的管理机构、管理方式和决策上的差异性，这种非对称性的管理体制导致上下游价格联动不协调、不一致，下游市场的调价具有滞后性。

（二）上下游价格传递缺乏联动性

天然气产业链的上下游价格调整存在不一致。如图 5.4.1 所示，通过选取我国燃料与动力类工业生产者购进价格指数、石油和天然气开采业及燃气生产和供应业的生产者出厂价格指数，对比分析天然气行业的上下游价格联动关系。通过三者的对数变动趋势线可以得出，三者变动幅度存在如下关系：

上游门站价格 > 燃料、动力类工业生产者购进价格 > 燃气生产与供应

业生产者价格

2008年金融危机前后，能源价格发生了剧烈波动，在此暂时不考虑特殊历史事件对价格的影响。因此，其余时期内三者间的上述价格传递的不一致性显然是成立的。

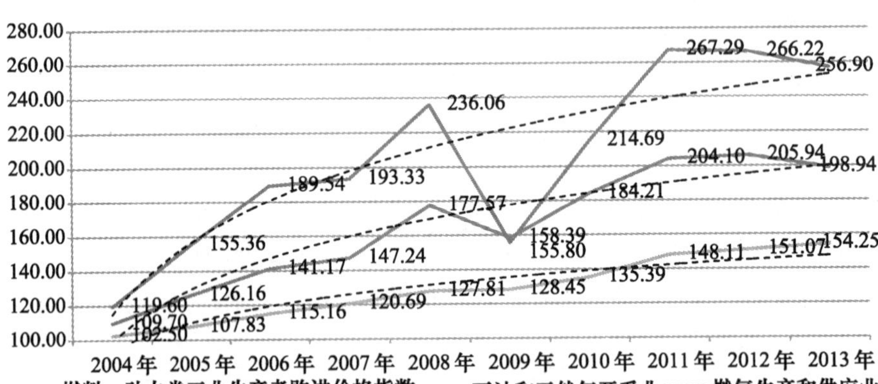

图5.4.1　我国石油和天然气开采业及燃气生产和供应业生产者出厂价格指数

注：国家统计局关于按行业分类的生产者出厂价格指数数据仅到2004年，所以以2003年为基期100。

二　天然气产业链的价格传递分析

（一）价格传递模型的构建

为深入探讨天然气上下游之间的价格传导关系，在此选用向量自回归模型和脉冲响应函数，实证分析价格传导效应和经济变量之间的相互影响程度。当前，城市燃气价格受到政府严格管制，而工业大型用户一般采取直供渠道，与上游供气商采用契约方式协商确定供气价格。因此，在下面分析中将分为两部分：一是上游生产商与城市燃气供应企业之间的价格传递关系；二是上游生产商与下游直供用户之间的价格传递关系。

通常来说，下游市场价格受上游市场价格影响。那么，上下游之间的价格传导关系为：

$$P_{sale} = \beta_0 + \beta_1 P_{pro} + \varepsilon_1 \qquad 5-4-1$$

式中，P_{sale}表示下游燃气销售价格指数，P_{pro}表示上游生产者价格指数，β_1为系数，β_0、ε_t分别为常数项和随机变量。

基于向量自回归模型是一种非结构化模型，通过把系统中每一个内生变量作为系统中所有内生变量的滞后项来构造模型，即变量的关系并不是以经济理论作为基础。因此，在实证研究中，向量自回归方法避免了对变量的内生性、外生性识别错误问题，具有一定的优越性。

本书研究上游 P_{sale}对下游 P_{pro}的价格传导效应时，运用 *Johansen - juselius* 协整检验判别变量之间的长期均衡关系，随后构建 SVAR 模型，并利用脉冲响应函数和方差分解分析模型中每个内生变量对它自身及其他内生变量的扰动所作的反应。

上下游天然气市场价格传导的 SVAR 结构关系为：

$$VAR = (P_{sale}, P_{pro}) \quad 5-4-2$$

（二）上下游企业之间价格传递关系的模拟研究

1. 数据选取

关于天然气上下游价格传导数据的选取方面，既可以采用天然气市场价格变化的绝对数值，也可以采用相对价格指数来分析。鉴于数据来源的可行性，选取价格指数来探析价格传导问题，从而增强序列的平稳性，减少数据间的异方差性。

上游生产价格指数选取石油与天然气开采业生产者出厂价格指数（鉴于石油和天然气无法将其分离，借此替代天然气生产者价格指数）；下游市场分析内容是城市燃气，因此下游销售价格指数采用燃气生产与供应业生产者出厂价格指数，所需数据均来源于历年国家统计年鉴的月度数据。由于国家统计年鉴中的月度数据开始于 2007 年，并且数据是上年同期的同比数据。因此，本文分析的时间区间为 2007 年 1 月 ~2014 年 10 月，并以国家统计局网站发布的每月生产者价格变动报告的环比数据进行调整，最终获得两个以 2007 年 1 月为基期的生产者出厂价格指数数据。

从图 5.4.2 中可以看出，上游天然气开采业出厂价格指数与下游燃气生产与供应业出厂价格指数之间的波动趋势存在不一致。上游生产者价格指数的波动频率与幅度要高于下游燃气生产与供应业，显然这与当前的天然气价格管理体制是相一致的。

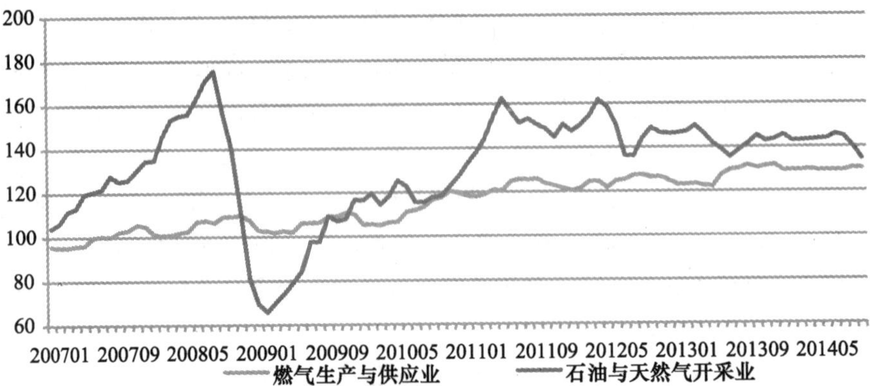

图 5.4.2 天然气上游开采业生产者出厂价格指数与燃气生产与供应业出厂价格指数

资料来源：《国家统计年鉴》（历年）数据整理获得。

城市燃气消费具有很强的季节性，所以可以看到天然气下游生产与供应业出厂价格指数的波动具有明显的季节性特征。季节性因素掩盖了经济发展的客观变化，在对时间序列数据分析前需要进行季节调整，剔除掉其中包含的季节变动因素。对此，采用 Eviews6.0 软件工具中的 Census X12 季节调整方法去除季节变动因素，从而使变量能够真实地反映经济时间序列的变动规律。

表 5.4.1 经季节调整后的燃气生产与供应业生产者出厂价格指数

时间	价格指数	时间	价格指数	时间	价格指数	时间	价格指数
200701	97.69194	200901	105.2697	201101	120.4855	201301	125.0489
200702	98.04644	200902	105.3196	201102	120.5543	201302	125.0278
200703	98.41998	200903	105.1605	201103	121.9781	201303	125.7774
200704	98.63082	200904	105.3582	201104	123.0546	201304	124.2857
200705	98.95667	200905	104.9687	201105	123.6363	201305	125.1465
200706	99.0224	200906	105.296	201106	123.8332	201306	126.8058
200707	99.44003	200907	105.3828	201107	124.2943	201307	128.0277
200708	99.61066	200908	105.7765	201108	123.9366	201308	128.4452
200709	99.98417	200909	106.5075	201109	122.9976	201309	129.0862

续表

时间	价格指数	时间	价格指数	时间	价格指数	时间	价格指数
200710	100.9214	200910	107.2739	201110	122.0955	201310	129.0622
200711	102.2176	200911	107.6141	201111	120.0483	201311	128.7445
200712	103.1255	200912	108.916	201112	121.2636	201312	131.5665
200801	103.4068	201001	107.6336	201201	122.4397	201401	131.4303
200802	103.6593	201002	108.269	201202	123.911	201402	131.3949
200803	104.314	201003	108.2773	201203	127.2866	201403	131.8183
200804	104.7619	201004	108.593	201204	126.4328	201404	131.4499
200805	105.671	201005	109.5165	201205	124.6972	201405	132.4436
200806	106.2343	201006	110.2296	201206	123.9964	201406	128.611
200807	106.4532	201007	110.84	201207	123.8796	201407	127.6806
200808	106.0357	201008	112.305	201208	125.5612	201408	127.5963
200809	106.5734	201009	114.0501	201209	124.7395	201409	127.7284
200810	107.1679	201010	115.7847	201210	124.9955	201410	128.6104
200811	106.296	201011	117.4922	201211	124.0402		
200812	106.0196	201012	118.8876	201212	124.5927		

2. 数据的平稳性检验

运用协整分析之前，所有价格的时间序列需要同阶平稳的，所以首先进行变量的平稳性检验。在此采用 ADF 单位根检验方法，选择显著性水平 1%、5% 作为判断标准检验序列的平稳性。

表 5.4.2　　　　各变量 ADF 单位根检验结果

变量	t - 统计值	概率值	显著性水平	概率值	结论
P_{sale}	-2.206207	0.4800	5%	-3.461686	非平稳
P_{pro}	-3.258538	0.0798	5%	-3.459397	非平稳
D（P_{sale}）	-7.759750	0.0000	1%	-4.060874	平稳
D（P_{pro}）	-4.788264	0.0010	1%	-4.060874	平稳

从表 5.4.2 检验结果看出，P_{pro} 与 P_{sale} 时间序列在 5% 的显著性水平上拒绝不存在单位根的假设，序列是非平稳的，但一阶差分序列是平稳的，

即两者同为一阶单整序列。基于此，*Johansen - Julies* 可运用协整检验判别变量间的长期均衡关系，进而探究两者的因果关系。

首先，考察变量 $D(P_{pro})$、$D(P_{sale})$ 之间价格传导关系，进行格兰杰因果关系检验。检验结果如下：

表 5.4.3　　因果关系检验结果

原假设	F - 统计值	概率值	结论
$D(P_{pro})$ 不是 $D(P_{sale})$ 的成因	0.00711	0.99292	接受原假设
$D(P_{sale})$ 不是 $D(P_{pro})$ 的成因	1.88504	0.15797	接受原假设

从检验结果来看，$D(P_{pro})$不是$D(P_{sale})$的成因在很高的概率水平下接受了原假设，即不存在 $D(P_{pro})$ 向 $D(P_{sale})$ 的价格传递；$D(P_{sale})$ 不是 $D(P_{sale})$ 的原因在 10% 显著性水平下接受原假设，即不存在由 $D(P_{sale})$ 向 $D(P_{pro})$ 的价格传递。然而，格兰杰因果关系检验主要用于检验时间序列变量之间的先后顺序，并不表示真正存在的因果关系，判定还需依据经济理论、经验作进一步地分析。

其次，长期均衡关系的判定。应用 *Johansen* 检验来确定协整方程个数，根据最大特征值和迹统计量检验结果表明变量之间至少存在一个协整关系，即上下游生产者出厂价格指数存在长期均衡关系。协整方程为：

$$P_{sale} = 81.94 + 0.255P_{pro} \qquad 5-4-3$$

虽然方程的 R^2 值较小，仅为 0.23，但这一结果是相对合理的。因为本书选取月度数据进行实证分析，所以即使在半年度内上游价格发生变动，通常也不会引起下游价格的变动。倘若以一定时期的长期结果来看，上游生产价格的调整还是会引起下游销售价格的变动。

表 5.4.4　　上下游市场价格长期传导效应的检验结果

原假设	*TraceStatistic*	*Prob.*	*Max-Eigen*	*Prob.*
不存在协整 *	14.04577	0.0817	12.79389	0.0843
至少存在一个协整	1.251878	0.2632	1.251878	0.2632

注：表示在 10% 的显著性水平下拒绝原假设。

再次，滞后期阶数的确定。根据最优滞后阶数准则（*Lag Length Criteria*）确定 VAR 模型的滞后期长度。根据表 5.4.5 中显示，最小滞后期以“*”代表。依据 AIC 和 SC 准则函数，确定模型的最优的滞后阶数为 2。据此，可以建立滞后期为 2 的 VAR 模型。

表 5.4.5　　根据滞后长度准则确定模型的最优滞后阶数

Lag	*LogL*	*LR*	*FPE*	*AIC*	*SC*	*HQ*
0	-700.3284	NA	42508.80	16.33322	16.39030	16.35619
1	-412.4435	555.6848	57.71672	9.731244	9.902478	9.800158
2	-386.9036	48.11008 *	34.98168 *	9.230316 *	9.515705 *	9.345172 *

注：分别代表似然比检验、最终预测误差、赤池信息准则、施瓦茨准则和准则。

在最优滞后期为 2 阶的情形下，对 P_{pro} 和 P_{sale} 进行二维结构向量自回归模型（SVAR（2））估计，估计模型如下：

$$\begin{bmatrix} P_{sale} \\ P_{pro} \end{bmatrix} = \beta_0 + \beta_1 \begin{bmatrix} P_{sale}\ (-1) \\ P_{pro}\ (-1) \end{bmatrix} + \beta_2 \begin{bmatrix} P_{sale}\ (-2) \\ P_{pro}\ (-2) \end{bmatrix} \quad 5-4-4$$

其中，β_0 与 β_1、β_2 分别为常数矩阵和系数矩阵。对此，SVAR（2）模型的参数估计为：

表 5.4.6　　SVAR（2）模型估计结果

模型	P_{pro}（-1）	P_{pro}（-2）	P_{sale}（-1）	P_{sale}（-2）	*C*	*R-squared*
P_{sale}	-0.001726 (0.01521) [-0.11344]	0.001423 (0.01521) [0.09359]	1.185371 (0.10813) [10.9627]	-0.195837 (0.10732) [-1.82485]	1.519406 (1.12337) [1.35255]	0.991792
P_{pro}	1.511771 (0.08440) [17.9123]	-0.613333 (0.08437) [-7.26963]	0.861837 (0.59987) [1.43670]	-0.767703 (0.59538) [-1.28944]	2.367048 (6.23226) [0.37981]	0.945874

注：小括号为标准差，中括号为 *t* 值。

建立 SVAR（2）需要施加一个约束才能满足可识别条件，统计上可靠的矩阵约束是实际的下游消费价格对上游当期生产价格的变化没有反应。以此，观察系统的脉冲响应函数和方差分解，以判断上下游价格变化引起的冲击效应。

3. 脉冲响应函数和贡献度分析

运用脉冲响应函数（IRF）探讨短期内上游生产价格变动的冲击对下游市场销售价格的影响。在假定系统不受其他变量冲击影响的条件下，描述的是短期内模型的内生变量冲击对其他内生变量带来的影响，并从动态反应中识别变量之间存在的时滞关系。

运用脉冲响应函数探讨短期内上游生产价格变动的冲击对下游销售市场价格的影响。在假定系统不受其他变量冲击影响的条件下，IRF 描述的是短期内 VAR 模型的内生变量冲击对其他内生变量带来的影响，并从动态反应中识别变量间存在的时滞关系。

给定一个标准差冲击的条件下，图 5.4.2 显示了变量 P_{pro} 和 P_{sale} 在 10 个月内对于价格冲击的反应路径。结果表明，P_{sale} 对 P_{pro} 一个标准差的随机扰动基本没有变动；相反，P_{pro} 对 P_{sale} 的随机信息当即有反应，约为 2，并在第五期达到最大并逐渐消失。

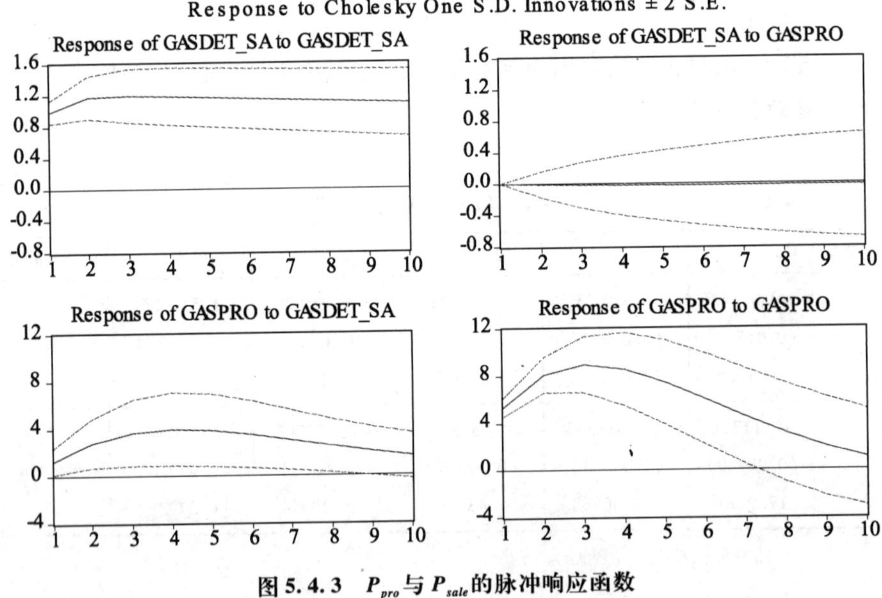

图 5.4.3　P_{pro} 与 P_{sale} 的脉冲响应函数

注：GASPRO 和 GASDET_ SA 分别表示，红色虚线表示两个标准差的脉冲响应函数值。

贡献度分析。采用方差分解考察 P_{pro} 与 P_{sale} 的波动因素。由图 5.4.3 看出，P_{sale} 波动的全部基本来自自身，而 P_{pro} 波动随着预测期的增加，其对自身变动的影响逐渐变小，在 10 期左右时接近 20%。

表 5.4.7　　方差分解结果

	上游天然气开采业		下游燃气生产与供应业	
Period	P_{sale}	P_{pro}	P_{sale}	P_{pro}
1	5.323234	94.67677	100.0000	0.000000
2	8.993503	91.00650	99.99638	0.003616
3	11.54720	88.45280	99.98984	0.010159
4	13.46484	86.53516	99.98272	0.017276
5	14.98340	85.01660	99.97643	0.023566
6	16.21435	83.78565	99.97155	0.028446
7	17.20775	82.79225	99.96815	0.031855
8	17.98855	82.01145	99.96601	0.033992
9	18.57773	81.42227	99.96485	0.035148
10	19.00217	80.99783	99.96439	0.035609

（三）上游生产商与直供用户之间的价格传递关系

1. 数据选取

上游生产价格指数仍然选取石油与天然气开采业生产者出厂价格指数，燃料与动力购进价格指数更能代表直供用户的价格，下游市场直供用户（P_{mj}）选取燃料与动力购进价格指数，所需数据均来源于国家统计年鉴的月度数据，分析的时间区间为 2007 年 1 月 ~2014 年 10 月。

2. 实证分析

通过上述两个变量之间 ADF 检验结果，显示二者同为一阶单整序列，且 *Johansen* 协整检验结果显示两者存在长期均衡关系（此处略去检验结果）。为直观反映两者之间的价格传导关系，进行格兰杰因果关系检验，结果如下：

表 5.4.8　　Granger 因果关系检验结果

原假设	F－统计值	概率值	结论
$D(P_{pro})$ 不是 $D(P_{mj})$ 的成因	4.83833	0.01020	拒绝原假设
$D(P_{mj})$ 不同 $D(P_{pro})$ 的成因	3.87820	0.02440	拒绝原假设

结果显示，$D(P_{pro})$ 与 $D(P_{mj})$ 存在双向的价格传导关系。若上下游市场价格之间具有长期均衡关系，可利用向量误差修正模型（VECM）分析上下游价格波动的传导机制。作为有约束的向量自回归下 VECM 模型表达式为：

$$\Delta P_{mj_t} = \beta_0 + \beta_1 \Delta P_{pro_t} + \lambda ecm_t + \varepsilon_t \qquad 5-4-5$$

式中，误差修正项 ecm_t 系数值反映了其对偏离长期均衡时的调整力度，即以 λ 的调整力度将偏离均衡状态的变量拉回至均衡状态。根据实证分析，两变量回归方程的残差序列在 5% 显著性水平上拒绝单位根假设，VECM 模型方程为：

$$D(P_{mj}) = 0.2758 + 0.3267 D(P_{pro}) - 0.0551 ecm_{t-1} \qquad 5-4-6$$

利用估计模型可以对下游价格的短期变动进行分析。$D(P_{pro})$ 前面系数为正，说明上游生产者价格的变动导致下游直供用户购买价格的同方向变动，并当下游价格短期内发生变化时，当期将以 －0.0551 的调整速度恢复到均衡状态。

三　研究结论及启示

（一）天然气上游生产与下游燃气供应企业之间的价格传递

通过对天然气上游生产与下游燃气供应企业之间的价格传递分析，得到上下游价格传递存在很强的非对称性，即上下游价格之间的传递受制于外部环境，比如政策、制度及制定依据的侧重点不同等，使上游价格的变化在短期内无法传递到下游燃气销售价格中。

显然，这与我国天然气价格管理体制的现状基本相符。根据《价格法》的规定和管输服务定价方式，政府需要掌握企业经营的成本信息才能制定管制价格。但在实践中，政府与企业之间信息的不对称性、定价方式的不灵活性，导致天然气价格变动往往滞后于企业成本的变动。同时，上下游之间不同的管理部门、管理方式及决策上的不一致，使下游燃气企业的价格调整在短期内出现时滞性。

（二）天然气上游生产与下游直供用户的价格传递

通过对上游生产与下游直供用户价格传递的分析得出，上下游价格传递存在较强的双向传递关系，这与逐步放开工业用户价格的改革趋势相一致。上游生产企业与下游燃气之间的价格变化关联性不大，也是价格改革应当进一步完善的地方。

深化价格改革需要健全现行管理体制中的不足之处，减小价格调整周期，并推动建立上下游价格的自动联接机制。制度性、体制性的障碍是产业链的价格传递产生时间滞后的根本原因，由于尚未对燃气产业进行结构性分拆，国家应进一步完备价格联动机制。这些措施应包括：上下游价格调整时间上的一致性、选取合适的调整频率、价税与费用的全额联动等，从而实现上下游价格传递在时间、金额方面的完全同步。

本章小结

第一，天然气管输配送等自然垄断性环节需要政府规制。根据市场结构理论，管输配送环节存在典型的网络依赖性，具有自然垄断的技术经济特征。传统规制方式的低效率是深化体制机制改革，建立激励性规制的直接动因。天然气产业链中的管输配送的服务费用符合政府规制的基本条件，既可以采用成本加利润的定价方式，也可以采用市场净回值法，部分还对不同用户选择市场净回值法与成本加成相结合的方式。

第二，当前政府的产业规制导致价格未能反映市场价值及企业未获得合理利润。通过利用投入产出法构建混合型能源投入产出模型，探讨了实际价差与理论水平的差异性，测算结果显示煤炭价格比市场参考价格明显要高，天然气价格与市场价格基本持平。2013 年城市天然气的购气价格为 3.082 元/立方米，相比全国城市加权平均价格 3.205 元/立方米，价差并未明显提升。本书的测算价格并未包含配送服务成本，加上配送服务成本为 3.432～3.482 元/立方米，总体呈现成本大于市场价格。下一步的价格制定，成本审核应在涵盖企业全部成本基础上，科学确定城市燃气的收益率标准，特别要考虑城镇化、环保政策的强化对燃气配套设施需求的影响。

第三，探究了天然气价格变动对消费者的影响。通过比较美国的天然气用户价格，发现在美国居民价格高于商业用户，工业用户价格与城市门站价格基本相等，而我国在政府价格规制下，存在严重的交叉补贴问题；从价格承受力和价格变动对需求的影响来看，天然气价格未能真实反映真实价值和市场供求的变化；基于我国天然气资源的分布特征及地区收入的差异，燃气配送费用大致呈现从西到东逐步递增的趋势。从居民消费支出占可支配收入的比重来看，我国居民支出占比要低于美国，且国内呈现东部 < 中部 < 西部的情况。因此，基于不同区域、不同用户需求价格弹性的差异性，进行价格改革要充分考虑这种价格敏感的差异。

第四，通过对天然气上游生产与下游燃气供应企业、直供用户之间的价格传递分析，发现上下游价格传递存在很强的非对称性，即上游价格在外部环境影响下发生变动时，由于管理体制的原因导致上游价格的变化短期内无法顺畅地传递到下游燃气企业的销售价格中。通过构建 SVAR 模型分析上下游之间价格传导关系，发现上游价格对下游价格的变动立即有响应，约为 2，并在第五期达到最大并逐渐消失，而下游价格对上游价格的调整变化在短期内基本没有变动；上游价格与直供用户之间则明显不同，上游价格的变动导致短期内直供用户的购买价格发生变化，当期将以 -0.0551的调整速度恢复到均衡状态。未来需要价格改革进一步调整价格管理存在的不足，建立上下游价格调控的动态机制。

第六章

国外天然气价格改革经验及启示

近几年来，天然气作为优质、高效的清洁型能源在一次能源结构中的比重逐年上升，与石油、煤炭并列成为全球三大能源支柱。因此，扩大天然气消费利用对提高能源效率、转变经济方式及应对环境治理具有重要意义。根据美国能源信息署观点，天然气定价机制对天然气工业与市场的发展至关重要，一国天然气的利用规模与状态，在很大程度上取决于该国的天然气价格政策。[①] 一国天然气价格政策往往受制于国内的资源禀赋、市场环境及发育程度等因素，当天然气市场由初始发展阶段步入快速增长阶段时，天然气市场结构由垄断性市场结构向竞争性市场结构转变，定价方式也由成本加成或“市场净回值”向市场竞争方式过渡。

综观世界天然气工业发展历程，基于经济发展程度、产业成熟度的不同，天然气市场化改革的具体措施、形成的监管体制和市场运行机制也各不相同，但大多数国家同样历经了改革供应垄断、价格机制不合理等弊端，逐渐健全市场管理体制，使天然气的利用变得更加普及。目前，世界天然气市场大致形成了三个典型的区域市场：北美、欧盟、亚太地区。这些区域内国家在天然气工业的发展过程中，其定价机制经历了不断完善和走向成熟，并且形成了各自特有的实践经验。随着贸易方式和定价方式的变化，三大市场的相互作用在加强，全球市场将朝着一体化方向发展。

美国天然气定价经历了一系列演变并最早完成市场化改革，天然气

---

① IEA：《Developing China's Natural Gas Market：The Energy Policy Challenge》，http：//www. iea. org/publications，2002 年。

井口价格、终端价格实现了从全面控制到完全的市场定价，政府与市场之间的作用边界清晰，管网运输业务与销售业务的分离及第三方准入是市场化改革中的关键；欧盟天然气价格机制则经历了各国独立定价到全面市场开放阶段，制度安排在推进欧盟市场化和一体化改革中发挥重要作用：其中，英国最早效仿美国开始自由化改革，核心是通过立法废除高度垄断体制，借助私有化改革，拆分纵向一体化经营，开放管网第三方准入，实现上下游的市场化；法国则通过鼓励供应和销售市场的充分竞争，并保持管网运输、储气环节价格的透明、公开，但成本加成法依然是基础性的定价方式；德国按照欧盟天然气改革要求，基本由完全市场定价转变为“价格帽”模式。亚太区域中，日韩以 LNG 进口为主，定价采取以原油价格相关联的方式。由于篇幅所限，本章从各区域内选择典型代表国家分析。

国外天然气市场定价机制的实践经验表明，以竞争性方式形成天然气价格是未来的发展趋势。通过制度创新健全市场管理体制、构建多元竞争机制，放开竞争性环节的价格管制，实现自然垄断性环节的第三方准入，并加强成本监审，最终让市场机制决定价格形成，是天然气工业与市场发展的必然规律。基于此，天然气资源价格才能真正由市场供求形成，并体现自身内在价值，避免资源配置的低效率，进而形成天然气产业的良性发展。

第一节　美国天然气定价机制改革的实践经验

美国是世界第一大天然气生产国和消费国。2014 年，美国天然气生产量为 7283 亿立方米，占世界天然气产量 21.4%；消费量为 7594 亿立方米，占世界天然气总消费量的 22.7%，其中进口量大部分来自加拿大的管道气。美国的天然气供给满足了大约 30% 的能源需求，除了常规天然气外，天然气产量中很大一块来源于煤层气和页岩气。页岩气的爆发式增长和商业化使美国在供应上实现了能源独立，甚至对其地缘政治、外交政策均产生了深远影响。

天然气是美国能源产业的重要组成部分，随着天然气工业与市场的发展，经历了从全面管制向市场竞争决定价格的演变过程。通过放开竞争性环节，区分不同业务性质进行有效分离，实现管输、配送垄断性环节的公开准入并加强政府监管，构建市场交易中心等方式，促进以“气与气”竞争的方式形成天然气价格。

目前，美国天然气市场是最成熟、最开放的天然气市场，整个产业链已经形成自由竞争程度很高的市场，政府与市场之间角色界定清晰并各自发挥作用。在竞争性环节，发挥市场力量对资源配置的主导作用，政府通过建立监管框架，鼓励上游投资和管网设施建设，并保护终端用户不受市场势力滥用的侵害，美国的改革经验普遍受到各国借鉴和模仿。

一　美国天然气市场改革的演变历程

美国天然气工业历经100余年的改革发展，大致经历了从全面管制到真正实现市场竞争的天然气市场（指上游批发与下游销售环节，而非管输配送环节），其定价方法也经历了不断改革并走向成熟完善。

（一）全面管制时期

20世纪80年代改革以前，美国对天然气井口、管输和输气价格实行全面管制，传统的市场结构和交易方式也相对简单。

美国天然气产业链的结构包括四个市场主体：生产商、管输公司、地方配送公司和终端用户。生产商负责天然气勘探生产、加工，并在气井附近将天然气按照井口价格出售给管道公司，此时完成了天然气第一次销售；管道公司将购入的天然气通过长输高压管道输送至下游市场区的城市门站，从而完成了天然气的第二次销售，门站价格是捆绑式价格，包括管道公司的供气成本及自身的运输成本；地方配送公司将以门站价格购入的天然气通过配送管网系统输送至所服务的终端用户，同样终端用户价格也是一种捆绑式价格，包括门站购气成本和配送服务成本。生产、管输和配送构成美国天然气工业结构的基本模式，但相互之间的界限比较模糊，不同板块的业务存在交叉重叠。

1938年以前，美国天然气产业发展处于初期，价格基本不受管制。但随着天然气的普及和市场规模的扩大，自然垄断环节出现价格过高、效率低下等问题。为避免基础设施的重复建设，政府开始加强对各环节的价格管理。1938年，美国政府出台《天然气法》授权联邦动力委员会（以下简称FPC）对州际管道公司的二次销售价格进行监管，规定管道公司的捆绑式门站价格中，只允许在运输服务上赚取受到监管的利润，而不允许在天然气销售中获取利润，即管道公司的购气成本要顺价传递给下游用户。FPC 仅负责监管州际管道运输价格，而天然气井口价格、州内输气价格及配气批发价格则由州公共事业委员会监管，输气公司和配气公司的销售价格受到以服务成本为基础的价格管制。

1954 年，菲利普斯决议确立 FPC 将井口价格管制扩展至所有销售给州际管道公司的天然气，自此，天然气工业进入全面管制时期。随着价格管制的推行，其弊端也渐渐显现出来，首先，井口价格管制阻碍天然气产业的正常运行。起初，FPC 对井口价格采取以“个案”为基础的服务成本管制，后来又试图以“区域定价”代替个案定价。无论制定区域或全国统一价格均难以反映当地成本和真实价格，造成天然气市场价格的扭曲。其次，定价方式的不合理导致供给短缺。由于井口价格采取成本加成方式，管制价格较低且难以紧跟天然气成本的动态变化，导致从事天然气生产、运输的企业利润过低，需求的大幅增加与供给的大幅减少，加剧了国内天然气的供给短缺。

（二）市场化改革时期

20 世纪 70 年代发生的天然气严重短缺成为价格改革的导火索。整个 60 年代美国天然气井口平均价格仅增长了 1%，同期其他燃料价格却上涨了 10% ~25%。随后，美国联邦政府出台一系列政策，包括放松井口价格管制，开放输气管道的第三方准入，分离管输和销售环节，促进天然气产业的市场化竞争。

1978 年，美国通过《天然气政策法令》部分取消天然气的井口价格管制，允许上游市场自由竞争，目的是让市场在确定天然气供求和价格方面发挥更为重要的作用。同时，授权联邦能源监管委员会（以下简称 FREC）加强对州际天然气管网和州内天然气生产的管理。上游供应环节的放开与中下游严重的垄断，致使纵向一体化经营的垄断企业可凭借市场力量将成本转嫁给终端用户，最终引发了天然气生产过剩，出现了所谓的“天然气泡沫”。

为解决天然气生产过剩问题，FERC 一方面首先降低管道公司的转移成本，发布 380 号法令免除供气企业与生产商签订的照付不议合约的最低费用义务，允许管道公司为终止供气合同而支付的照付不议成本转移给管道公司的用户。此外，FREC 于 1985 年发布对天然气管道公司监管的 436

号令，通过鼓励管道公司公平、无歧视地提供公开准入运输服务，允许下游配送企业和工业用户直接向生产商购买天然气，以此削弱管道运输的高度垄断。这项法令促使管道公司开放了管道使用权，并为后续天然气销售和运输的捆绑垄断局面的终结奠定基础。

打破垄断企业的纵向一体化经营，逐步剥离管道运输与销售业务。1989 年，美国国会颁布天然气井口解除管制法案，不久，FREC 于 1992 年发布 636 号法令，要求垄断供应商必须分拆运输、储存与销售业务，实现供应、运输与销售实现组织和财务上的独立，并要求管道和储气运营商对任何第三方实行公开义务接入，从而使各种气源都可以通过管道公司到达各城市的地方配气公司和营销商。FREC 对运输成本实行监管，制定了透明的成本计算规则。

636 号法令也鼓励发展天然气交易中心，支持建立联营区域使供应商能够集中购买天然气。交易中心增加了天然气交易机会和供应的可靠性，促进了价格信息的交换，推动了天然气交易的市场化和期货市场的发展。自此，美国通过解除井口价格管制、管道运输公开准入制度等一系列措施，完成了天然气工业结构的改革调整。

二　美国天然气市场格局与定价机制

（一）天然气市场格局

从市场格局来看，经过 1978 年以来的一系列改革，美国形成了较为充分的竞争性格局。从井口到城市门站的两端，天然气生产商和销售商自由签订买卖协议，销售商和地方配送公司能够自由选择供应来源，管道公司有义务按照批发商要求对任何气源进行公开接入。

上游市场竞争激烈，有 7000 多家生产商负责天然气生产，天然气销售从井口转移到市场中心，销售对象包括营销商、地方配送公司和大型终端用户；中游通过 160 多家不同管道公司的 210 个管道系统输送出去；大量天然气经销商涌入市场，将供应商与客户的天然气集合起来为 1200 多家天然气输配公司供应天然气；终端用户对购气渠道可以自主选择（除部分居民用户外），既可以从生产商和地方配送公司购买，也可以向中间营销商购买。

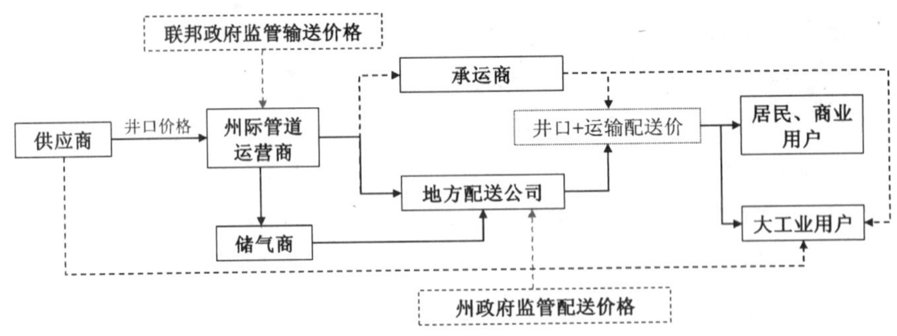

图 6.1.1　美国天然气市场的基本格局

（二）天然气定价机制

当前，美国天然气的终端用户价格包括两部分：一是井口价格，即天然气自身的成本；二是输配气成本，即天然气的管道运输成本和地方配送成本。美国天然气供应链中，输送、地方配气公司对终端用户的售气价格受政府管制，生产商卖给地方配气公司、销售商和大型终端用户的销售价格由市场供求决定。

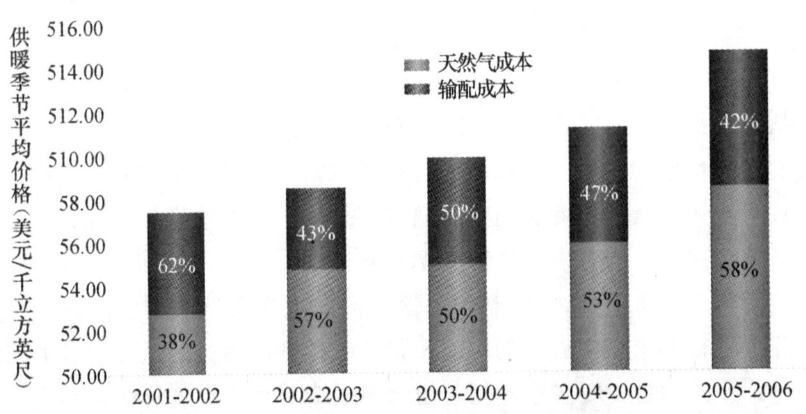

图 6.1.2　美国天然气价格构成变化情况

资料来源：美国能源信息署（EIA）网站。

1. 井口价格

改革以前，井口价格是以成本加成方式形成的价格，而当前的井口价格是指在井口市场形成的价格，即天然气经过处理在公开市场竞争交易所形成的价格。通常是美国天然气现货交易的市场价格，具体交易场所是以亨利中心为主的交易枢纽。输配气价格则受到政府管制，根据实际情形采取特定的定价方法。

2. 管输服务定价

当前管输公司没有销售业务，FREC 对管道运输费率的监管是以服务成本为基础的定价监管。服务成本是指能够补偿供给者的所有服务成本，包括各项服务支出和投资要求的合理收益。同时将服务成本“功能化”，按需求部分和商品部分进行分类：变动成本是随气量变化而变化的成本，属于商品成本，固定成本是不随输气量的变化而变化的成本，根据不同目标也被划分为需求成本和商品成本。传统上，需求部分是以用户合同需求为基础分配的成本，商品部分是以实际消费或使用为基础分配的。

美国管道公司的费率普遍设计为两部制结构，管输费由需求费（或称容量预订费）和商品费率（或使用费）组成，固定成本和资本净值收益通过预订费来收回，变动成本通过使用费收回。FREC 可以通过影响费率设计过程的分类方法来达到与现行市场条件相适应的政策目标。成本分配和单位价格设计规则主要是向需求高的用户收取更高费用。例如，1973 年和 1983 年分别实行联合法和修正的固定变动法（MFV），将固定费中的 25% 或除权益资本收益及相关的所得税收的全部固定成本分配给需求费回收，而 1992 年采取的直接固定变动法则将全部固定成本通过高峰期需求费回收。与此同时，管输容量可以在二级市场转让，出让价格不受管制费率限制。

3. 配送服务定价

配送服务费率以服务成本为基础，配送公司的收益仅来自配送服务收费。传统的费率通常由两部分构成：基础费率和气量费率。基础费率用于回收固定成本和资本投资上的收益，气量费率用于回收天然气购进成本和配气成本。传统的服务成本费率条件下，配送公司没有降低成本的动力，成本的节约往往转移到了终端用户。所以，传统的服务成本费率的缺陷正被市场为基础的费率和激励为基础的费率所替代。基于激励或业绩的费率是指提高效率所产生的收益，这部分由地方配送公司和用户共同分享。针对居民与非居民用户之间的交叉补贴问题，越来越多的地方配送公司在分配天然气成本时响应市场状况，以供应一个特定用户的成本来分配成本。

目前的趋势是以朝着市场为基础的费率和成本分配基于服务特定用户成本的方向发展。

因此，终端价格等于城市门站价格加配气价格或等于经销商价格（中心市场价格）加管输配送价格。前者是针对指向城市配送公司购买燃气的普通用户，后者则可以是向经销商或生产商购气的工业用户和商业用户。考虑到不同类型用户的用气性质、用气量、负荷系数及配气成本及因素，不同用户的消费定价和优先级不同，但要求必须首先保护居民和商业用户的利益以及优先供应。美国各类用户的天然气价格排序依次为：居民用户，商业用户，CNG 汽车用户，工业用户及发电用户。

三　美国天然气市场改革基本经验

基于现货市场通过交易中心进行交易，美国实现了天然气商品市场和管道运输市场的高度流动，整个天然气工业的价值链已经发展成为竞争程度很高的市场。

（一）天然气市场开放的顺序与能源状况和经济发展阶段密切相关

从美国天然气市场改革历程可以看出，美国天然气市场开放的顺序与能源状况、经济发展阶段密切相关。天然气产业发展初期首先放开对井口价格的管制，促进上游竞争性市场结构的形成；管网运输环节具有自然垄断特征，开放管网实现第三方市场准入，有利于打破管道经营企业的垄断，实现市场竞争；最终实现零售价格的市场定价，提高利用效率和促进天然气产业的优胜劣汰。

（二）根据市场发展阶段制定正确的价格形成机制是关键所在

美国天然气供气市场的定价机制经历了从控制井口价格到放开供应价格的过程，政府只是对垄断环节进行有效监管，保持天然气市场的有序竞争。伴随着天然气市场改革的推进，天然气价格形成机制逐步由政府管制的成本加成方式向市场化定价方式转变，而管输配送服务价格的制定方式也不断发生调整。

第二节　英国天然气定价机制改革的实践经验

欧洲天然气市场监管改革是从英国开始，于 20 世纪 90 年代开始对本国的天然气工业进行改革，由一家国有公司垄断经营逐步演变为所有环节的市场竞争，是第一个在天然气零售领域全面引入竞争的国家。

英国拥有欧洲最为成熟的天然气市场。2014 年，天然气生产量为 366 亿立方米，消费量为 667 亿立方米，对外依存度 41.2%。截至 2014 年，天然气探明储量约 0.2 万亿立方米，储采比为 6.6，属于天然气资源相对稀缺的国家。进入 21 世纪以来，英国天然生产量呈现逐年下降趋势，自 2004 年开始成为净进口国家，这给未来天然气定价机制带来了不确定性。

20 世纪 70 年代，英国率先开始实施改革，从纵向一体化垄断经营过渡到引入市场竞争、提高输配气效率为核心的体制改革过程，由此走向了制度变迁的路径依赖性。通过打破英国天然气公司（BG）的独家垄断特权和实施私有化改革，分拆天然气供应和运输业务，采取特许权制度，并开放天然气运输管网实行第三方准入，形成供应与销售环节的充分市场化竞争格局。目前，英国成为世界上天然气市场化改革最彻底、最早成熟的国家之一。天然气批发、零售环节的定价方式从“市场净回值”法、价格帽管制逐步向完全的市场竞争方式过渡，价格以“全国平衡点”（NBP）的名义价格为基准将全国各处的天然气均定为相同价格。

一　英国天然气市场改革历程

英国天然气市场化改革仿效美国的成功经验，大致经历了从纵向一体化经营向管输与销售相分离的市场化竞争阶段，定价方式也随着交易市场的发展而不断改革。

（一）垄断经营时期

在 20 世纪 90 年代以前，英国的天然气市场结构非常简单，BG 通过包含照付不议的长期枯竭式合同购买天然气，并且以纵向一体化的运输配送体系将天然气销售给全国各类终端用户。上游供气价格以天然气的市场价值为基础协商形成，终端销售依据用户用气量的不同分为价目表市场价格和合同市场价格。价目表市场价格受到政府以成本加成为基础的价格管制，合同市场价格则以“市场净回值”法由供需双方通过合同商定。

在垄断性的市场结构下，企业运营效率低下，天然气价格相当昂贵，政府补贴支出不断增加。直到 1986 年左右，受私营部门在提供商品及服务方面比公共部门更有效率观念的影响，政府通过重新修订《天然气法》，要求将 BG 进行私有化改造，废除 BG 的垄断权，规定天然气市场的许可证制度，并开放天然气输送管网，试图实行第三方公平开放的协商准入，促进天然气市场的竞争。同时，成立天然气监管办公室（OFGES）负责对天然气产业实施监管，包括执行市场准入政策，发放经营许可证，审批天然气管输收费，制定普通用户的销售价格等。

开放天然气管输环节，合理分配运输成本。1988 年，政府发出指令要求 BG 独立设置运输部门，保持运输价格的透明度，不得对第三方实行价格歧视。不仅如此，还要求 BG 的新增购买量不准超过新增生产量的 90%，其余部分由其他竞争者购买。至此，政府打破垄断的努力初见成效，但由于缺乏竞争性的企业，实际收效并不大。因为生产商不愿以较低的价格向大工业用户销售天然气，更愿意以“市场净回值”法出售给 BG。

（二）市场化改革时期

天然气供应的过剩与私有化和放松管制的改革，引发了部分行业对天然气的强劲需求，这进一步推动了更具竞争性的天然气市场的发展。

为继续打破 BG 的垄断地位，英国垄断与兼并委员会（MCC）不断要求 BG 让渡市场份额，并在 1993 年决定强制 BG 分离供应业务。BG 市场份额的缩小和众多供应商的出现，使得大用户市场实现了自由化竞争。1995 年，《天然气法》规定对运输企业的运营和价格实行监管，也规定了承运商和运输商的权利义务，即承运商可以相互兼营，运输商不得兼营其他业务。1997 年，BG 正式分拆为 BG plc 和 CENFRICA，其中，BG plc 的子公司 TRANSCO 负责天然气长输管线的运输储存，CENFRICA 负责天然气的供应销售业务。CENFRICA 与多家供应商、承运商及大工业用户对输配管网具有同等权利，各类用户可以自由选择供气商。自此，供应和销售环节形成了充分市场化竞争的局面，市场价格则是以 NBP 为基础形成的基准价格。

进入 21 世纪以后，尤其是 2004 年以来英国天然气净进口量不断提高，政府针对上游投资和下游消费用户设定了供应优先级，以保障天然气供应稳定和安全。2006 年，英国能源与气候变化部通过评估上游供应面临的问题，于 2008 年修改了能源法案，允许私人投资离岸天然气供应业务，规定了输送网络规划法规。与此同时，按照欧盟指令中供应标准的要求，2007 年英国制定了“燃料安全法规”指导发电用户在供应短缺时利用可替代燃料发电，而之后的“国家天然气与电力应急计划”则规定了各市场参与者保障供应的职责，要求天然气供给主体在规定情况下为受保护的用户保证充足供应。

二　英国天然气市场格局及定价机制

（一）天然气市场格局

作为欧洲最大的天然气市场，英国已经形成了充分竞争的市场格局，包括生产商、托运商、运输商及供应商。托运商从生产商购买天然气交给销售商，生产商或销售商委托运输商输送至终端用户，一般情况下托运商也是生产商。在这种市场结构下，上游生产市场和下游销售市场价格基本实现由市场竞争决定（中小用户价格定期公布和调整，但 1996 年以后中小用户的价格更多地取决于 NBP 期货交易价格），不受政府管制，管输价格则处于 OFGEM 监管之下。

上游供给市场处于比较充分的竞争状态。50 多家生产商从事天然气供气业务，BG 购买天然气市场份额占市场需求量 70%，另有 18 家能源公司为市场供气，众多的独立供气商、托运商与其竞争；中游运输环节主要由 BG plc 的子公司英国管网公司（National Grid plc）负责天然气输配，National Grid plc 作为英国最大的天然气运输商，负责经营全国最大的运输系统及 8 个地区配送管网中的 4 个；下游零售市场既有以合同形式供应的许多大工业用户，也包括数量众多的中小用户。

（二）天然气定价机制

英国天然气价格主要包括批发市场价格、管输配送价格和零售市场价格。批发市场价格是生产商或承运商从能源公司购买天然气的价格；管输配送价格是运输配送过程中的服务成本；零售市场价格是零售商提供给终端用户的销售价格。

1. 批发市场定价

早期的天然气批发市场价格不受管制，由 BG 与生产企业通过谈判方式形成，价格形成基础是与油价挂钩的“市场净回值”定价方式。市场化改革以后，上游批发市场依据全国统一性的价格，即“NBP”基准价格。

2. 管输配送服务定价

运输商不再从事天然气买卖业务，运输价格受到 OFGEM 的管制，其价格由规定的几个控制公式推导出来，并受到最大许可收入的限制。价格计算公式为：

$$M_t = (1 + RPI_t - X - K) * P_{t-1} \qquad 6-2-1$$

式中，M_t为 t 时期利润最大值，P_{t-1}为上一年度每单位最大利润，RPL_t、X 分别是天然气零售价格指数和生产力进步因数，K 为调整因数。

管输运价的定价原理是管输价格的增长等于预期增长的年度运行成本减去预期增长的生产率。成本的计算方式采取传统的服务成本法，即以作业为基础的成本计算模式分析其所提供各种服务的成本，采用历史成本加以调整后的成本被分配到管输和配送各项服务中。最大许可收入与成本之间的差额为资产投资收益，也按比例分配给各项服务中。

费率结构设计采用“入口/出口”结构，总成本在容量费和商品费之间分配。容量费是购买气体流通的费用，与用户实际使用与否无关；商品费是用户实际输送气量的费用。承运商需要支付进入容量费和输出容量费，容量费采取拍卖方式，底价设定使用长期边际成本方法确定。可中断用户不需要支付输出容量费用，固定运输服务按高峰日负荷乘以天数及输出容量费率计算，商品费率采取可供用户选择的标准费率。

3. 零售市场定价

在零售领域引入竞争机制之前，英国天然气零售市场分为合同用户和价目表用户。合同用户价格面向大工业用户，完全不受到政府管制，由大工业用户与供应商和运输商协商确定，通常是与燃料油建立指数化关系；价目表用户面向居民用户和商业用户，天然气价格实行 OFGAS 以成本加成为基础的“价格帽”监管模式。

对管网内用户，天然气成本由天然气成本指数减去效率因素决定。对管网外用户，天然气成本受到零售价格指数减去生产力进步指数的价格上限控制。然而在 2002 年以后，终端用户可以自行选择供气商，终端市场价格基本完全由市场竞争确定。

目前，随着天然气产量的下降和市场需求的日益增长，英国逐步由净出口国变为净进口国，天然气的现货价格越来越受到与石油价格挂钩的欧洲市场的影响。

三　英国天然气定价机制基本经验

英国的天然气现货市场是如今最具流动性的市场之一，提供了从政府垄断管制过渡到完全竞争的商品市场的典型范例。通过激进性的私有化改革，英国天然气市场由国有垄断经营走向市场竞争形成价格的路径依赖。

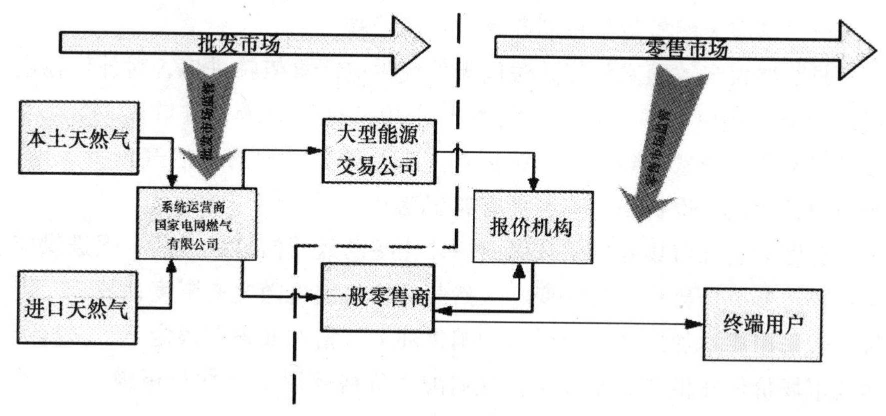

图 6.2.1　英国天然气市场定价监管机制

（一）健全法律监管体系以规范企业经营

依法建立天然气监管体系和规范企业经营活动，是实现市场从垄断经营向完全竞争转变的必要手段。英国天然气市场改革中，先后三次修订《天然气法》建立了监管机制，完善天然气市场供应、运输、销售的分离，实现供应和销售环节充分竞争的市场格局。

（二）依据产业性质实施可竞争业务与垄断业务分离

实施天然气产业的可竞争业务与垄断业务分离促进有效竞争，并对自然垄断环节进行监管，增加供应渠道和降低燃气成本。英国天然气产业从私有化改革开始，打破上游生产垄断性的市场格局，并从开放运输系统和配送系统的第三方准入着手，使其成为纯粹的管输服务商，天然气的购买完全由用户及销售商自主选择，由此形成了典型的竞争性市场结构。

第三节　法国与德国天然气定价机制改革的实践经验

法国与德国的改革措施与其他国家并不完全趋同，两国根据自身天然气行业的具体情况确定了相应的监管机制和定价机制。在采用市场净回值定价的国家中，也经常会看到成本加成或价格帽成分的影子，比如法国采用成本加成的定价方式，德国则对销售价格实施能源法规定的价格上限管制。本节简要介绍法国、德国的天然气定价机制改革经验。

一　法国天然气定价机制改革的实践经验

与欧洲大多数国家相似，法国天然气供应严重依赖进口，对外依存度超过95%。2014年，法国天然气生产量30.5亿立方米，进口量345亿立方米，同期消费量达到了358.5亿立方米。作为欧洲的天然气消费大国，法国的天然气定价机制改革也具有典型意义。

法国天然气市场经历了从纵向一体化垄断经营向打破垄断、促进供应与销售环节市场化竞争的转变，天然气价格机制也随之有限度地放开，定价方式采用成本加成法，但供应和销售环节价格在回报率限定下，依据天然气市场价值和供求关系决定，管输配送价格采用“气体目标模式”，并由能源监管委员会（CRE）制定调整。

（一）法国天然气市场改革历程

1. 纵向一体化垄断经营时期

1998年改革以前，法国燃气公司（GDZ）是运输配送和销售一体化的天然气公司，不但拥有天然气独家进口权，天然气的输配和销售也基本上由GDZ所垄断经营，垄断着国内天然气供应。“市场净回值”法确定的销售价格与成本加成法确定的价格之间的差额成为天然气行业的经济剩余。GDZ凭借垄断地位以用户可接受的最高价格销售给用户，不仅在运输业务赚取合理利润，而且在销售业务中也获得额外收益。

高度垄断的供应体系使天然气价格居高不下，从而限制了燃气用户的扩大。价格形成主要依靠“市场净回值”定价。为打破天然气供应和销售环节的垄断，鼓励天然气供应和销售市场的充分竞争，1998年，法国政府遵循欧盟天然气改革的总体要求开展一系列改革，最重要的就是打破GDZ的垄断局面，实现天然气价格形成的市场化。

2. 充分竞争的市场化时期

在政府主导下，法国天然气市场进行了旨在促进竞争的深刻改革。为保证市场竞争的充分展开，法国能源监管委员会（CRE）规定天然气运输管网实行第三方准入制度，保持运营和财务的独立性，并且CRE负责审核制定天然气运输各环节的税率和建立激励性规则，天然气价格机制也随之放开。成本加成法是终端市场价格的基础定价方式，下游用户可以自由选择供气商，供应和终端价格不受政府监管，价格参照天然气的市场价值确定，但对定价实行收益率管制。

从市场格局来看，GDZ 在法国境内占市场份额的 91%，上游天然气供应包括 10 余家企业，管输环节由两家公司承担，23 家企业负责城市配送业务，下游市场参与者众多，市场竞争非常激烈。

（二）法国天然气定价机制

成本加成法是法国天然气产业链的定价基础。终端用户价格反映三个阶段成本：上游供应成本、管输配送成本和销售成本。管输配送价格受 CRE 管制，供应和销售价格主要依靠市场价值形成，反映市场供求和各环节成本。

1. 上游供应市场定价

法国天然气供应环节不受政府管制，实行充分的市场竞争，大部分采用合同方式由双方参照其他能源及替代合同价格约定。

2. 管输配送服务定价

CRE 负责审核制定各环节的税率，服务价格采用成本加利润的方式限定企业最高收入。管输环节采用“气体目标模式”，并建立了激励性规则，由 CRE 每两年对两家公司进行预算评估和财务审计，确定投资运营成本，设计投资激励规则和惩罚制度。

3. 终端市场定价

价目表价格是终端用户价格，基本按照天然气市场价值确定，反映各环节成本和市场供求。同时，为防止企业在供给短缺时牟取暴利，政府对下游公司定价实行回报率管制。

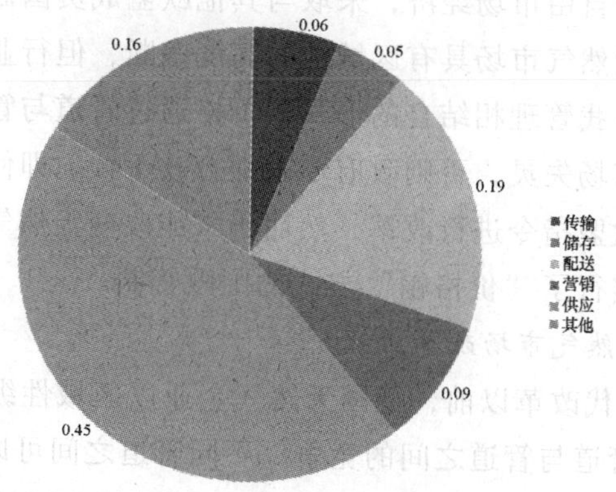

图 6.3.1　法国天然气价格构成

资料来源：法国能源价格制定与监管机构 CRE 资料。

（三）法国天然气定价机制改革基本经验

1. 打破天然气供应与销售环节的垄断，促进市场价格充分体现各环节成本

法国政府改革的初衷是为打破 GDZ 的垄断，对管输配送环节实施“第三方准入”，让供应市场和销售市场充分竞争，并对价格形成逐步放开。下游用户可以自由选择供气商，促进销售环节由卖方市场向买方市场转变。因此，即使在成本加成的定价机制下，也能实现市场价格的充分竞争。

2. 加强对管输配送环节的管制，保持运输配送服务价格的公开透明

天然气是国家的重要战略产业，必须保持供给安全和价格稳定。CRE 负责定期制定调整运输各环节的价格，对管输企业的最高收入进行限定，并设定了投资激励规则和惩罚制度，既保障了企业利益，又减少了改革阻力。

二　德国天然气定价机制改革的实践经验

作为欧盟天然气消费大国，2014 年德国天然气消费量为 709 亿立方米，同期生产量仅为 77 亿立方米，90% 以上的天然气需求通过进口获得。因此，德国也是消费高度依赖进口的国家。

德国定价机制改革大致经历了从完全竞争向“价格帽”方式转变。长期以来德国信奉自由市场经济，采取与其他欧盟成员国截然不同的价格管理模式。虽然天然气市场具有区域性的高度垄断，但行业管理主要通过政府规制和行业自我管理相结合的形式，价格通过管道与管道之间的竞争形成。除非出现市场失灵，否则政府不施加行政干预。即使 20 世纪 90 年代政府开始依照欧盟指令进行改革，然而仍未能改变天然气市场的垄断局面，仅是对价格实行了“价格帽”方式的上限管制。

（一）德国天然气市场改革历程

20 世纪 90 年代改革以前，德国天然气企业以区域性纵向一体化垄断为主，定价采取管道与管道之间的竞争。不同管道之间可以就向某一区域内输送天然气开展价格竞争，不同企业各自垄断部分区域的管输配送环节，形成了区域性垄断定价格局。终端用户价格是捆绑式服务价格，价格包括天然气生产成本、基础设施的投资成本、管输服务成本和适当的投资

回报。企业在制定价格体系时，综合考虑可竞争性能源价格水平、用户承受能力及用户规模等因素。政府通过法规限制企业垄断行为，并以行业自我管理相结合的方式规范其经营行为，保证市场效率。

1998 年实施改革后，德国依照欧盟天然气法令要求落实第三方管网准入和无歧视性服务原则，对纵向一体化企业运输配送业务实施分离。但鉴于传统的监管方式依然有效，德国天然气供需双方并未达成一致。对此，德国经济劳动部重新修订能源经济法以负责运输配送业务分离等监管业务。按照欧盟法令要求，德国还规定了天然气价格上限，形成“价格帽”定价机制。在价格帽以下，短期价格由市场竞争决定，而大工业用户多采取长期合同形式。

（二）德国天然气定价机制

在管道与管道之间竞争的模式下，终端用户价格是一种捆绑式服务价格，其中包含了天然气自身成本、运输配送和销售服务成本及适当的利润，价格形成取决于可竞争性能源价格水平、用户承受能力及用户规模等因素。但是，改革以后采取的“价格帽”方式并未改变原有的定价机制，仅是对终端价格设定了上限控制。

（三）德国天然气定价机制改革的基本经验

1. 以完全竞争向“价格帽”模式转变

在传统的管道与管道之间竞争的定价方式下，区域性的垄断市场竞争仍是有限的。在“价格帽”模式下，企业必须考虑各厂商及用户的议价能力，借此打破了区域垄断定价的弊端，对价格构成实行明确规定，从而有利于市场竞争的充分展开。

2. 充分发挥行业协会的自律和调节作用

德国天然气产业监管模式与其他欧洲国家具有明显区别，通过政府规制和行业自我管理相结合的方式，价格监管主要以行业自律为主，行业协会对市场参与者的市场行为依靠行业自律加以规范，克服了区域垄断的市场失灵。

第四节　日本天然气定价机制改革的实践经验

日本国内天然气资源严重不足，特殊的地理位置决定了日本需要高度依赖 LNG 进口。2014 年，日本天然气消费量为 1125 亿立方米，同期 LNG

进口量为1206亿立方米，占全球LNG贸易量的36.2%，是世界上最大的LNG进口国。出于保护环境的考虑，日本政府极力鼓励天然气消费，并通过不断的市场化改革，逐步发展成独特的管理模式来满足国内需求。

日本天然气市场长期处于纵向一体化垄断格局，各公用事业公司实行区域垄断，定价机制经历了政府主导模式向市场定价模式的演变。通过解除公用事业公司区域市场的垄断和引入第三方准入，以竞争方式鼓励进口气源多元化和降低终端价格。由于进口天然气主要是替代原油发电，所以进口LNG价格采取与日本进口原油综合价格（JCC）挂钩的定价机制；终端用户中，根据用气量区分不同类型的定价方式，大工业用户采取双方协商的市场化定价方式，中小用户则是政府管制的成本加成方式。

尽管如此，地理环境的条件限制，使日本仍未能形成统一性的管输系统，管道网络仅覆盖5%的国土。因此即使开放第三方准入权，也很难发挥天然气需求潜力，四大公用事业公司依然控制全国大部分零售市场。

一　日本天然气市场改革历程

日本的天然气市场改革以1994年为界限，其标志性事件是旨在为减少行政干预、降低零售价格而通过的《天然气公用事业行业法》修正案。随后，以四次修正法案为契机，不断调整市场化定价的用气量标准，从而提高天然气定价的市场化水平。

（一）政府管制时期

为减轻国内对石油产品的依赖，20世纪60年代日本政府决定引入LNG生产电力，自此LNG贸易迅速发展起来。由于进口LNG主要替代石油产品发电，2012年日本天然气发电比例为64%，所以大部分LNG供应合同均与JCC挂钩。同时，日本政府积极创造各种有利条件支持市场参与者在国际市场采购天然气资源，比如组建大型垂直一体化的天然气公司，有利于增强在国际市场同境外供应商的谈判力量。根据《天然气公用事业行业法》的规定政府对天然气价格及市场准入进行管制，通产省确定销售价格和划定城市销售范围，各天然气公司不得跨区经营。

由于采用与油价挂钩的长期合同使LNG进口价格被动地跟随油价波动，较高的进口价格和气价管制带动天然气终端价格不断上涨，用户支付价格远高于北美和欧洲地区价格。为保障天然气市场供给和推进市场自由化进程，自90年代日本政府持续进行了放开市场准入、推动企业自主定价的一系列改革。

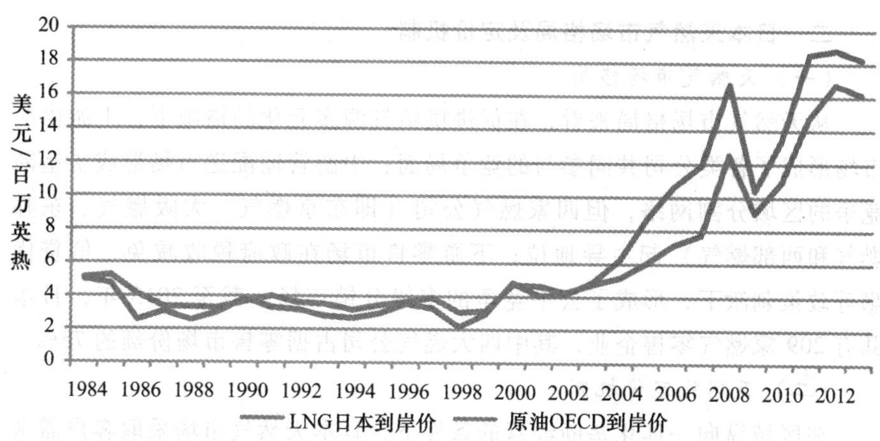

图 6.4.1　日本 LNG 到岸价与原油 OECD 到岸价之间的对比

注：到岸价 = 成本 + 保险 + 运费（平均价格）。

资料来源：《BP 世界能源统计年鉴（2014）》。

（二）市场化推进时期

1995 年，日本政府通过《天然气公用事业行业法》修正案，允许合同量超过 200 万立方米/年的大型用户可直接与供应商通过谈判方式确定价格，政府制定最高限价，在此价格下天然气价格由供需双方协商确定。随着日本天然气市场化改革的推进，国内消费结构发生变化，政府也在不断修正允许合同量水平，扩大自主定价范围。2013 年，日本政府探讨制定了市场化扩大计划，旨在全面放开对小批量需求的价格管制和促进供应多元化，即到 2016 年日本燃气行业全面实施市场化，市场价格由供需双方决定，政府仅对 LNG 接收站和城市配送业务进行监管。

在放松管制的过程中，日本政府引入区域竞争制度决定燃气价格水平，按照区域内消费者和经营者的特征，将城市燃气经营者划分为 16 个小组，每个小组内部以独立于该区域市场外的其他受管制企业的生产成本作为参考依据，制定区域垄断厂商的价格水平。针对管网第三方准入条件，运输配送成本按照经营者自身输送成本计算。下游市场定价按需分类：发电用户、大中型用户可直接采用市场净回值法协商定价；尚未市场化的小型用户则以成本加成的政府定价，并设定复杂的调价程序来降低价格和改善燃气运营效率。

二 日本天然气市场格局及定价机制

（一）天然气市场格局

从天然气市场格局来看，在促进供给气源多元化的措施下，上游供应市场形成了各类公司共同参与的竞争局面；中游管输配送市场形成了垄断竞争的区域分割网络，但四家燃气公司（即东京燃气、大阪燃气、东邦燃气和西部燃气）起主导地位；下游零售市场在政府税收减免、信贷优惠等政策刺激下，形成了公平竞争的多级分销市场。截至 2013 年，日本共有 209 家燃气零售企业，其中四大燃气公司占据零售市场份额的 75%。

（二）天然气定价机制

在区域纵向一体化垄断经营的条件下，日本天然气市场采取客户需求类型分类定价，并对价格调整设定了相当复杂的调整程序。发电用户和大中型用户可直接采用市场净回值法协商定价，尚未市场化的小型用户则采用成本加成的政府定价。

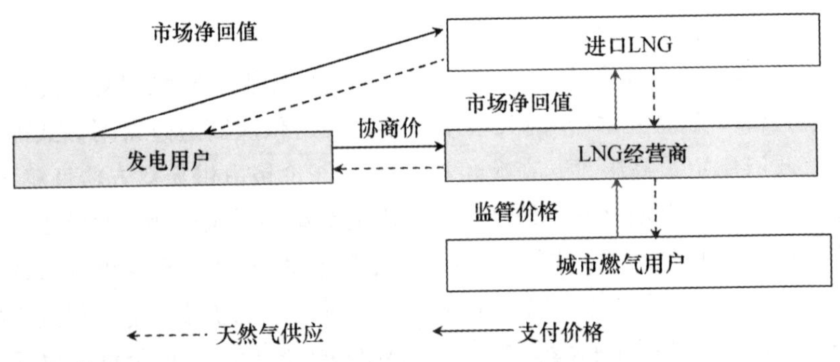

图 6.4.2 日本天然气定价机制

针对小型用户的政府定价，采取以成本加成为基础的两部制定价。价格由一般价格体系和负荷调整契约两部分构成，定价机制采取两部制：固定费用（基本费用）和变动费用（从量费用）。以东京燃气为例，用户按月计算的天然气收费公式为：

$$C = (A + P * Q) * (1 + r) \qquad 6-4-1$$

式中：C 为总费用，A 为按月计算的基准价格，P 为每立方米的燃气单价，Q 为用户每月消费燃气量，r 为税率。此外，根据原材料成本变化需要按月调整基准单位价格，通过制定原材料调整费用额 K 后，在基准价格上进行增减，即：

$$C = [A + (P \pm K) * Q] * (1 + r) \qquad 6-4-2$$

三　日本天然气定价机制基本经验

（一）解除市场准入管制，逐步放松价格管制

解除市场准入管制，逐步放松上中下游燃气价格管制。日本政府通过四次市场化改革，逐步解除了燃气行业市场的准入限制，允许更多的参与者进入燃气产业链中，并逐步降低政府价格管制的用气量门槛，从而保证供应气源的多元化和降低终端零售价格。虽然日本的市场化改革还不彻底，尤其是网销联营、捆绑定价方面尚未拆分清楚，仍存在政府价格管制行为。但近几年来，日本政府计划继续对天然气零售领域放松管制，预计到 2016 年全面放开政府管制。

（二）依据用途实行区别定价，健全调价机制和简化监管程序

依照用户类型和负荷特点分类定价，并建立公开透明的调价机制，确保产业链上下游顺价联动。日本政府通过事先预测总成本，在功能性成本分摊的基础上，按照用户需求特征制定价格清单，实行分类定价；针对规制企业的定价、调价，以立法方式向社会公示具体的价格公式和调价方法，形成了一套兼顾企业、消费者及国家三方利益和公开透明的价格调整机制；简化听证程序，逐步退出对市场准入的监管。此外，还采用直接消费税调节从量价格部分，减少政府对价格的直接干预。

（三）逐步实施管网的第三方准入

逐步实施管网第三方准入制度，降低管网输配的垄断性。日本政府对管网建设并不实施限制，投建时只需报政府审议即可，依照《燃气公用事业法》规定燃气公司的管网可以公平接入，输送费用按照管网拥有者自己输送成本计算，促进燃气公司管道公平开放，激励各类公司参与燃气零售行业竞争，通过竞争促进燃气价格逐步降低。

第五节 国外天然气定价机制改革对我国的启示

不同的资源禀赋、经济体制、发展战略及产业阶段，决定了改革的路径选择也截然不同。到现今为止，各国依然面临着如何进一步健全体制、革除弊端的问题，因此天然气价格改革也并非一蹴而就的。研究表明，典型国家市场特征表现为市场主体超过临界规模、非歧视性的开放准入和在批发及零售层面形成有竞争力的价格体系。综合上述国家的改革历程来看，虽然各国具体的政策措施略有差异，但总体的改革思路却基本相同，大致经历了从垂直一体化的全面管制向放开竞争性环节管制、加强垄断性环节监管的趋势演变。

美国是最早实施天然气价格机制改革的国家，经历了全面管制、放松上下游管制、实行第三方准入，鼓励发展市场交易中心，最终让市场竞争决定价格的阶段。欧洲作为全球最大的天然气进口市场，天然气市场改革最早从英国开始，通过立法先行，借助私有化改革、废除垄断特权，并对竞争性业务与垄断性业务进行分离，成为天然气市场化改革最彻底和最早成熟的国家之一。受北美和英国天然气市场化改革的影响，1998 年欧盟成员国一致通过了天然气指令，旨在创建一个更加开放的欧洲天然气市场。在推进欧盟天然气市场一体化的进程中，各国采取的改革举措差异很大。

比如，法国在供应与销售环节实行充分的市场竞争，管输与终端价格则是有限度的放开，成本加成法是天然气产业链的定价基础；德国采取与其他成员国完全不同的价格模式，政府监管较少，允许地区性纵向一体化经营，属于管道与管道竞争，形成了“价格帽”定价机制。亚洲地区也在经历不同程度的市场化改革，定价机制的差别反映了改革深化程度的不同。日本作为一个高度依赖进口的国家，为保障天然气多元化供应，通过不断的市场化改革，减少对价格的直接行政干预，逐步形成了一套独特的管理模式。

具体而言，国外天然气定价机制改革对我国的启示包括以下几个方面：

一 顺应国内外形势的发展要求分阶段、有序地推动改革

价格改革需要统筹兼顾，结合国内外形势变化与国内初始条件等，因

势利导地逐步推进改革。各国天然气价格改革的着眼点往往是应对市场环境的新变化或发展中的问题，实践改革的政策手段也是围绕这项问题有序展开。例如，美国天然气市场化改革是为缓解全面管制引起的供给严重短缺，放开天然气价格管制，形成竞争性的市场格局成为首要措施。英国是为了解决企业运营效益低下、财政补贴高涨的局面，废除垄断、推行私有化改革成为第一阶段的主要任务。与此同时，各国初期改革的政策安排也造成了一种制度上的路径依赖，以至于后续的政策改革多是遵循已有体制作出的有序调整。

二　改革的关键点是正确处理政府与市场之间的作用关系

理清政府与市场之间的作用边界，充分发挥各自职能。一方面，不同时期政府与市场的作用具有差异。比如日本，环保标准推动了城市燃气的利用，为此政府改变燃气价格管理制度，扩大了燃气企业的自主定价权。另一方面，不同领域的技术经济属性不同，政府与市场的职能定位也不同。即使属性相同的环节，不同国家采取的管理模式也不尽相同。一般而言，在竞争性环节，政府不是最有效的经营者，应把权力更多地赋予市场参与者，让市场力量对资源配置发挥主导作用；在自然垄断环节，政府应为天然气产业发展提供既能促进投资又能保护消费者权益的监管框架，保护终端消费者不受市场势力滥用的同时，又能保证早期市场发展所需的激励作用，鼓励生产投资和基础设施建设。此外，政府还应强化服务性职能，为市场主体公平参与提供必要的支持服务。

三　完善制度体系是天然气市场改革稳步推进的重要保证

健全制度体系包括了法律规则和监管体制的建设，两者之间紧密相连。比较美国、欧盟与日本的天然气市场改革不难发现，每次重大改革时期通常以颁布法案为先导，以立法形式明确改革目标，遵循统一的制度规则有序地引导和推动改革，并完善监管体系框架。美国分别借助《天然气政策法令》《天然气井口价废除管制法》及 FERC 颁布的 380 号、436 号、636 号法令落实改革要求，实现了竞争决定市场价格。日本则以不断修改《燃气公用事业法》为契机，进一步开放了燃气市场。与此同时，法律制度也明晰了监管机构、监管职责及管理体制，保障在统一的监管规则下，专门的监管机构能够协调配合。

四　管输销售业务的分离与构建竞争性的市场体系是理顺天然气价格机制的前提

放松竞争性环节的市场准入限制，形成多元化市场格局，并实现管输销售业务的分离，让市场机制决定价格形成，是厘清产业链价格形成的前提。垂直一体化垄断的市场格局，使产业链的价格构成难以区分，价格也无法反映市场供求和资源的稀缺性，不利于增加供给和运营效率的提高。区分竞争性环节与非竞争性环节，需要通过结构分拆形成相互独立的经济组织：针对管输配送环节，应实施管输和销售业务的分离，并逐步向第三方开放；对竞争性环节放宽准入限制，构建竞争性市场体系和运行机制，遵循价值规律科学定价，形成合理的价格形成机制及动态调整机制。美国、欧洲、日本等改革实践表明，打破垄断、保证多元供应主体和管输第三方准入是价格改革的首要措施。目前，我国上游市场集中度过高，上游勘探开采、境外资源的引进基本由三家国有石油公司，即中国石油、中国石化和中海油垄断，形成了一体化运营格局。其中，中国石油是国内最大的天然气运营商，集生产、进口、运输储存等业务于一体，占全国市场份额的70%以上。捆绑一体化经营方式导致竞争受限、价格扭曲及运营效率低下等问题，影响我国天然气产业的健康发展。为此，打破垄断、促进竞争，实施第三方公平准入成为推动市场化改革的首要任务。

五　发挥交易市场中心功能和强化管网设施建设，构建统一的市场体系

天然气市场规模的扩张对贸易方式、交易效率、供应保障等方面提出了更高要求，充分发挥交易市场中心功能促进价格发现，可有效降低交易成本，提高资源配置效率，有利于全国性统一市场体系的建立。通过推动天然气产业市场化改革的不懈努力，Henry Hurb、NBP分别成为美国、欧洲最具影响力的天然气交易中心，其现货和期货价格也自然而然成为衡量两地区价格的重要指标之一。亚太地区作为第三大消费市场，受制于市场化程度不高、基础设施不完善等原因，天然气交易中心的功能尚未发挥出来。需要抓住有利时机发挥市场交易中心作用，推进天然气的市场化改革，激发市场活力和促进竞争，让更多的市场主体参与交易中心，成为立足国内、辐射亚太的国际性交易中心，提升在国际天然气领域的话语权和

定价权。

此外，完善基础设施是构建统一市场体系的基础。目前，我国天然气管道储运系统整体运力不足，制约了天然气交易市场的发展。因此，政府应加快管输、接收、储气等基础设施建设，健全管输天然气热值标准，强化省际、城际管网互联互通，统一区域市场体系建设，消除区域之间资源流动的障碍，实现资源在全国的优化配置。

六　建立合理的输配气定价和动态调价机制，完善市场监管体系

建立公开、透明的输配气定价和动态调价机制是实现天然气产业持续发展的重要保障。如何对管输配送环节实施有效监管是市场化改革的核心问题之一。从各国的实践改革历程不难看出，不论采取何种价格形成模式或体制机制，科学监审输配气成本和制定合理收益率，并健全上下游价格的动态调整机制，确保价格形成的公开、透明、有效，能够调动企业的投资积极性和提高运营效率。比如欧盟、日本等地区，通过管输配送服务价格制定统一的定价公式和调价机制，根据天然气消费结构、用户类型、负荷特点分类定价，并参照物价指数、技术经济效率、社会收入均等原则适时调整。目前，我国尚未对管输配送领域建立有效的监管体系，尤其在定价方式和动态调价机制方面仍然滞后。面对复杂多变的市场环境，企业应对风险的能力明显不足，导致生产者、消费者获得扭曲的价格信号，一方面诱使过度消费，另一方面则是产业持续发展动力不足，这妨碍着资源的合理利用和有效配置，对此应尽快完善相应的价格形成机制。

本章小结

从各国天然气产业的发展历程来看，资源禀赋、经济体制、改革时期的不同促使天然气价格机制改革的路径选择不同。随着市场机制的发展成熟和价格机制的不断完善，不同国家在各自的改革路径上形成了特有的实践经验。本章重点阐述了世界三大天然气消费地区，包括北美地区（美国）、欧盟部分国家（英国、法国、德国）和亚太地区（日本）的天然气价格机制改革历程、基本经验，并归纳其对我国价格改革的启示。

首先，从美国天然气市场改革来看，天然气市场放开的顺序与能源状况、经济发展阶段密切相关，根据产业发展特征制定正确的价格形成机制

是关键所在。鉴于全面管制引起的供给不足，政府通过放松上下游市场准入限制，构建多元竞争的市场体系，形成竞争决定价格的体制和机制。

其次，立法先行，依法建立监管体系和规范企业运营，是英国实现市场化改革的主要特征。英国政府先后三次以修改法案为契机，通过建立许可权制度、规定监管机制、私有化改造和供应、运输与销售的分离，真正实现了市场从垄断经营向完全竞争的转变。

再次，法国与德国改革实践经验。法国与德国定价机制改革既遵循欧盟一体化改革的要求，同时也延续了已有制度框架体系。成本加成法依然是法国天然气产业链的定价基础，通过打破天然气供应与销售环节的垄断，并加强对管网输配环节的监管，保持管网输配价格的公开透明，天然气价格机制也随之放开；德国已基本按照欧盟改革要求实施改革，通过政府规制与行业自律相结合的方式，从原来的完全市场定价转变为“价格帽”模式，但市场定价属于管道与管道的竞争，纵向一体化经济仍然存在。

最后，日本通过不断的市场化改革形成了自身独特的一套管理模式。国内资源的匮乏促使政府逐步解除上游市场的准入管制，允许大型用户直接与供应商议价，减少对产业链的价格管制；下游形成区域垄断竞争的市场格局，按照用户特点分类定价，并建立公开透明的调价机制，确保产业链上下游顺价联动。

国外改革的经验表明：天然气价格机制改革需要依据自身特征逐步打破已有的体制机制，准确把握时机分阶段有序地推进市场化改革；正确处理政府规制与市场机制的关系是改革的关键点，打破垄断、促进竞争，逐步实施第三方准入成为改革的首要任务；作为天然气消费大国，要发挥交易市场中心功能，强化管网设施建设，建立统一的能源市场体系，实现全国性的资源优化配置；要完善市场监管体系，健全输配气定价和动态调价机制。

第七章

我国天然气价值补偿机制的初步探讨

党中央十八届三中全会出台的《关于全面深化改革若干重大问题的决定》提出，要“实行资源有偿使用制度和生态补偿制度”，“坚持使用资源付费和谁污染环境、谁破坏生态谁付费的原则，逐步将资源税扩展到占用各种自然生态空间”。随着国民经济的发展和经济体制改革的深入，国家在天然气价格管理、定价机制、价格结构等方面进行了渐进性调整，对推进价格形成的市场化改革起到重要作用。与此同时，外部环境具有公共物品属性，对天然气的正外部性应通过财税优惠、补贴等方式实施价值补偿，加快建立共享性资源的价值补偿机制。[①]

随着国内外市场环境的变化，天然气供需形势也发生了新的变化，迫切需要深化价格改革适应当前形势。新常态下的中国经济反映在能源需求和能源结构上，天然气将成为近中期能源结构转型的主力。已有研究证实，从经济可行性来看，某些行业仅依靠市场机制的价格调节作用自然会对天然气的使用结构产生“优化”，而发电等行业则需借助制度手段促进消费替代和技术进步。为此，一方面应进一步推动天然气价格形成机制的改革，以特定的制度安排厘清政府与市场各自的作用边界，让市场机制在资源配置中发挥决定性作用；另一方面将清洁能源的正外部性价值转化为经济效益，形成对投资者、经营者和消费者有效的激励约束作用，最终建立真正反映资源稀缺程度、市场供求和环境外部性的价格机制，实现对“公共物品”供给者的市场价值的补偿，对保障国家能源安全、促进能源生产和消费模式变革，保证我国经济、社会和环境的可持续发展至关

① 2014年2月10日，中国国际经济交流中心常务副理事长郑新立在“中国经济50人论坛2014年年会”上发表《关于经济体制改革方面五个难点》的讲话。

重要。

目前，我国天然气价格改革取得了实质性进展。2014 年以来，国家密集出台了多项配套措施推动天然气市场化改革，阶梯价格改革、增存量气价并轨、试运行上海石油天然气交易市场、放开直供用户价格，甚至有些学者提出放开准入限制，构建竞争性市场结构实现完全市场化的定价方式。诸如此类，仅是针对天然气市场化导向的改革措施，并没有真正从环境外部性考虑天然气与替代能源之间的环保效益差异。相对于发达国家，我国在环境税方面的制度建设比较滞后，国内天然气与替代能源的比价关系仅是资源价值本身，而国外价格则更趋向于反映了两者之间的资源价值和社会价值。如何从外部性角度理顺能源比价关系，体现其清洁能源的社会效益，应成为未来价格改革重点考虑的内容。对此，本章研究的重点内容包括优化能源结构对环境治理的作用、天然气内在价值的重新界定，以及投资收益率的确定方式，最后针对如何实现正外部性价值的补偿机制提出政策和建议。

第一节　我国能源消费对环境的外部性影响

能源作为重要的生产要素，随着经济总量的进一步攀升，我国能源需求持续增长。从图 2. 2. 2 不难看出，能源消费量与 GDP 的增长趋势大体一致，截止到 2014 年全国能源消费总量为 42. 6 亿吨标准煤，同比增长 2. 2%。不同能源结构对外部环境的影响不同，优化能源结构使能源使用对环境的压力随之减少。

以煤为主的一次的能源结构对环境带来了很强的负外部性。过去一段时期我国经济实现了飞跃式发展，以煤炭为主的能源消费对经济发展起到了巨大的支撑作用。燃煤消费对环境带有较强的负外部性，使环境污染问题日益显现，特别是最近几年，全国范围内频发的雾霾天气受到社会各界的高度关注。因此，考察能源使用的外部性问题，对控制能源消费规模、调整能源消费结构向清洁化转型具有指导意义。本节在已有研究基础上，以二氧化硫为例，以不同区域拟合环境的库兹涅兹曲线，探讨未来经济增长对不同区域环境污染的影响程度，并利用 STIR - PAT 模型和 Kaya 恒等式分析不同区域环境污染的作用因素，最后以马尔科夫概率分析法探讨了能源结构优化对环境治理的作用。①

一 经济增长与环境外部性的相关性

通常经济发展与环境保护具有内在矛盾。能源发展目标一般包括：支撑经济发展、提供能源普遍服务与维护环境的可持续。显然这些目标是不一致的，资源禀赋、经济制度、社会理念及发展阶段的不同，会衍生截然不同的能源政策。支持经济增长、提供普遍服务需要较低的能源成本与环境成本，而实现经济、环境的可持续性则要承担较高的成本，这需要权衡政策目标的侧重点。一般当经济发展步入高收入阶段，开始对环境的关注度提高，引起能源成本的上升，对清洁能源的关注和扶持力度也会越高。②

（一）经济发展方式对外部环境的影响

经济增长与环境质量之间具有相互替代关系。从供给角度来看，减少污染取决于内在的机会成本和同时期的技术水平。随着资源的日益短缺和生态环境的恶化，资源价格相比技术创新的边际成本较高，新技术开发应用成为可能，环境的边际收益逐步上升，供需平衡促进环境质量的改善；从需求角度来看，假定环境和商品一样具有价格，不同收入水平对其需求具有不同的收入弹性，那么节能减排行为将取决于不同时期居民对环境需求的支付意愿或支付能力。一旦居民的收入水平达到临界值，对环境质量的需求将开始提高。

Munasinghe（1999）基于对环境的边际成本和收益的研究基础上，提出环境质量的供需达到平衡时会产生库兹涅茨曲线。研究表明，环境的边际成本和边际收益分别是环境恶化程度的减函数和增函数。外部环境质量更多地取决于资本的力量，其对经济增长的强烈需求主导了既定的环境形势。文章后续将着重分析经济增长与我国环境质量之间的关系。

① 国内外研究多采用二氧化碳、二氧化硫表征环境污染水平。二氧化硫是造成大气污染的主要原因，不同能源的二氧化硫排放水平差异很大，以单位热值计算煤炭、石油、天然气的二氧化硫排放比值为700∶400∶1，在此为衡量能源结构变化对环境影响选取二氧化硫作为指标。

② 林伯强：《国际上为何普遍存在能源补贴》，《中国社会科学报》2014年9月12日，第645期。

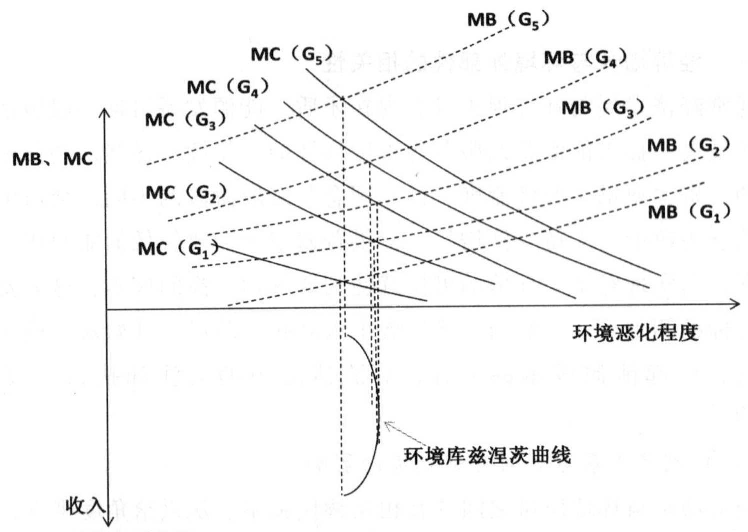

图 7.1.1　以减排的边际成本收益分析的库兹涅茨曲线

（二）环境库兹涅茨曲线

20 世纪 90 年代，美国经济学家 Grossman 和 Krueger（1991）通过实证分析环境污染与人均国内生产总值之间的关系，检验发现其类似于库兹涅茨曲线：随着经济发展水平的提高，环境质量指标呈现先恶化之后又不断好转的过程，即环境质量与人均收入之间存在倒“U”形关系。1996 年，Panayotou 首次将环境质量与人均收入之间的这种关系称为环境库兹涅茨曲线。对任何国家而言，资源禀赋、技术、国家政策及人均收入水平等因素决定了环境质量。

国内学者也对收入与环境质量之间的关系作了大量研究。蔡昉（2008）、林伯强（2009）通过拟合环境库兹涅茨曲线预测碳排放水平，分析了经济发展水平与节能减排的关系。为探究环境质量变化的深层次影响因素，在此以二氧化硫（SO_2）作为环境质量变化的指标。

根据 Stern（2002）对经济增长与二氧化硫排放相互关系的研究结论，经济规模与环境质量之间存在倒“U”形结构，即二氧化硫库兹涅茨曲线（EKC）。选取人均收入作为自变量的二次方程形式，二氧化硫人均排放量作为被解释变量，并取对数，模型形式为：

$$\ln(S/P)_{it} = \alpha_i + \gamma_t + \beta_1 \ln(GDP/P)_{it} + \beta_2(\ln(GDP/P)_{it} + \varepsilon_{it} \quad 7-1-1$$

其中，α_i、γ_t分别表示地区与时间解释变量，ε_{it}为随机误差项，在此不考虑技术水平影响。二氧化硫排放量为工业与生活排放量之和，所需数据来自《中国统计年鉴》。考虑到国家统计局关于二氧化硫统计数据较少，样本区间选为1998～2013年各省数据，地区划分依据国家统计局公布标准，GDP以1998年不变价格表示。模型估计如下：

表7.1.1　　我国环境污染的库兹涅茨曲线估计结果

	全国		东部		中部		西部	
	固定效应	随机效应	固定效应	随机效应	固定效应	随机效应	固定效应	随机效应
α_i		-17.861 (-6.574)		-25.366 (-7.362)		-11.606 (-3.381)		-2.682 (-0.570)
In $(GDP/P)_{it}$	3.697 (23.420)	4.264 (7.605)	4.808 (7.225)	5.799 (8.358)	-0.550 (-0.802)	2.833 (3.887)	-3.250 (-4.859)	1.046 (1.019)
(In $(GDP/P)_{it})^2$	-0.180 (-21.663)	-0.219 (-7.515)	-0.211 (-6.873)	-0.299 (-8.568)	0.043 (1.272)	-0.139 (-3.598)	0.135 (3.943)	-0.045 (-0.567)
Adj R-squared	0.977	0.240	0.931	0.333	0.975	0.404	0.953	0.162
F-statistic	449.408	75.294	93.713	47.206	180.604	47.764	117.775	14.789
Turning-point	29407	16899	89322	22026		36316		92042

检验结果显示，全国的固定效应模型和随机效应模型差异不大，但随机效应的邹至庄检验未能通过，且从实际情形来看，拐点16899元与现实差距较大，故采用固定效应模型。因此，理论上符合环境库兹涅茨曲线假说，认为在人均GDP约为29407元时，二氧化硫排放存在拐点。分地区

来看，东部地区人均收入为22026元时到达拐点，在2005年左右已具有拐点。中部地区两种模型的估计结果差别很大，西部地区则不符合EKC假说。通过研究西部地区与人均收入的协整关系发现，两者之间存在正相关关系，即当前西部地区随着GDP增长，二氧化硫依然呈现增加态势。

长期以来，由于过度强调宏观经济增长速度，中国经济一直处在粗放发展的阶段。随着工业化的深入推进，重化工业占整个国民经济的比重很大，导致以煤炭为主的能源结构长期扭曲偏重，加上观念落后和技术制约，能源利用效率低，环境污染问题成为当今社会普遍关注的焦点。要素市场扭曲的原因很大程度上源自于政府干预，要素市场的管制是“增长”和“稳定”政策的产物，以增长为纲的地方政府通过管制措施来实现短期的经济增长，但长期内则不利于经济增长。（张曙光、程栋，2010）

二　能源消费与环境外部性的相关性

推广利用清洁能源，实现能源消费的清洁化、低碳化对缓解当前环境问题具有重要现实意义，不同能源单位热值的污染排放差异很大，调整能源结构对环境治理具有重要作用。与煤炭、石油等化石能源相比，天然气是一种低碳、优质、高效的清洁能源，其对环境的危害程度最轻。增加天然气在一次能源结构中的比重，可有效减少二氧化碳、二氧化硫及烟尘颗粒物等污染排放，避免形成酸雨和雾霾天气。比如，大量燃煤是造成环境污染的主要来源，单位热量燃煤引起的二氧化碳排放比天然气高出61%，煤燃烧释放的二氧化碳和二氧化硫占到全国总排放量的71%和87%。

燃煤是产生环境问题的主要污染源，而期间释放的二氧化硫是大气污染的重要原因，2014年，我国二氧化硫排放总量达到1974.46万吨，远超环境容量，以二氧化硫为例分析环境污染问题具有典型性。不同能源的二氧化硫排放水平存在差异，为衡量能源结构变化对环境的影响，在此选取二氧化硫作为因变量指标。

（一）二氧化硫排放的影响因素分析

二氧化硫排放主要来自煤炭、石油，其中煤炭占绝对比重，天然气与其他清洁能源的排放量则基本忽略。为了进一步探讨能源消费结构、产业结构、能源强度等因素对二氧化硫排放的影响，Dietz（1994）提出的STIR-PAT模型进行分析，表达式为：

$$I = aP^{b_1}A^{b_2}T^{b_3}e \qquad 7-1-2$$

其中，I、P、A、T 分别表示环境压力、人口、富裕程度和技术水平。对方程两边同时取对数变为：

$$\ln \alpha + b_1 \ln P + b_2 \ln A + b_3 \ln T + e_t \qquad 7-1-3$$

上述方程中不包括产业结构、能源结构、能源强度等因素，对此，本书在模型中纳入上述因素。与此同时，结合 Stern（2002）的研究成果对模型参数形式进行修正，修正后的模型形式为：

$$\ln (S/P)_{it} = \alpha_i + \beta_1 \ln (GDP/P)_{it} + \beta_2 \ln ((GDP/P)_{it})^2 + \beta_3 \ln IR + \beta_4 \ln CM + \beta_5 \ln EP + \varepsilon_{it} \qquad 7-1-4$$

式中，$\ln IR$ 表示工业占 GDP 比重，$\ln CM$ 表示煤炭占一次能源消费比重，$\ln IR$、ε_{it} 分别代表能源强度和随机误差项。能源强度以万元 GDP 的能源消耗量得出，数据来自历年《中国统计年鉴》，样本区间为 2004～2012 年 26 个省份数据（国内部分省份天然气消费量很低，在一次能源结构中的比重近似忽略不计，在此将不考虑这些省份），GDP 以 2004 年不变价格表示。基于豪斯曼（Hausman）检验结果，在此选取固定效应模型估计如下（模型选择过程的估计结果忽略）：

表 7.1.2　　　　我国二氧化硫排放影响因素的模型估计结果

	全国		东部		中部		西部	
	参数值	t－值	参数值	t－值	参数值	t－值	参数值	t－值
ε_t	－14.830	－7.344	－16.358	－3.119	－8.218	－1.779	－19.442	－3.583
$\ln (GDP/P)$	1.618	3.674	2.011	1.813	－0.023	－0.027	3.029	3.077
$(\ln (GDP/P))^2$	－0.062	－2.838	－0.077	－1.383	0.002	0.049	－0.156	－3.106
$\ln IR$	1.494	12.512	0.277	1.418	0.479	2.899	0.254	1.212
$\ln CM$	0.456	5.243	0.306	3.023	1.781	2.942	1.254	4.332
$\ln EP$	0.545	6.376	1.845	8.803	0.503	1.977	0.559	2.013
Adj－squared	0.988	0.954	0.916	0.927				
F-statistic	576.758	284.950	161.831	188.222				

首先，从全国的估计结果来看，调整产业结构是降低二氧化硫排放的重要途径。产业结构的二氧化硫排放量弹性系数最大，同时提高能效、调整能源结构也是解决环境问题的有效措施。当加入天然气占一次能源比重的变量后，得到弹性系数值为－0.031，即增加天然气的消费比例能够降

低环境污染，但由于占比过低，还未发挥对环境质量的改善作用。

其次，不同地区的系数值差异较大，各因素对不同地区环境质量的影响存在差异。就东部地区而言，能源强度的弹性系数为1.845，即降低能源强度可以显著改善环境质量；中部地区为煤炭占一次能源消费比重的弹性系数最大1.781，即调整能源结构能有效缓解中部地区环境污染；西部地区能源消费结构弹性系数最大1.254，也要适当考虑经济增长对能源消费总量的带动作用，前面结果显示两者之间存在显著的正向协整关系（相关系数为0.21），即当前随着GDP的增长，二氧化硫排放量也在增加。

鉴于东西部经济发展水平的差异，政府在着力推进东部环境治理的同时，应兼顾区域间的污染转移。目前，国家环保政策还没有考虑国内经济转移的阶段性特征。2014年《大气污染防治目标责任书》作为一项环境治理政策颁布实施，政策以环境容量为标的，但在特定时期内，政策目标是控制能源消耗总量和调整消费结构。具体来说，就是要减少东部消费总量，西部能源政策需要权衡经济发展与环境容量，引导高耗能产业向中西部转移。

为了进一步阐明上述观点，引用林伯强（2014）关于贸易对我国环境影响的研究结论。如表7.1.3所示，随着国内收入水平的提高，由国家之间贸易引起的污染效应逐步下降，而国内东西部地区贸易引起的污染转移正逐步加深。主要原因是东部地区步入高收入阶段以后，能源价格的承受能力要强一些，对环境保护的诉求也开始提升，鉴于我国特定的资源禀赋条件，东部清洁能源（天然气）的来源主要是西部地区，而西部对资源开发利用、价格承受力较低，导致西部环境污染的加速，需要政府进行顶层设计，以提高气源价格、财政补贴、税收优惠等方式给予西部更多支持，让这些地区能有更多的资金投入到环境治理当中。

表7.1.3　贸易变化对我国环境影响的总体效应

	区制	规模效应和技术效应	结构效应	贸易引致的结构效应
国内外	低收入阶段	0.139	0.091	0.143
	高收入阶段	0.108	0.226	0.041
东西部	静态模型	0.134	0.236	0.162
	动态模型	0.236	0.176	0.334

资料来源：林伯强：《发展阶段变迁与中国环境政策选择》，《中国社会科学》2014年第5期，第81～95页。

因此，科学制定天然气价格应充分考虑区域差异性，在抑制东部能源消费不合理的同时，支持西部天然气资源开发和环境治理，避免环境污染的区间转移。当前东部地区的能源价格相对较低，可适度提高区域比价来提高整体能效，以此促进环境质量的改善；中部地区需降低煤炭占一次能源结构比重，通过优化能源结构、调整产业结构来降低污染水平；西部地区则需要较长的转型过程，需要兼顾经济发展与控制污染的双重目标，在优先保持经济增长的同时，鼓励利用天然气等清洁能源，逐步推动能源消费模式向低碳化、清洁化方向转变。

（二）二氧化硫排放的影响因素分解

根据日本学者 Yoichi Kaya（1989）提出的 Kaya 恒等式，可以得到二氧化硫排放的驱动因子包括：

$$S/P = (GDP/P)(E/GDP)(S/E) \quad 7-1-5$$

式中，E/GDP、S/E 能源强度和结构强度效应。以此，本书采用 Ang B. W.（2004）提出的 LMDI 对影响因素进行无残差分解。

假定从基期到第 t 年人均二氧化硫排放的产值为总效应 ΔPS_t，而总效应由三部分组成：收入效应、能源强度效应、能源结构效应，若以 ΔPG_t、ΔPE_t、ΔPC_t 分别表示三种效应，则 LMDI 表达式为：

$$\Delta PS_t = \Delta PG_t + \Delta PE_t + \Delta PC_t \quad 7-1-6$$

$$\Delta PG_t = L(PS_t, PS_0) * \text{In}(PG_t/PG_0) \quad 7-1-7$$

$$\Delta PE_t = L(PS_t, PS_0) * \text{In}(PE_t/PE_0) \quad 7-1-8$$

$$\Delta PC_t = L(PS_t, PS_0) * \text{In}(PC_t/PC_0) \quad 7-1-9$$

$$L(PS_t, PS_0) = (PS_t - PS_0) / (\text{In}\, PS_t - \text{In}\, PS_0) \quad 7-1-10$$

根据上述公式，基于 LMDI 对人均二氧化硫变化的因素分解如下：

表 7.1.4　1998～2013 年我国人均二氧化硫变化的 LMDI 因素分解

	总效应	收入效应	强度效应	结构效应
2009～2013 年	－1.57	5.63	－2.75	－4.44
2004～2009 年	－0.76	10.20	－4.50	－6.46
2001～2004 年	2.58	5.07	0.24	－2.73
1998～2001 年	－1.99	3.81	－2.61	－3.19

表 7.1.4 中显示，不同时期，人均收入、能源结构与能源强度效应对二氧化硫污染变化的影响程度不同，其中，人均收入与结构效应的作用更大。这与先前的估计结果基本相同。总体而言，1998 年以来，能源强度对环境污染的影响变动较大，在过去的十几年，国内经济处于高速增长时期，在投资驱动模式下，经济增长对能源总量需求的规模很大，导致能源强度对总效应的影响相对较大。伴随人均收入水平的提高及经济增速的放缓、环保政策的强制实施，国内煤炭、石油消费比重开始下降，对环境质量有正向的影响作用。

2001～2004 年期间，高耗能产业的快速发展、煤炭消耗比重的提升，曾一度使能源强度的影响效应由负为正。2004 年以后随着节能减排政策的调整实施，能源强度再次出现下降，在环境治理的作用中进一步体现。能源结构效应的作用更加突出，在总效应中的贡献度明显提升，因此调整能源结构是实现能源清洁化、低碳化转型的核心任务。

能源强度的贡献度呈现先降后升的趋势。为探究近期能源结构效应上升的原因，将能源结构中煤炭、石油的消费比重与能源结构强度进行趋势分析。显而易见，由于煤炭占据绝对比重，煤炭消费比例的变化会引起能源强度同方向变动，而天然气则与之呈现完全相反的方向。因此，通过多渠道地优先发展天然气等清洁能源，提高能源结构效应，对积极治理雾霾问题具有至关重要的作用。

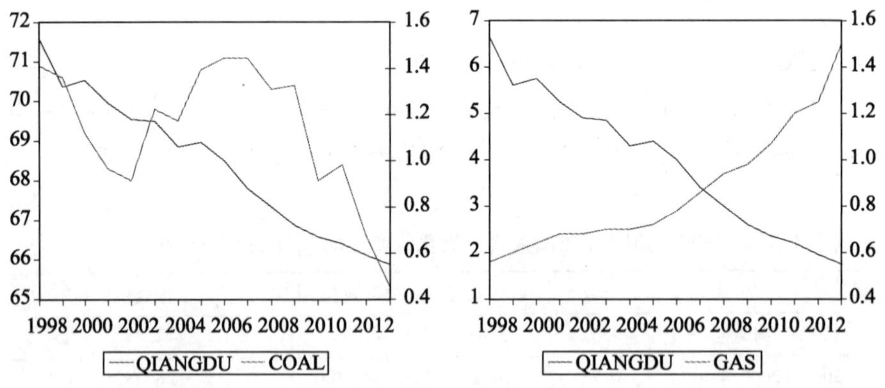

图 7.1.2　能源结构趋势强度与煤炭、天然气比例的变动趋势

（三）优化能源结构对环境质量的改善作用

新常态下的中国经济反映在能源消费和能源结构上，天然气将成为近中期调整能源结构的主力。环保部发布的《2014 中国环境状况公报》显示，全国开展空气质量新标准检测的 161 个城市中，145 个城市空气质量超标，城市 PM2.5 达标比例仅为 4.1%，PM2.5 平均浓度为 72 微克/立方米，超出国家标准 1 倍多，重污染天气频发的势头未能根本改善。①

不同能源消费的污染排放差异较大，优化能源结构是实现环境治理改善的有效途径。根据政府间气候变化专门委员会（IPCC）资料显示，气电与煤电相比，二氧化碳、氮氧化物、可吸入颗粒物排放量仅为后者的 42%、19% 和 5%。按照单位热值计算看，煤炭燃烧产生的灰分、二氧化硫是天然气的 148 倍和 700 倍之多。作为保障环境可持续发展的重要清洁能源，加大天然气资源的开发利用是实现环境治理的重要手段。

表 7.1.5　　天然气与煤炭、石油燃烧的排污量对比

燃烧产物	天然气	煤炭	石油
灰分	1	148	14
二氧化硫	1	700	400
二氧化氮	1	10	5
一氧化碳	1	29	16
二氧化碳	3	5	4

注：按能源之间的单位热值计算。

资料来源：国家统计局数据库。

根据国务院发展研究中心《2014 年中国气体清洁能源发展报告》和 2014 年 7 月国家能源局召开的“十三五”能源利用规划工作会议，提出在 2020 年我国天然气消费比重要达到 10% 左右，消费总量实现 4100 亿立

① PM2.5 平均浓度数据详见郭焦锋、高世楫《中国气体清洁能源发展报告 2014》，石油工业出版社 2015 年第 1 版。

方米。[①] 同时，2012 年，中共十八大提出 2020 年实现经济增长翻一番的宏伟目标，以此为基础计算出我国能源消费总量，并深入分析在不同的能源消费规划下，对比分析能源结构调整对我国环境质量的不同变化。本书运用马尔科夫概率分析法建立随机时序模型，基于不同规划目标来预测我国能源消费结构变化。设定初始状态为 $S(0)$，经过 k 步转移概率为 P^k 次后的状态为 $S(k)$，以 2009 年为基期年份，那么：

$$S(2009+k) = S(2009)\ P^k \qquad 7-1-11$$

其中，P^k 为转移概率矩阵。假设天然气及其他清洁能源向其余能源的转移概率为零，运用 Lingo 软件回归结果如下：

$$\begin{vmatrix} 0.99386 & 0 & 0.00293 & 0.00138 \\ 0 & 0.99597 & 0.00403 & 0 \\ 0 & 0 & 1 & 0 \\ 0 & 0 & 0 & 1 \end{vmatrix}$$

结合 2013 年我国能源消费结构数据，得到无能源约束目标和有能源约束目标两种情形下的能源消费结构：

表 7.1.6　　未来一段时期内我国的能源消费结构预测

项目 时间	无能源消费规划目标约束				有能源消费规划目标约束			
	煤炭	石油	天然气	其他	煤炭	石油	天然气	其他
2013 年	66.00	18.40	5.80	9.80	66.00	18.40	5.80	9.80
2015 年	65.19	18.25	6.33	10.22	64.15	18.22	7.16	10.48
2018 年	64.00	18.03	7.12	10.85	61.46	17.94	9.12	11.47
2020 年	63.21	17.89	7.64	11.25	59.74	17.76	10.39	12.11

根据“十三五”能源规划目标，2020 年我国天然气消费总量约为 4100 亿立方米，占一次能源消费比重的 10% 左右，那么一次能源消费规模大约为 545300 万吨标准煤。相比有能源规划约束条件下，我国煤炭、石油消耗增加约为 18922 万吨和 709 万吨。根据表 7.1.5 中三种能源的排

① 不同机构及不同时期对 2020 年我国天然气市场需求量的预测值不同。2014 年 4 月，国家发改委曾预测 2020 年天然气市场需求量为 4000 ~ 4200 亿立方米，同年 11 月，这一数字调整为 3600 亿立方米；2015 年 1 月，中石油对 2020 年天然气需求的预测为 3100 ~ 3600 亿立方米；2015 年 6 月，国际能源署（IEA）预测值进一步降低为 3140 亿立方米，接近中石油预测范围的下限。

污量对比，若以一吨标准煤约排放二氧化硫 8.5 千克标准测算，有能源规划约束可以减少二氧化硫排放量为 164 万吨，约占 2013 年二氧化硫排放总量的 8% 以上。[①] 按照每吨二氧化硫的经济损失 7000 元计算，[②] 可减少损失 114.8 亿元。

目前，能源消费结构的变化对污染排放还未产生实质影响。2013 年，能源消费造成的全球二氧化碳排放量在加速增长，虽然增长速度低于历史平均水平，原因是可再生能源供给的迅速增加，在全球能源消费中达到 2.7%。其中，发电行业使用增长 16.3%。尽管 2013 年非化石能源较为强劲地增长，在一次能源消费中的比重有所抬升，但资源相对比价的调整使煤炭比重不断增加，即便在能效持续提高的前提下，全球排污增速未能得到有效遏制，几乎与一次能源消费总量增速保持同步。

我国温室气体排放持续攀升，已成为全球最大的温室气体排放国。过去一段时期我国经济实现了快速增长，以煤炭为主的能源结构对经济发展起到了巨大的支撑作用。与美国相比，我国能源规模基本与美国持平，但是由于以煤炭为主的能源结构，导致二氧化碳排放量远超过美国，未来减排形势仍非常严峻。因此，减少煤炭消耗比重，提高天然气等清洁能源利用水平，无论是针对雾霾天气治理，还是积极应对气候变化都将起到重要作用。尽管国家对能源行业实施了一系列经济制度改革，但天然气领域的市场体系建设却相对迟缓，阻碍产业发展的诸多体制性问题依然存在，因此应进一步完善价格形成机制推动天然气产业发展。

第二节　天然气价值的重新界定及在价格决策中的作用

建设生态文明是党中央“十八大”提出的重大战略思想和战略任务，标志着中国特色社会主义现代化建设进入了一个更高的发展阶段，成为与生态文明时代相适应的可持续的“新发展观”。天然气是保障环境可持续发展的重要清洁能源，优化能源结构能够促进环境治理的明显改善，国务

① 根据国务院发展研究中心的研究结果，仅考虑天然气直接替代煤的效应，在政策情景下 2020 年可减少排放二氧化硫 179.4 万吨，这与本书测算结果存在一定差异，原因在于本书测算时充分考虑全部能源结构的变化关系。

② 转引自国务院发展研究中心《中国天然气发展战略研究报告》2015 年 7 月 20 日。

院印发的《能源发展战略行动计划（2014—2020）》强调要通过完善价格机制实现能源结构优化、提高能效和协调保供的目标。

推进制度改革是实现价格引导供求的根本途径。基于公共物品的产权理论来看，能源消费对环境造成很大的负外部性，而明晰产权为价格构成及实现外部成本内部化提供了理论基础。依据产权理论对能源价格形成方面的研究已经引起广泛关注，但是实践过程中存在外部性难以量化等诸多现实障碍，最终因较高的交易成本难以实现均衡。庇古税是解决外部性的有效手段，但政府的共同代理问题和短期利益导向会降低规制绩效，并且实行煤炭消费征税的结果可能不是帕累托改进，而是类似地等同于零和博弈。① 对此，可通过完善价格机制和构建激励机制凸显其提供“公共物品”的正向效应，促进供需均衡及资源优化配置。

十八届三中全会提出要建立系统、完整的生态文明制度体系，以制度性手段保护生态环境，生态文明制度的建立需要寻求共享性“公共物品”提供者的价值补偿机制。② 正外部性价值的衡量和补偿应借助市场机制来完成，政府规制对扩大消费需求固然有效，调剂供求还需依托市场机制的作用。天然气供给者既应获得公平合理的报酬，对正外部性也要实施价值补偿，这需要有效率的组织进入市场健全制度体系和建立对私人行为的激励相容机制。

鉴于此，健全天然气产业的管理体制和价格运行机制形成现代市场体系，通过激励性机制实现共享性“公共物品”供给者的价值补偿是优化能源结构、改善环境质量的关键。在此以天然气作为“公共物品”（清洁空气）提供者为理论前提：（1）综合考虑天然气资源的环保价值、社会医疗价值和国家能源安全的战略价值，对其内在价值进行重新界定；（2）结合煤炭消费的负外部性成本、国家能源安全的角度，分析外部性在价格决策中的作用；（3）运用“公共物品”和新制度经济学的相关理论，以天然气与煤炭消费的外部性差异为基础（相对煤炭而言，天然气对环境的负外部

---

① 利用对煤炭征税使外部成本内部化的方式会导致煤炭的使用成本上升过快，在天然气与煤炭基本相同的情形下，将抬高用户的使用成本，抑制经济的进一步发展，为此不符合帕累托改进的原则；周权雄（2009）研究显示基于地方政府的短期利益导向将弱化减排激励，而多方代理问题也会导致污染排放的持续增加；详见周权雄《政府干预、共同代理与企业污染减排激励—基于二氧化硫排放量省际面板数据的实证检验》，《南开经济研究》2009 年第 4 期，第 109 ~ 130 页。

② 2014 年 10 月，中国国际经济交流中心常务副理事长郑新立在“中国经济 50 人论坛 2014 年年会”上发表《关于经济体制改革方面五个难点》的讲话。

性可以忽略)，初步探讨了天然气正外部性价值的补偿机制。

一　天然气价值的重新界定

(一) 价格与价值之间的关系

商品价值决定价格的规律下，价格的制定应依据商品的社会平均成本和市场供求形成。价格是价值的外在表现形式，价值是价格决定的基础。价格就是市场上的实际价格，价值则是等边际时的边际效用。① 十八大报告中首次使用“生态价值”概念，这是“生态哲学”的基本概念，从生态价值的含义来看，是自然生态系统对于人类生存所具有的“环境价值”，即“环境价值”作为一种“非消费性价值”，体现对自然的“保存”。相比煤炭而言，天然气提供相等的“资源价值”或“经济价值”的同时，还会保障自然系统的生态价值。换言之，天然气相对煤炭更具生态价值，理应被纳入到天然气的价值内涵当中。②

(二)“公共物品”的理论概述

从公共物品的产权理论角度看，产权的形式决定了价格主体和机制，影响价格对真实价值的反映程度。明晰的产权界定为解决外部性问题提供了思路，为定价构成中实现外部成本内部化提供理论基础。外部环境对于社会全体成员而言属于公共物品，由于能源消费过程会对外部环境造成破坏形成负外部性，在产权无法界定的条件下，存在着过度利用和治理中的“搭便车”问题。

外部环境（如清洁空气）所固有的外部性和公共物品特征，单纯依靠市场机制的作用无法有效提供或促进环境治理的改善，需要政府采取干预性措施，如：征税或补贴等方式解决外部性问题。面对经济增长和环境污染问题时，国家时常会陷入两难，在工业化加速发展获得巨大的经济利益的同时，也造成了许多负面影响（比如空气污染严重）。环境污染严重损害了社会利益，而污染源的制造者却并未付出相应的代价，这就是外部性问题。基于外部性问题的存在，边际私人成本与边际社会成本以及边际私人收益与边际社会收益不相等，此时完全依赖市场力量配置资源无法达到帕

---

① ［美］萨缪尔森、威廉·诺德豪斯：《微观经济学》，人民大学出版社 2012 年版，第 65 页。

② 刘福森：《生态文明建设中的几个基本理论问题》，《光明日报》2013 年 1 月 15 日第 11 版。

累托最优，需要政府依靠强制性手段进行征税或补贴解决外部不经济性。[①]

近几年来，虽然国家将征税等经济手段引入到环境治理中，然而经济产出带来的短期利益导向弱化了企业的减排激励，政策并未取得实质性进展。天然气相比煤炭而言，其消费过程存在显著的正外部性，所以环境治理的目标是以清洁高效的天然气替代燃煤。政府可通过制度创新使生产者获益的方式，构建正外部性的价值补偿机制，促进天然气作为清洁空气这种“公共物品”的有效供给。

（三）天然气产品价值的重新界定

天然气价值分为经济价值、生态价值以及战略价值。[②] 生态价值主要是指外部性，指厂商在从事生产经营活动过程中造成了额外的社会成本，但却不需要为此支付任何费用，比如环境污染。就天然气相对煤炭来说，若以天然气实现对煤炭资源的消费替代，则将对外部环境带来显著的正向改善效应。战略价值侧重于国家能源安全领域的战略问题，同时与经济因素、外交政策等相互融合并相互影响，以能源的战略性储备增强抵御国内国际能源市场风险的能力，进而维护国家宏观安全的价值。在此，首先从经济学理论角度分析外部不经济的影响。

如图 7.2.1 所示，假定存在厂商环境污染的条件下，MEC 为污染带来的边际社会成本，MSC、MC 分别为厂商边际成本和环境污染的边际外部成本，且 $MSC = MEC + MC$，D 为市场需求曲线。假如在不存在政府规制的情形下，则均衡价格和产量分别为 P_1、Q_1，C 点处产生的社会成本为 $MSC_A - MC_C$。如果考虑外部不经济的影响，政府采取相应地规制性措施，此时均衡价格和产量分别为 P_2、Q_2。因此，未实施规制性措施时引起的社会成本为 ABC，厂商需要支付这部分成本以补偿外部不经济造成的社会损失。

（四）价值补偿方式

1. 外部性的价值补偿方式

在传统西方经济学理论中，公共物品的外部性导致市场定价失灵，环

---

① 党的十八大报告中明确表示：“保护生态环境必须依靠制度。要把资源消耗、环境损害、生态效益纳入经济社会发展评价体系，建立体现生态文明要求的目标体系、考核办法、奖惩机制”，具体措施则为“深化资源产品价格和税费改革，建立反映市场供求和资源稀缺程度、体现生态价值和代际补偿的资源有偿使用制度和生态补偿制度”。

② 根据中央政策研究室社会局局长李欣欣的修改建议，笔者将国家宏观安全的战略价值引入到天然气的正外部性价值含义中。

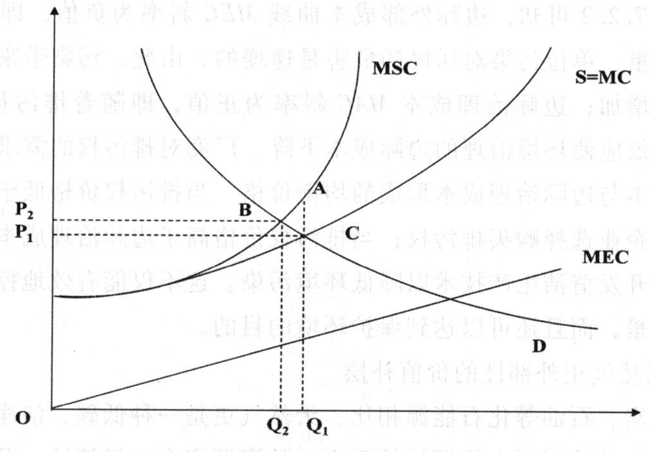

图 7.2.1　环境污染造成的外部不经济

境污染等外部性成本难以被记入企业生产成本中。庇古税（1920）是早期解决外部性的主要方式，提出政府具有维护环境的责任，以私人成本与社会成本相等假设前提下，政府对造成外部性问题的主体进行征税并用于环境治理。科斯（1960）则从明晰产权的角度提出，在市场经济国家运用明晰产权、排污权交易等方式实现耗竭性资源的完全成本定价，市场通过讨价还价方式达到可耗竭能源消费的外部成本内部化，从而实现资源的最优配置。

假定 *MAC* 代表边际治理成本，*MEC* 代表边际外部成本，*P* 为排污权价格，*S* 为市场中的排污权供给曲线，那么可以得到：

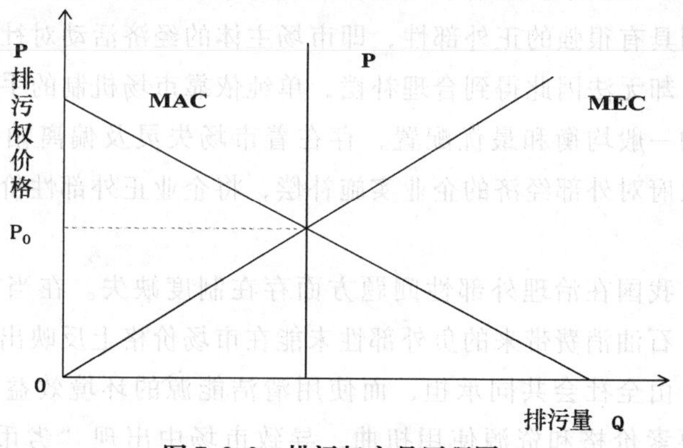

图 7.2.2　排污权交易原理图

由图 7.2.2 可知，边际外部成本曲线 *MEC* 斜率为负值，即随着环境污染的加重，单位污染对居民的危害是递增的，由此，污染带来的边际成本也逐步增加；边际治理成本 *MAC* 斜率为正值，即随着排污量的加大，因为规模效应使环境治理的边际成本下降。厂商对排污权的需求取决于边际外部成本与边际治理成本形成的均衡价格。当排污权价格低于边际治理成本时，企业选择购买排污权；当排污权价格高于边际治理成本时，企业更倾向于开发清洁生产技术以降低环境污染。这不仅能有效地控制污染物的排放总量，而且还可以达到保护环境的目的。

2. 天然气正外部性的价值补偿

与煤炭、石油等化石能源相比，天然气更是一种低碳、洁净环保的优质能源。与其他可再生能源比较而言，从资源安全、经济性、开发潜力等方面综合对比，天然气是最适宜长期开发的清洁能源。与煤电、油电相比，天然气对环境的危害程度最轻，能有效减少二氧化碳、二氧化硫和可吸入颗粒物排放，避免形成酸雨和雾霾天气。根据 IPCC 统计数据，煤炭、原油、天然气每 10 亿千克二氧化碳排放分别为 3.96kg、3.07kg 和 2.35kg。其中，气电与煤电相比，二氧化碳、氮氧化物和可吸入颗粒物排放量仅为后者的 42%、19% 和 5%。因此，若以天然气实现对煤炭的消费替代，能够改善环境治理，总体对环境具有正向影响效应。

政府规制对扩大消费需求固然有效，而调剂供求还需依托市场机制的作用。从价格形成机制的有效性看，目前我国天然气价格并没有包含环境保护等内容，难以维护经济、环境发展健康持久性。作为一种清洁能源，其消费使用具有很强的正外部性，即市场主体的经济活动对社会其他成员带来好处，却无法因此得到合理补偿，单纯依靠市场机制的手段不能有效实现价格的一般均衡和最优配置，存在着市场失灵及偏离帕累托最优状态，需要政府对外部经济的企业实施补偿，将企业正外部性价值转化为经济效益。

目前，我国在治理外部性问题方面存在制度缺失。在当前制度环境下，煤炭、石油消费带来的负外部性未能在市场价格上反映出来，环境污染的损失，由全社会共同承担，而使用清洁能源的环境效益没有合理补偿，造成要素价格和资源使用扭曲，导致市场中出现“劣币驱逐良币”现象。此外，从国家能源安全的角度来说，加强天然气资源的开发利用，增加能源的战略性储备，保障能源供给安全，对实现宏观经济的稳定发展具有重要战略意义。

二　天然气的正外部性成本

按照前面对天然气正外部性内涵的阐述，天然气的正外部性价值涵盖了环境成本、社会成本和国家宏观安全成本。其中，环境成本、社会成本从可替代能源（这里主要指煤炭）消费外来的负外部性考量，而国家宏观安全成本作为某种潜在的成本，则从经济、政治等战略发展的角度来衡量。

（一）煤炭消费的环境成本与社会成本

能源消费有时破坏或污染环境，使环境的某些功能退化，给社会带来危害造成经济损失，这就是能源消费的外部性损失。环境污染引起的经济损失可分为直接经济损失和间接经济损失。直接经济损失是直接造成产品的减产，损坏或质量下降所引起的经济损失，间接损失是由于环境资源功能的损害影响其他生产和消费系统而造成的经济损失。[①] 一般来说，环境污染的经济损失可通过环境保护措施的费用和效益来衡量，即环境污染治理成本，而社会医疗成本是环境功能损害间接引起的经济损失。根据国务院发展研究中心（2015）研究显示，1 吨原煤消费产生污染的经济损失约为 830 元。

1. 环境污染治理成本

大规模燃煤是主要的空气污染源，单位热量燃煤引起的灰分、二氧化硫、一氧化碳分别是天然气的 148 倍、700 倍、29 倍。依据 2014 年 7 月环保部环境规划研究院发布的《煤炭环境外部成本核算及内部化方案研究》报告（以下简称《报告》）指出：每吨煤环境外部成本为 204.76 元，相当于当年煤炭价格的 28%。[②]

目前，我国部分地区通过征收排污费等方式试图使环境外部成本内部化，但实际费用远低于煤炭的环境成本，占比不到 30%。根据环保部环境规划研究院《报告》通过多种污染损害评估方法的分析研究显示，2010 年全国煤炭消费的外部总成本达到 5555.4 亿元，相当于当年全国公

---

① 李克国：《环境经济学》，中国环境出版社 2014 年版。

② 2014 年 7 月环保部环境规划研究院发布的《煤炭环境外部成本核算及内部化方案研究》报告。

共财政环保支出的2.3倍，超过2004年全国污染经济损失总量。[①] 其中，生产、运输、使用环节的外部成本分别为2186亿元、714亿元、2655亿元。利用天然气替代煤炭将使废物排放量大幅降低，环境污染会得到有效抑制。据推算，未来新增3700亿立方米供气量，每年可同时减少4.3亿吨石油、10.5亿吨原煤消费，帮助接纳1.2万亿千瓦时可再生能源，减排25.7亿吨二氧化碳。[②] 若完全实现"煤改气"或"油改气"，国内雾霾至少会减少50%。

利用天然气替代石油、煤炭消费可有效缓解环境问题。一般而言，矿物燃烧后的污染物包括二氧化碳、硫氧化物、氮氧化物及粉尘、可吸入性颗粒等。天然气与煤、石油能源相比，除具有碳、氮含量低，且几乎不含硫等化学物质外，还有燃烧及使用效率高等优点。使用天然气替代以后可使空气中的废物排放量大幅降低。以北京市分布式能源发展项目为例，目前，北京市燃气锅炉现行氮氧化物排放标准为100mg/m^3，新标准实施后为80mg/m^3，单位热值燃煤的排放是燃气的5.3倍，约为400mg，而分布式能源系统氮氧化物排放可达到30~75mg/m^3，发展分布式能源对于抑制污染排放和PM2.5治理具有非常显著的作用。[③] 当天然气的应用范围扩大至一定程度时，以烟尘、燃烧等形式排放的空气污染将得到有效抑制，能够促进空气质量的明显改善，尤其是针对当前大城市严重的雾霾问题。

2. 社会医疗成本

环境质量的变化对人体健康有很大影响。经济活动导致的空气污染会造成人身寿命方面的损失，环境污染对健康的影响一般表现为发病率或死亡率的增加。人力资本法是评价环境污染对人体健康造成货币损失的方法之一，其将环境污染引起人体健康的经济损失分为直接经济损失和间接经济损失。直接经济损失包括预防和医疗费用等，间接经济损失包括病人、医护人员等的劳动工时造成的损失。2014年全球经济与气候委员会发布

---

① 依据2006年国家环保局和国家统计局首次发布的《中国绿色国民经济核算研究报告》显示，2004年全国因环境污染造成的经济损失为5118亿元，环保支出为2874亿元。

② 中国能源网韩晓平（2014）的研究资料显示，2006年到2012年，美国6年中每增加1立方米天然气，可同时减少1.18公斤石油、2.86公斤原煤，帮助接纳可再生能源电力3.255kWh，减排二氧化碳6.95公斤；参见韩晓平《为6000亿方天然气而奋斗（下）》。

③ 以北京市燃气集团投资建设的国家首批四个分布式能源示范项目—中石油数据中心项目为例，项目发电装机容量1675千瓦，年替代标煤3.49万吨，减排二氧化碳6.18万吨，节能减排的效果非常明显。

的《新气候经济报告》估计，2010 年中国 PM2.5 造成人员死亡所引起的经济损失相当于 GDP 的 9.7% ~13.2%。

环境污染的社会医疗支出巨大。根据流行病学调查结果，当前污染区平均每人每年呼吸系统疾病的医疗费用为 90.25 元，而相对清洁区每人每年呼吸系统疾病医疗费用为 20.96 元。根据环保部对煤炭外部成本的测算，煤炭燃烧带来的空气污染公众健康损失、矿区职工健康损失最大，分别为 2117 亿元、934 亿元，占总外部成本的 55%，估计天然气的社会价值在 0.4 元/立方米。从产业链的角度来看，在生产环节的环境污染中，尘肺病患者社会生产力损失折算后的每吨煤成本为 14.81 元，占环境污染成本的 48%。①

（二）国家宏观安全成本

能源问题关系到经济发展、政治外交等诸多层面，具有深刻影响。国家安全成本是一种潜在成本，即从未来战略发展的角度来衡量。天然气资源不同于一般商品，不仅具有一般原材料的价值属性，还具有对国民经济影响的重要战略价值属性。美国页岩气的大规模利用，增强了其能源独立，改善了能源消费结构，对地缘政治、外交政策及环境政策带来了重大影响。推动能源供给革命，建立多元供应体系是未来能源体制改革的方向和目标之一。② 从我国宏观安全角度来看，增加能源供给为经济提供持续发展动力的同时，加强天然气资源的勘探开发，提高其潜在的供给和储备能力，也对降低能源安全的脆弱性和敏感性，提升自身抵御风险的能力，保障国家经济稳定发展和促进能源贸易、政治关系重建具有重要战略意义。

首先从能源消费结构来看，我国以煤炭、石油资源消费为主。2014 年，煤炭、石油、天然气的消费占比分别为 66.0%、17.1% 和 5.6%，天然气消费比重明显偏低；其次从三种能源的探明储量来看，煤炭、石油、天然气储采比分别为 30.0、11.9 和 25.7。为了更直观地比较我国煤炭与天然气储量状况，来看一下中美两国煤炭、天然气的储量与消费关系。2013

① 资料来源为 2014 年 7 月环保部环境规划研究院发布的《煤炭环境外部成本核算及内部化方案研究》报告，此处天然气的社会价值是指非经济损失，以支付意愿和人力资本的差额进行计算，其中支付意愿是指人们的支付意愿和赔偿愿望。

② 2014 年 6 月 13 日，习近平总书记主持召开中央财经领导小组第六次会议研究能源安全问题，明确提出我国能源安全发展的“四个革命、一个合作”的战略思想。

年，中国煤炭消费量居世界第一位，达到了28116万吨，是同期美国（煤炭消费量居第二位）的4.2倍，而两国的储采比分别为262和30，仅为美国的1/9左右。美国天然气的储采比为13.4，但是消费量占一次能源比重高于世界平均的23.9%，而我国仅为5.6%。[①] 因此，不难看出，当前我国能源消费存在过度依赖煤炭，而天然气开发利用不足的局面。

我国天然气的新增探明储量增速高于产量增速，新增探明储量已连续3年超过6000亿立方米，但是市场供给能力明显不足。能源行业作为国民经济和社会发展的基础性行业，加强天然气的勘探开发力度，增加天然气资源供给和储备能力，从宏观战略角度保障国家能源安全和实现经济的持续发展，体现了天然气的战略价值所在。

三　外部性在能源价格决策中的作用

尽管庇古税和科斯定理会扭曲市场机制的作用而难以实施，但为解决外部性问题提供了理论指导。所谓经济学中的帕累托改进是指参与主体交易达成后，在利益各方至少没有损失的前提下，部分或者所有主体的利益得到改善。政府以强制性手段修正外部性问题存在风险，如果采取的制度设计不恰当，会进一步扭曲市场而放大外部性。因此，在修正外部性问题时制度选择尤为重要，政府应当依靠相对市场化的手段来缓解资源配置失灵的问题。诺斯从“搭便车”角度分析了正外部性问题，着重提出产权不清晰是导致外部性问题的关键因素，而有效率的组织可以通过某种制度安排，依托市场作用增加正外部性的供给，这更加符合帕累托改进的原则。

党的十八届三中全会通过的《决定》明确提出要“使市场在资源配置中起决定性作用和更好发挥政府作用”，“完善主要由市场决定的价格机制，推进水、石油、天然气、电力、交通、电信等领域的价格改革”。目前，政府对天然气领域的产业规制措施导致政府与市场界限不清，存在着过度干预、市场体系建设滞后等问题。虽然国家从价格管理、价格结构、价格水平等层面实施了循序渐进的改革，但是行政主导价格的管理方式并未发生实质性转变，由价格信号扭曲导致供求失衡的程度不断加深，

---

① 资料来源：英国石油公司《BP世界能源统计年鉴（2014）》和中国石油经济技术研究院《2013年国内外油气行业发展报告》。

进而阻碍了产业的协调发展和资源的普及利用。

价格机制是调节供需和优化资源配置的手段，当前诸多体制问题导致价格机制不合理是供给不足的深层次原因。未来天然气替代煤炭、石油将是需求增长的主要来源之一，但在环保价值未能外部化的条件下，天然气很难与其竞争，尤其是在当前产能过剩的情形下。因此，需要适应产业发展阶段的新形势，从长远、战略全局对天然气价格管理体制机制进行根本性变革，使价格真实反映市场供求关系、稀缺程度及对环境的影响程度，形成对投资者、经营者和消费者有效的激励约束作用。通过完善天然气价格机制和财税制度，凸显其提供“公共物品”的正外部性，以提高天然气与煤炭、石油之间的比价关系，增加天然气的市场供给，实现能源替代和优化配置，最终达到各方共赢的局面。

（一）优化能源比价关系需要包含外部性

合理的定价机制要充分体现出鼓励勘探开发的政策导向。天然气相对煤炭而言具有显著的正外部性，如果生产商成本得不到合理补偿，将难以保障上游投资及市场供给。同时，资源的稀缺性和环境的外部成本也应得到显现，否则将诱使天然气资源的过度消费。

从经济学理论可知，环境外部性容易导致市场失灵，需要依赖政府特定的制度安排，通过构建有效率的产权形式，以及健全相应的配套措施推动实现。《能源发展“十二五”规划》提出到2015年单位国内生产总值的二氧化碳排放比2010年下降17%、能源开发利用产生的细颗粒物（PM2.5）排放强度下降30%以上的目标，中国碳交易市场制度、框架以及交易场所基本建成。基于不同能源之间外部性的差异性，不同品种的市场价格不仅与“热值”要挂钩，而且与“减排成本”也要挂钩。作为参考，提出广义化石燃料价格模型：

$$P = P_0 + C_1\frac{FF}{FF_0} - C_2\frac{FE}{FE_0} \qquad 7-2-1$$

式中，P为单位化石燃料/一次能源价格，FE_0为单位天然气碳排放量，P_0为化石燃料/一次能源基准价；FE为其他化石燃料/一次能源可比碳排放量；C_1、C_2为能源调价系数。

（二）环境治理亟须建立清洁能源正外部性的价值补偿机制

十八届三中全会的《决定》提出，要“实行资源有偿使用制度和生态补偿制度”，“坚持使用资源付费和谁污染环境、谁破坏生态谁付费的原则”。从成本分摊的角度来说，社会公众对燃煤的外部性还缺乏主动支付意愿。如何提高和引导清洁能源对煤炭的替代，将是下一步制度改革的重点。①

建立科学的能源价格形成机制和完善政策保障措施，是提高能源使用效率、优化能源结构最有效的手段。从价格形成机制的有效性来看，当前的天然气价格没有包含环境保护等内容，使清洁能源的正外部性价值未能体现出来。2013 年，国务院颁布的《关于印发大气污染防治行动计划的通知》中提出，燃油市场按照优质优价和污染者付费的原则，对质量升级成本由企业和消费者共同承担。“以气代煤”在减少大气污染，提高环境质量的同时，面临成本高、经营风险高等问题，需要完善政策措施让其正外部性显性化。

比如，分布式能源采用高效能源利用技术，在节能环保、电力削峰填谷及保障能源安全等方面具有优势，符合国家积极扶持及补贴鼓励的方向，在美国、日本、丹麦、荷兰等很多国家已得到大力发展和推广，但在国内仍存在政策扶持不到位等问题。因此，需要健全能源比价关系，完善落实相应的配套措施，进而有效引导市场供求，是发展节能减排产业和促进能源结构优化的根本途径。

四　天然气正外部性价值补偿的经济学分析

天然气相比煤炭而言，其消费过程存在显著的正外部性，当前环境治理的目标是以清洁高效的天然气替代燃煤，企业在获得既定报酬的同时，也对外部环境具有正向影响。诺斯提出需要有效率的组织进入市场对正外部性的提供者实施补偿，建立私人行为的激励相容制度安排。即政府可通过制度创新使供给者获益的方式构建价值补偿机制，促进天然气作为清洁空气这种“公共物品”的有效供给。那么，如何构建对天然气生产者的激励机制，实现共享性“公共物品”供给者的价值补偿是优化能源结构、改善环境治理的关键。

（一）“公共物品”价值补偿的理论基础

“公共物品”的正外部性是指个人利益同社会利益之间存在差异，没有任何分散的定价系统能够最优地决定集体消费的水平（萨缪尔森，

① 林伯强：《从调整能源结构入手治理雾霾》，《中国电力报》2014 年 3 月 4 日第 1 版。

1954），即存在多个共同消费者同时使用同一产品，而产品提供者获得的私人收益小于社会收益。假定市场中的两个主体 i、j，主体 j 的效用不仅受自身行为的影响，也受另一主体 i 行为的影响。那么：

$$U_j = U(x_j, y_j) \quad 7-2-2$$

针对正外部性内部化问题，传统经济学主要以庇古的征税和科斯的重新界定产权的市场解决方式为代表。然而，作为“公共物品”提供者是很难向享受者收费的，并且面对广大的收益群体，通过“科斯市场”方式界定产权显然也行不通。为此，制度经济学家道格拉斯·诺斯从正外部性方面扩展了科斯的外部性理论。诺斯认为：通过某种制度性安排和确定所有权建立激励相容机制，使个人的经济努力产生私人收益率接近社会收益的活动。① 依据帕累托边际最优求解条件，“公共物品”提供者的边际成本与社会整体获得的边际收益相等，此时萨缪尔森条件等式成立：

$$MC_i = MR_i + MR_s = MR_i + \Sigma_{j=1,j\neq i}^{n} MR_j \quad 7-2-3$$

式中，MC_i表示产生正外部性的边际成本，MR_i表示企业获得的边际收益，$\Sigma_{j=1,j\neq i}^{n} MR_j$则是社会正外部性收益的总和。通常情况下，生产企业根据自身收益作为生产行为的预算约束线。

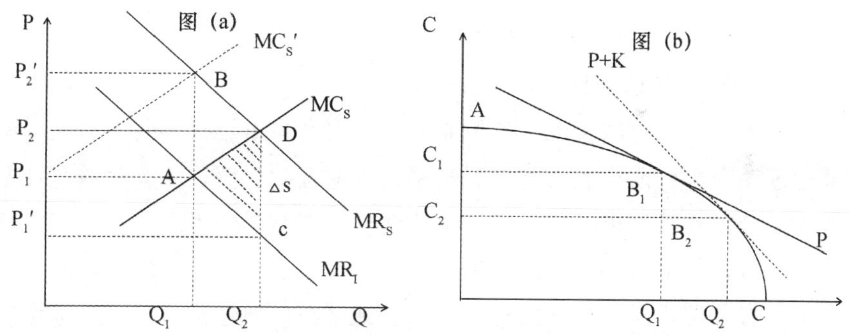

图 7.2 3　正外部性的成本与收益

如图（a）所示，既定约束条件下，企业生产按照利润最大化原则确定的最优均衡解为：$MC_i = MR_i$。此时，由此产生的社会正外部性收益为

① 刘云龙、刘放鸣：《“诺斯外部性”理论的扩展及应用》，《中南财经大学学报》1995 年第 4 期，第 33～38 页。

$MR_s = AB = CD$，市场供给量为 Q_1，低于帕累托最优均衡时的产量。倘若政府采取价值补偿的激励措施，比如，政府采取激励性措施提高投资回报率或财政支持等，在图（b）显示，使边际收益上涨 k，政府将初次外部性收益 $P_1CDP'_2$ 对企业实施转移支付，使外部效应内部化，则新的帕累托均衡点达到 D 点，市场供给量增长至 Q_2，带来的社会正外部性收益为 P'_1CDP_2。其中，生产者、消费者的净福利分别增加 P_1ADP_2 和 P'_1CAP_1。那么，社会净福利增加为：

$$\pi_\Delta = S_{P_1ADP_2} + S_{P'_1CAP_1} - S_{P_1CDP'_2} = \Delta ADC \qquad 7-2-4$$

有效率的经济组织提供制度安排或制度保障就是为了达到激励、效率的目标，就是要使制度和个人行为达到“激励相容”。根据新制度经济学的理论，制度环境的变化会改变经济主体活动潜在的成本与收益产生外部利润，外部利润的不断积累，诱致当事人进行制度变迁的努力。政府规制并非解决正外部性“供给短缺”的唯一手段，也可通过有效率的经济组织通过制度安排使个人行为达到激励相容来实现。政府通过特定的制度安排建立价值补偿机制使外部效应内部化，有利于供给者提供更多的“公共物品”，在市场机制的作用下实现帕累托改进，促进社会总福利的改善。

（二）天然气正外部性的价值补偿机制

1. 正外部性价值补偿的理论分析

天然气正外部性的价值补偿机制需要优先考虑市场机制的作用。诺斯外部性理论的重要前提假设是市场机制在普遍发生作用，私人收益与社会收益的区分、计算由市场来完成。天然气生产者与消费者之间存在双向互动效应，可以借助市场的作用实现各自正向作用。天然气供应商是清洁能源的提供者，用户对天然气的消费过程实现其正外部性价值，在激励相容的机制下，达到了能源替代与成本节约（减少污染税等），满足社会应对污染治理的要求，供给者从规模扩张中也获得最佳收益。因此，从博弈均衡角度看，各方均从交易中获得外部收益。

诺斯对正外部性的理论拓展为构建激励机制提供了支持。从图 7－2－3 可以看出，政府可以通过转移支付的方式，促进企业生产更多的天然气。在此基础上，倘若建立某种与产量相挂钩的激励机制，则能够实现在市场的作用下，刺激生产规模的进一步扩大。

假定生产企业的经营活动带来两方面的效益：经济效益和环境效益，两者分别市场规模的扩张、环境正外部性直接相关联，表达式为：

$$\pi_1 = y_1\alpha_1 + \varepsilon_1,\ \pi_2 = y_2\alpha_2 + \varepsilon_2 \qquad 7-2-5$$

其中，y_1、y_2是分别与努力水平α_1、α_2有关的产出因子，且y_1、$y_2 \geqslant 0$，ε_1、ε_2为均值为0、方差为σ^2的随机误差项。设定c_1、c_2分别为经济效益和环境效益的成本系数，同时，为了达到某一初期水平y'_2，政府的转移支付为β，并假设在超过y'_2产出水平后，每增加一单位产出给予企业的激励系数为γ，在企业和社会效用最大化的前提下，满足以下函数关系：

$$Max\ E(S) = (1-\gamma)\ y_2\alpha_2 + (\beta-\gamma)\ y_2' \qquad 7-2-6$$

$$s.t.\ (IR)\ y_1\alpha_1 + \gamma y_2\alpha_2 + \beta - c_1^{\ 2}\alpha_1^{\ 2} - c_2^{\ 2}\alpha_2\alpha_2^{\ 2}/2 - p\gamma^2\sigma^2/2 \geqslant \overline{w} \qquad 7-2-7$$

$$(IC)\ Max\ E(C) = y_1\alpha_1 + \gamma y_2\alpha_2 + \beta - c_1^{\ 2}\alpha_1^{\ 1}/2 - c_2^{\ 2}\alpha_2^{\ 2}/2 - p\gamma^2\sigma^2/2 \qquad 7-2-8$$

其中，$\overline{w}$、p分别表示企业的保留效用和风险规避系数。天然气的价值补偿机制需要综合考虑用户特征的差异。[①] 天然气消费者主要包括居民、公共服务业和工商业用户，其价格的制定应在各自的价格承受力范围内，不能由此导致能源的逆替代性。

通过求解上述目标函数后可以得到政府对正外部性的最优激励系数。为此，政府通过建立对正外部性的激励机制，完善价值补偿机制，借助市场机制的作用增加了天然气供给的经济效率，优化能源消费结构，使天然气供给潜力得到充分发掘，外部环境显著改善，最终实现社会总福利的帕累托改进。

2. 正外部性价值补偿机制的实现路径

新制度经济学的相关理论是以制度创新实现“公共物品”供给者的价值补偿来激励私人努力程度，这种制度创新体现在天然气领域为价格机制改革与正外部性价值补偿机制的构建。具体来说，通过正确处理政府与市场的关系，健全天然气产业链的管理体系，使市场机制对资源配置起决

---

① 从我国燃气使用情况来看，居民用户和公共服务业基本实现了以燃气替代煤炭的工程改造，所以这两类用户对天然气消费存在刚性需求，在分析激励相容机制时，主要考虑价格制定对用户承受能力的影响。

定性作用和更好发挥政府作用。

政策安排的关键点是政府与市场职能定位的转变。按照《中共中央关于全面深化改革若干重大问题的决定》关于深化体制改革的要求，应使市场在配置资源中起决定性作用和更好发挥政府作用。让市场发挥决定性作用并不意味着放任不管，在市场制度不完善的情况下，还需政府通过特定制度安排发挥作用。针对天然气领域来讲，需要根据当前产业发展的阶段性特征，积极稳妥地从广度、深度上推进市场化改革，通过“放开两头，管住中间”构建有效竞争的市场结构和市场体系，健全政府管理体制和监管方式，并综合考虑价格、财税等经济制度改革实现对天然气正外部性的价值补偿，改变其与替代性能源之间的比价关系，促进消费领域的拓展，并科学确定投资回报率，进而建立“公共物品”供给者的市场价值的补偿机制。

3. 明晰政府与市场的作用边界，形成有效竞争的市场结构和市场体系

理顺天然气领域的政府管理与市场运行机制，构建主要由市场决定资源配置的有效机制。市场作用是要依托运行平台还原其商品属性，通过供求机制、价格机制与竞争机制引导资源优化配置；政府是提供市场机制运行的制度基础和产业稳定发展的保障。通过破除体制性障碍以放松管制、引入竞争，进而培育多元化主体投资运营，并健全法律法规和监管体系，形成合理的行业管理体系和协调机制，充分发挥其监管服务职能，弥补市场失灵的缺陷。为此，应构建公平竞争的市场环境，形成多元投资主体参与的市场结构。

4. 通过价格、财税等经济制度改革，实现“公共物品”供给者的价值补偿机制

天然气的正外部性价值难以通过市场机制自身作用解决，需要政府依靠特定的制度安排使其经济效益显化。不同能源品种的价格不仅要与“热值”挂钩，而且要与“环保效益”相挂钩，体现“节能减排得收益、获补偿”的基本原则。目前，一方面天然气与煤炭替代能源的成本之间难以直接竞争，另一方面天然气供给者的回报率水平总体偏低，这在某种程度上抑制了投资规模与市场需求的扩张。未来需要综合考虑社会整体效益，利用价格、财税等经济手段建立天然气正外部性价值的补偿机制，以

此促进产业快速发展。

(1) 通过制度安排建立排污权交易机制，实现正外部性的价值补偿

改革税收、环境保护方面的相关政策，协调天然气利用的环境效益和经济效益是优化能源使用结构的重要举措。天然气相比煤炭更具清洁性，然而与国外发达国家不同，针对煤炭、石油使用的外部环境污染，我国尚未采取有效措施使这种负外部性真正体现在使用成本上，导致煤炭的市场价格更加低廉，煤炭的大规模利用成为近些年来国内污染严重的直接原因。为实现天然气对煤炭使用的替代，政府可借助特定的制度安排，将排放权的合理比例赋予天然气供给者，通过建立排污权交易机制，使燃煤用户向天然气供给者购买排污权，这一方面提高了燃煤的使用成本，另一方面增加了天然气供给者的收益水平。自此，在尽量减少对市场行为具体干预的情况下，依靠市场机制使煤炭的外部成本转化为天然气的环保收益，提高天然气的相对竞争力，优化能源使用结构，扩大下游消费领域的拓展，以市场化手段构建天然气正外部性价值的补偿机制。

(2) 科学制定回报率水平是吸引更广泛的社会资本投资天然气产业的有效手段

科学制定天然气供给商的收益率水平是提高产业投资水平的有效手段。目前，我国天然气产业发展正处于过渡时期，勘探开发、管网运输等基础设施建设明显不足，需要综合财税政策措施加强投资力度。根据马斯格雷夫和罗斯托的经济发展阶段论，进入经济发展的成熟阶段，政府财政对基础设施建设的支出的增长应快于 GDP 增长速度。[①] 在我国市场化改革尚未成熟的条件下，政府可以注重以财政补贴的方式，实现对天然气正外部性的价值补偿，引导更广泛的社会资源对天然气领域进行投资，进而实现优化能源结构和环境改善的发展目标。

第三节　天然气产业链投资收益率的制定方式

随着国际油气价格的下跌、全球投资缩减，如何落实天然气供应保障能力显得尤为重要。管网运输设施、定价标准和推广支持政策，均是决定

① ［美］马斯格雷夫：《财政理论与实践》，邓子基、邓力平译，中国财经出版社 2003 年版。

能源结构转换速度的因素，基础设施与消费水平的不匹配是抑制需求的瓶颈。伴随政策进一步落实，供应量将不再是制约天然气产业发展的关键因素，输配难等问题将逐步显现出来。为了推动天然气消费领域的拓展，国家已经开始改变过去财政主导的投资方式，注重鼓励、支持各类资本参与投资纳入统一规划的基础设施，包括鼓励混合所有制经营、降低社会资本的准入门槛、扩大准入范围等，出现了一大批民营性质的燃气企业，行业资本构成趋于多元化，外资、民营资本所占市场份额不断扩大，对增强公共服务供给能力和服务效率起到积极作用。到 2013 年上半年，我国燃气生产与供应行业中，国有企业占 12%，私营企业、外商企业及其他分别占 19.9%、27.4% 和 34.9%。[①]

我国主干线管网长度已突破 8 万公里，但与中长期消费需求相比，管网输配能力仍远远不足。作为基础设施，天然气管网建设需要适度超前且加强统一规划。按照 2020 年我国天然气市场需求 3500 亿立方米、2030 年 5800 亿立方米的发展目标，到 2020 年、2030 年管网输气能力应达到 4000 亿立方米/年和 6700 亿立方米/年，主干线管网长度达到 15 万公里和 25 万公里。截止到 2014 年年底，我国管网输送能力为 2400 亿立方米/年，仅为预期目标的 60% 和 36%。[②]

深化能源领域市场化改革的重点是弱化行政管理，强化市场机制的作用，形成有为的政府与有效的市场。面对国内外油气市场新形势，应逐步放开竞争性环节的市场准入，构建多元化市场结构和有效的市场体系，有序推进出厂价格决定的市场化。但是，与竞争性环节不同，管输配送具有自然垄断属性，这也就决定了其固有的经营管理模式。按照我国城市燃气行业的所有制和经营管理格局，意味着地方政府与城市燃气企业之间既是合作关系，也具有博弈关系。作为典型的自然垄断行业，如何引入市场化机制，提升效率、降低成本及保障供应一直是困扰政府和社会的难题。

从目前的情形来看，既定的市场格局已经形成，重新构建竞争性市场的方式基本不可能，需要改变以往的输配气定价方式，科学制定服务价格

---

① 中商情报网：《2013 年上半年中国燃气生产和供应行业不同所有制企业数量分布》，http://www.askci.com/news/201309/11/11103836103049.shtml，2013 年 9 月 13 日。

② 按照需求量 1.1 倍的资源保供市场，需求量 1.15 倍的输送能力保障市场输配；详见国务院发展研究中心《中国天然气发展战略研究报告》，2015 年 7 月 20 日。

水平，确定合理的投资收益率。在倡导公平竞争的前提下，顺应国家能源消费清洁化、低碳化的转型要求，将外部环保效益显现为企业内部经济效益，激励企业提高运营效率和引导社会资本的投资力度，进一步拓展下游天然气应用领域，尽快推广天然气的普及利用。

一　科学制定天然气基准门站价格

基准门站价格既是上游生产商与下游直供用户协商议价的基础，也是燃气企业的购气成本。按照现行的天然气定价机制，制定天然气终端价格包括两层含义：一是如何确定基准门站价格；二是在前面基础上，如何确立准确反映燃气用户配气成本的定价方式和适当投资报酬率。

1. 科学制定交易中心的基准门站价格

按照国内外油气市场环境变化，完善“市场净回值”定价方法，科学调整价格公式中的权重系数，使天然气价格更具备市场竞争力。近年来，国家陆续放开了页岩气、煤层气、煤制气的出厂价格和液化天然气的气源价格，即在一定范围内实行市场竞争定价的方法，新一轮改革还先行试点放开直供用户门站价格，至此市场化定价的气量比例占到全部40%。2015 年 7 月，随着上海石油天然气交易中心的运行，该部分气量的价格将更多由交易中心竞价方式确定。因此，如何进一步调整基准门站价格，并建立动态调价机制将是实现交易中心主导价格形成的基础。

上游生产商与销售商协商议价标准时，通常考虑替代能源价格、市场供求。英国针对管网用户前后实施了以零售价格指数（$RPI-X$）为基础的。价格管制、基于对天然气零售商的询价形成初始的基准价格，欧盟、日本等地区则主要综合考虑可竞争性能源价格，特别是石油的市场价格水平。目前，综合考虑替代能源价格、市场供求、企业利润率及终端用户敏感性和可承受力的影响，“净回值”法的折价系数 K 仍有下调空间，并根据市场变化适当调整原油、LPG（液化石油气）和煤炭的加权系数，形成科学合理的基准价格。

2. 建立按季浮动计算的动态调价机制，并逐步消纳上游生产商长期协议的转型成本

市场价格一般围绕基准价格上下波动，为适应市场变化的不确定性，有效防范市场风险，应适度缩短调价周期和浮动幅度。2005 年 12 月 23

日，国家发改委提出改革中国天然气出厂价格形成机制，政策设计的基调是政府模拟市场。其中，建立了基准价格每年调整一次的动态调整机制，相邻年度的价格调整幅度最大不超过 8%。面对复杂多变的市场环境，过去按年度的动态调整机制如今看来有些不合时宜，国家也在寻找有利时机加快改革步伐。

自 2014 年下半年，国际油气市场持续低迷，国内经济增速呈现放缓，CPI 上涨率低，价格改革迎来了良好时机。在确定合理的基准价格基础上，应着手建立以季度为周期的动态调整机制。同时，考虑长期协议的转型成本和替代能源价格的低迷难以长期持续，可设定较高的允许上浮区间 30%。未来一段时期内，随着天然气价格改革的深入，国家应逐步降低上下游竞争性环节的准入门槛，在符合资质要求的条件下，让更多的市场主体参与天然气的生产和销售，以市场机制的作用形成价格，充分发挥市场对资源配置的决定性作用。

此外，我国天然气占半数以上的终端定价仍以政府主导为主，门站价格采取“市场净回值”的定价方式，终端价格采取成本加成的顺价方式。需要区分类别，反映各自成本变动，价格制定还应综合考虑不同用户的需求特征和不同区域的经济发展水平，明细终端价格和调整机制，消除交叉补贴和抑制经营风险，引导用户合理消费及实现区域消费的均衡性。

二　构建激励性投资收益率的基本方式

针对我国天然气配送领域来说，转变政府职能的内容应是双重的，即要弱化行政管理和强化经济规制并重。行政管理意味着企业的独立性问题，而经济规制则强调企业与市场之间的规制契约关系，两者是相互独立的。理顺上下游顺价传递机制的同时，下一步将面临用户价格结构调整和投资报酬率的制定问题。其中，如何通过制度设计科学的、寻求与市场相平衡的投资回报率，业界一直以来持有激烈的争论，也是政府保持规制有效性的难点问题。

以北京市天然气配送服务领域来讲，政府于 2003 年前后分别采取不同的政策安排。2003 年以前，天然气管网完全由政府出资建设，实行“投资靠政府、经营靠补贴”的基本政策，该时期企业管理和经济效益相对低下；2003 年以后，为提高企业运营效率和推动国企改革，逐步采取以自主经营、自负盈亏为主，企业市场化意识愈加强烈，经营效率也在不断提高，但是政府实行严格的价格、投资回报率管制，抑制了投资规模与市场需求的扩张。①

中共中央《关于深化国有企业改革的指导意见》提出，要引入市场机制，提高公共服务效率和能力，鼓励非国有企业参与经营，推进公共资源配置市场化。② 随着城市化发展和环保需求的日益加深，管网建设将步入快速增长期，管网运营企业的微利状态将难以持续下去，需要建立长期有效的激励机制，以合理确定项目收益期、投资收益率（包括风险溢价、正外部性价值）等市场化手段吸引更广泛的社会资本投入。

1. 依据行业的正常投资回报率作为确定天然气服务价格的基础

在特许投标竞争的前提下，经营企业应满足与其他企业同等竞争的条件，即企业所获得的利润水平至少要达到同行业的平均水平。假定企业的管输配送边际成本为 MC_0，固定成本为 C，政府通过审核成本信息后确定的服务价格为 P_0，那么企业获得利润为：

$$\pi = (P_0 - MC_0)Q - C \qquad 7-3-1$$

根据上述分析不难得出，若要发挥市场机制对资源配置的引导作用，实现公平条件下的投资主体多元化，则应满足条件：

$$P_0 - MC_0 \geqslant R^* \qquad 7-3-2$$

式中，R^* 为资本的正常回报率。针对如何确定资本投资的正常回报率 R^*，一方面取决于各行业或天然气产业的正常投资回报率水平，确定管输配送领域的合理回报率；另一方面可以同期银行贷款利率 r 为基础，采取适当加成的方式，即 $R^* = r + k$，其中，k 为利率加成值。根据零售价格对其进行适时调整，则价格调整公式为：

$$\pi = (P_0 - MC_0)Q - C = (r + k)(1 + RPI_t * x)Q - C \qquad 7-3-3$$

其中，RPI_t 为 t 期的零售价格指数，x 为调整比率。对此，逐步健全管输配送价格形成的调整机制，减少企业经营的市场风险，注重发挥市

① 依据中国城市燃气协会课题“城市管道燃气行业运行成本构成及气价调整机制研究（2012）”对被调查燃气企业固定资产原值分布情况表明，目前我国绝大多数燃气企业投资还处于发展初期，只有少数地区燃气企业投资已具相当规模。

② 2015 年 8 月 24 日，中共中央、国务院印发《中共中央、国务院关于深化国有企业改革的指导意见》（中发〔2015〕22 号）。

场机制对资源配置的引导作用，实现天然气领域基础设施建设的加速发展。

2. 健全自然垄断环节的激励机制

实行有效率的激励性规制是实现更好地发挥政府作用的目标。政府对自然垄断产业实施激励性措施，能够鼓励企业生产效率的提高，促进资源配置的帕累托改进。鉴于我国管输配送价格的制定一般是先由管理部门设定调整周期，并综合外部环境变化和企业成本的审核，对服务价格进行重新调整。不难看出，本期的价格调整幅度某种程度上取决于上期的经营效率。当企业通过自身经营努力使上期生产成本下降时，那么预期管理部门将会据此提高“标准”，企业努力的积极性会有所下降，这种标准随业绩上升的趋向称为“棘轮效应”。[①]

对此，张维迎（2004）运用两阶段的动态模型演绎了棘轮效应如何弱化激励机制的过程。假定 π_t 为企业产出水平，a_t 为代理人努力水平，θ 解释为内在生产能力，满足均值 $\bar{\theta}>0$，且服从正态分布，则生产函数表达式为：

$$\pi_t = a_t + \theta + \varepsilon_t \qquad 7-3-4$$

式中，ε_t 为外生的随机变量。在本期，代理人不仅要考虑产出增加的直接收益，同时还要考虑由此带来的间接效应：管理部门根据 π 的增加调整对 θ 的判断，使增加一单位 α 带来标准提高 δ 单位，所以边际收益减少 $1-\delta$（<1）。为此，管理当局需要建立一种激励性规制，促使企业有更大的驱动力来提高生产效率。

显然，在政府与企业之间成本信息对称的条件下，企业生产效率的提高会使服务价格下降，最终导致社会总福利的帕累托改进，消费者也将更好地享受效率改善所带来的好处。假定企业与政府之间信息存在非对称性，管理当局能够识别成本信息的概率为 θ，则期望收益：

$$E(\pi) = (1-\theta)(\gamma+\delta)Q + \theta\gamma Q \qquad 7-3-5$$

① “棘轮效应”（*Ratchet Effect*）（国内也称“鞭打快牛”）最初是来自关于苏联式计划经济制度的研究。在该经济体制下，国有企业的生产指标是依据上期的实际生产能力不断调整，好的经营企业会因预期“标准”的提高而受到惩罚。因此，企业管理者通常会采用隐瞒生产能力的方式来对付计划当局；参见张维迎《博弈论与信息经济学》，上海三联书店、上海人民出版社2004年版。

其中，γ 为边际收益，δ 表示因效率提高带来的收益。政府为了实现企业经营效率改善的激励，设定的利润分成比例 $\omega \geqslant 1-\theta$，即利润分成比重更多地取决于政府对成本信息的掌握程度。

因此，政府需要在对自然垄断环节合理确定利润水平的同时，还应健全激励性机制，促使企业经营效率的提高。一方面根据行业和资本投资回报率，合理确定价格水平，注重发挥价格机制的引导作用，推动基础设施的投资力度；另一方面健全成本信息的审核制度，完善激励机制，促进提升企业经营效率和改善社会福利。

3. 燃气企业合理投资回报率的确定

根据国家发改委城镇管道天然气价格管理指导文件，城市燃气企业的收益率包括两部分：无风险溢价和风险溢价，即：

收益率 = 无风险溢价 + 风险溢价　　7-3-6

其中，风险溢价 = β * 市场风险溢价，β 与企业管理、技术水平等因素密切相关。根据前述分析，城市燃气企业的收益率应包括正外部性，那么公式 7.3.6 可变为：

收益率 = 无风险溢价 + 风险溢价 + 正外部性收益　　7-3-7

根据国家发改委要求，无风险溢价为我国 5 年期国债利率，2013 年为 3.26%，同时，2013 年彭博资讯对中国城市燃气企业市场风险溢价的统计数据为 6% ~8%，贝塔系数为 0.6 左右，而国外为 1，本文计算取值为 0.8，风险溢价值在 4.8% ~6.4%，未加城市燃气企业的正外部性收益为 8.06% ~9.66%。国家发改委确定的收益率为 8%，虽然高于五年以上贷款基准利率 6.15%，但综合比较来看，上述收益率依然相对偏低。收益率水平过低，不利于城市燃气行业的可持续发展。

(1) 国内不同能源行业的净资产收益率比较

根据上面阐述的相关理论，投资收益率水平往往要大于净资产收益水平。根据国务院国资委企业绩效评价标准值，对近几年内煤炭、石油行业的平均净资产收益率，横向比较行业之间的收益率。从表 7.3.1 不难发现，煤炭、石油及石化行业的平均净资产收益率水平明显要高于燃气生产与供应业，燃气行业的管制使企业净资产收益率处于较低水平。从煤炭行业来看，产业政策、市场化程度、环境税制度等因素导致了净资产收益率相对较高。

表 7.3.1　2010～2014 年我国部分能源行业与燃气行业净资产收益率

	2014		2013		2012		2011		2010	
	优秀	良好	优秀	良好	优秀	良好	优秀	良好	优秀	良好
燃气生产与供应业	7.7	5.7	7.2	5.3	7.5	5.6	6.3	4.4	6.9	4.8
煤炭（全行业）	14.6	7.4	15.1	5.5	17.8	11.3	19.3	9.7	18.4	11
石油加工及炼焦业	7.4	7.1	7.9	7.6	9.1	8.3	10.7	7.2	14.5	9.5
原油和天然气开采业	16.5	13.2	17.6	14.1	17	13.6	18.3	14.9	18.9	15.4
石油加工与炼焦业	9.6	5.7	10.3	6.1	10	5.9	10.8	6.4	11.6	6.9

资料来源：《企业绩效评价标准值》（历年），国务院国资委财务监督与考核评价局制定。

城市燃气企业的净资产收益率普遍偏低，国有燃气企业相比民营企业、外资企业的净资产收益率还要低，这与政策导向、企业经营方式、收费内容等相关。民营或外资企业的管理机制要灵活，根据市场环境变化可以相机决策。国有企业的管理体制以及承担公共服务的社会责任重，应对市场变化的能力较差，净资产收益率通常也会低一些。2011～2014 年期间，我国大部分城市燃气企业的净资产收益率普遍在 6% 以下。

（2）国外燃气行业的收益率对比分析

根据国外天然气价格改革的经验来看，政府在强化燃气企业成本监审的同时，也在不断健全激励机制，鼓励燃气行业发展和提升企业经营效率。比如，英国“价格帽”模式确立的生产力进步指数；法国在“气体目标模式”下设立激励规则，通过收入性账户对降低经营成本不超过 3% 的奖励；韩国对燃气企业的资本收益率设定为 10%。考虑到国外无风险溢价（国债利率）、贷款利率比国内明显要低，因此收益率的大小不能直接从表面上判断分析。根据企业初始资本构成中，资本金（自有资金）约占 40%，银行贷款 60%，在 β 值为 1 的条件下，依照表 7.3.2 所示，2014 年美国、英国、法国、日本、韩国的净资产收益率分别为 10.3%、9.7%、5.7%、10.9%、10%，是 5 年期国债利率水平的 4～5 倍。国内燃气企业的净资产收益率优良值为 7.7%、良好值为 5.7%，不足国债利率水平的 2 倍。如果加上应获得的正外部性收益，国内城市燃气企业的净资产收益率水平要远远低于国外水平。

表 7.3.2 部分国家燃气企业净资产收益率及国债、贷款利率 单位:%

		美国		英国		法国		日本				韩国	
企业收益率	2014	Oneok燃气	10.3	英国燃气	9.7	SUZE燃气	5.7	东京燃气	10.9	大阪燃气	5.1	韩国燃气	10
	2013		10.2		7.6		—		5.4		6.8		
国债利率	10年期国债	2.26		2.76			2.80	0.20					2.33
	5年期国债	1.32		1.54			1.46	0.62					2.08
贷款利率	一年期	3.3		2.3			1.62	1					4.03

注：各国燃气企业的净资产收益率按照税后净利润与净资产的百分比计算得来，韩国对燃气企业的合理收益率设定为10%，各国国债收益率、贷款利率取自2014年或2015年上半年的数据。

资料来源：各国燃气企业年报、东方财富网数据中心。

(3) 国内外环境税的执行状况

自20世纪70年代开始，伴随着全球生态环境的恶化，环境保护税问题受到西方国家的普遍关注。1972年，经合组织国家提出了著名的“污染者付费原则”，作为一种有效解决环境问题的经济刺激措施，发达国家的环境税收体系相对完善，并随着经济发展、环保意识高涨逐渐成熟，环境税由初始筹集资金治理向激励减轻污染转变，并建立了有利于经济与环境相协调的环境税制，包括能源税、污染税、资源税等。

例如，美国是环境保护税收制度严苛且效果显著的国家，美国政府于1972年出台《二氧化硫税法案》在全国范围内对硫化物排放征税，针对发电厂、大型工业企业等排放源定期监测，规定对SO_2浓度达到一级标准以下的高浓度地区，征收税额为15美分/磅，介于1~2级标准之间征收10美分/磅，而对小排放源依据所耗燃料含硫量计税。同时，不同区域可以根据地方情况采取有利于地方环境可持续发展的税收优惠政策。过去40年时间内，美国上空SO_2浓度下降了53%，直径为10微米或更小颗粒物浓度下降25%。根据美国上述环境税标准，与等热值天然气相比，仅SO_2这项污染指标，每吨煤炭需要额外支付138.2元。此外，考虑到《美国清洁能源与安全法案（ACES)》等措施，环境税对能源比价关系或不同能源之间的收益率产生影响，同时在税收方面还采取加速折旧等优惠措施。因此，美国试图以环境税方式使能源比价发生变化，使清洁能源的开发利用成为可能，推动清洁能源对传统能源（比如煤炭、石油）的替代，实现优化能源结构和环境质量改善的目标，这时的环境税并非目的而是手段。

环境外部成本的反映是提升清洁能源的竞争关系。与煤电、气电比较，煤电、气电碳排放分别为0.8kg/kwh和0.37kg/kwh，按照2013年10月18日深圳碳交所最高价143.99元/吨为例，煤电增加相对成本约0.06元/kwh。按照550立方米天然气替代1吨煤测算，相对于煤炭利用近零排放下天然气环境价值0.4～1.4元/立方米。[1] 相比而言，国内环境税制度的建设非常不完善，替代能源行业的负外部成本没有内化为企业成本，需要对清洁能源的环保价值予以补偿。根据2013年10月美国推出的清洁能源安全法案，旨在制定温室气体减排目标，截至2020年起对进口商品开始征收碳税。对此，若实现以天然气直接替代煤炭消费，到2020年可减少二氧化碳排放1.72亿吨，这部分社会效益将通过减少的征税额充分体现。

综上分析，管网配送领域收益率的影响因素包括资本正常回报率、企业效率、零售价格指数、风险溢价及环保价值，根据资本资产定价模型：

$$E(r_i)=r_f+\beta_{im}(E(r_m)-r_f) \tag{7-3-8}$$

其中，r_f表示无风险溢价，即资本正常回报率，由资本构成、同期国债利率和贷款利率决定；β_{im}表示风险溢价调整系数，一般来说，管网配送设施的投资回收期长，风险大，β设定值会更高；$E(r_m)$为预期收益率，通常由监管机构制定。考虑零售价格指数RPI_t、生产力进步X及外部性价值R_c，设定$r_f=(\alpha_1 r_1+\alpha_2 r_2')$，那么，定价公式变为：

$$E(r_i)=r_f+(1+RPI_t-X-K)E(r_{i-1})+\beta_{im}(E(r_m)-r_f)+R_c \tag{7-3-9}$$

根据建设部制定原天然气行业的项目投资回收期为20年，投资收益率12%～15%，国家发改委确定的回收期、收益率为25年和8%（略高于银行贷款利率），不利于推动管网设施建设融资和行业可持续发展。综

---

① 国务院发展研究中心：《中国天然气发展战略研究报告》2015年7月20日。

合考虑国外燃气企业收益率水平、正外部性价值以及管线建设周期长等因素，国内无风险溢价按十年期国债利率水平，2013 年为 3.86% 计算；风险溢价值在 4.8% ~6.4%，正外部性价值取值 1% ~2% 计算，则预期的投资收益率水平为 9.66% ~12.26% 左右较为合理。

本章小结

首先，分析了能源消费对环境治理的影响。通过研究环境治理与人均收入之间的相关性，发现东部地区符合库兹涅茨曲线假说。对环境治理影响因素的分析结果显示，调整产业结构的弹性系数最大，降低能源强度和煤炭所占比重也是缓解环境污染的重要手段。在加入天然气占一次能源消费比重因素后，得到弹性系数值为 -0.031，即增加天然气消费比重可以降低环境污染，但是由于消费比重较低，对环境质量的影响仍然较小。以马尔科夫概率转移方法的研究结果表明，伴随国家环保政策的进一步实施，国内煤炭消费比重会显著下降，对环境质量的影响开始展现出来。

其次，探讨了天然气价值的重新界定和“公共物品”供给者的价值补偿机制。根据清洁能源提供“公共物品”（清洁空气），认为天然气的价格形成需要对其正外部性进行价值补偿。通过分析清洁能源与可替代能源之间的外部性——替代能源外部性成本包括环境污染成本和社会医疗成本——探讨了政府如何通过制度安排实现天然气供给的增加，认为政策安排的关键点是政府与市场职能定位的转变，即明确政府与市场的作用边界，形成有效竞争的市场结构和市场体系，并通过排污权交易、价格、财税等经济制度改革，实现对“公共物品”提供者的价值补偿。

再次，通过对投资收益率的制定引入正外部性价值，研究当前我国天然气管输配送环节的收益率应如何确定。按照现行的天然气定价机制，认为制定天然气终端价格包括两层含义：一是如何确定交易中心的基准门站价格，二是在前面基础上，如何确立准确反映燃气用户供应成本的定价方式和适当投资报酬率。基准价格要紧紧围绕完善“净回值”法下能源品种和折价系数，建立按季浮动计算的动态调价机制。燃气行业供气费的投资收益率应综合考虑融资成本、企业效率、物价指数、能源环保价值及国内外同行业收益等因素，测算认为预期收益率设定在 9.66 ~12.26% 左右更为合理。

第八章

新形势下完善我国天然气价格形成机制的政策建议

党的十八届三中全会通过的《中共中央关于全面深化改革重大问题的决定》明确提出，“使市场在资源配置中起决定性作用和更好发挥政府作用”，“完善主要由市场决定价格的机制”，“推进水、石油、天然气、电力等领域的价格改革，有序放开竞争性环节价格”。随后，国务院印发的《大气污染防治行动计划》明确了我国能源发展的总体方略和行动纲领，提出要建立真正反映资源稀缺和市场供求的价格机制，大力发展天然气，推动能源结构持续优化。习近平进一步地强调，要“坚定不移地推进改革，还原能源商品属性，构建有效竞争的市场结构和市场体系，形成主要由市场决定能源价格的机制，转变政府对能源的监管方式，建立健全能源法治体系”。[①] 目前，我国天然气资源储量丰富，但是勘探开发程度低，若将内在的资源潜力转化为现实产量，还需进一步地体制创新改革。

随着经济发展进入新常态和环保诉求的日益增强，天然气产业迎来新的改革契机。国际油气价格的持续低迷，国内天然气市场供需宽松的形势，为市场化改革提供了良好机遇。2014 年 11 月，国务院常务会议部署加快推进新一轮价格改革，此次改革特点是将具备竞争条件的领域放开价格。[②] 为此，自 2014 年底开始，国家发改委采取了一系列推进价格改革的措施，包括实施居民阶梯价格制度、增存气并轨，陆续放开页岩气、煤

---

① 2014 年 6 月 13 日，习近平召开中央财经领导小组第六次会议研究中国能源安全战略时的讲话。

② 陈剑：《新一轮价格改革“三问”：哪些要改，改革就是涨价吗?》，《新华网》，http://news.xinhuanet.com/politics/2014-11/25/c_1113401446.htm，2014 年 11 月 25 日。

层气、煤制气的出厂价格以及液化天然气价格，建立上海石油天然气交易中心等，这意味着天然气价格改革完成了“破冰之旅”。

根据十八届三中全会确定的经济体制改革方向和总体要求，如何准确把握目前重要“窗口期”，进一步地健全市场管理体制和运行机制，推动天然气市场化改革，对统筹利用两种资源与两个市场，兼顾经济、社会及环境的可持续发展意义重大。那么，近期天然气价格改革的具体思路、路径选择应如何确定？对此，基于上述研究得出了天然气价格机制改革所需的关键结论，针对下一步有序开展价格改革提出了初步设想，认为完善价格形成机制是促进天然气产业健康发展的前提，体制机制创新是实现价格改革的根本举措。

第一节　我国天然气供应潜力与基础设施建设

我国严重的能源、环境问题亟须能源消费模式向低碳化、清洁化转型，作为优质、高效的清洁能源，随着经济发展进入新常态、“一带一路”发展战略的实施，天然气产业面临新的发展机遇，因此，应把握时机，推动基础设施建设的区域延伸，加大天然气供给能力。天然气作为经济可行、优质的清洁能源，市场发展空间巨大，特别是页岩气技术等的突破应用，在提高生产效率的同时，推动天然气产业的快速发展，将供给潜力迅速释放出来，改善能源供应及环境污染局面。

一　我国天然气市场供给潜力

我国天然气资源丰富，具备保障供应的发展潜力，虽然勘探开发程度偏低。但是近年随着天然气勘探技术不断取得新突破，可采资源量不断增长。2011～2013年，我国天然气新增探明地质储量连续三年超过6000亿立方米，2014年新增探明地质储量更是达到1.1万亿立方米，新增探明可采储量超过5000亿立方米，预计未来几年还会保持在高位。与此同时，页岩气、煤层气、生物质气等非常规天然气也保持了快速发展态势；海外投资结构不断优化，推动管道天然气、LNG进口量高速增长，供给潜力逐步显现出来，基本形成了国产为主、进口为辅的多元化供应格局。国内外天然气的供应能力，不仅有利于支撑经济、环境的可持续发展，而且也深刻地影响着地缘政治和能源安全格局。

（一）国内生产潜力

国产天然气具备供应保障能力。根据全国油气资源动态评价和中国地质调查局研究评价的数据，2013 年全国天然气地质资源量达 335.72 万亿立方米，可采资源量 91.71 万亿立方米，剩余技术可采储量 4.67 万亿立方米，储采比为 28.0。国内近期的天然气生产量突飞猛进，国土资源部统计数据显示，我国天然气产量从 2000 年的 272 亿立方米增长至 2014 年的 1329 亿立方米，年均增长 12%。其中，常规天然气产量 1280 亿立方米，同比增长 9.8%。根据国务院印发的《能源发展战略行动计划（2014—2020 年）》以及国家发改委《关于建立保障天然气稳定供应长效机制的若干意见》，"十三五"期间，到 2020 年国产常规气产量达到 1850 亿立方米，年均增长 60 亿～80 亿立方米，页岩气产量力争超过 300 亿立方米，煤层气达到 300 亿立方米，国产气实现 3000～3400 亿立方米。

1. 常规天然气产能保持上升态势

2013 年，中国石油集中建设了在长庆、塔里木和西南三大主力气区的三个重点项目：一是启动克旗气田年产 60 亿立方米的产能建设项目，已累计建成年产能 28.6 亿立方米；二是继续实施苏里格气田产能扩建项目，预计新增产能超过 50 亿立方米。同时，配套建成年处理 50 亿立方米的第六处理厂，形成以 6 座处理厂为核心、24 条集气干线为骨架的环形集输系统，年处理能力超过 250 亿立方米；三是启动磨溪区块龙王庙组气藏 50 亿立方米/年试采及产能建设工程。此外，中国石化重点推进元坝和大牛地气田产能项目实现建设预期目标。元坝气田日产天然气 177.1 万立方米，而大牛地气田经过 10 年的快步发展，已成为国内第四大气田。预计 2015 年国内常规气产量达到 1345 亿～1435 亿立方米，2020 年预计可达到 1800 亿方立方米。

2. 非常规天然气开发取得新突破

根据"十二五"规划要求，2015 年我国煤层气产量要达到 300 亿立方米，截止到 2012 年年底，全国煤层气钻井总数 12 万口，煤层气产能为 30 亿立方米/年，实现年产气量 15.7 亿立方米；页岩气地质资源量为 134 万亿立方米，可采资源量 25 万亿立方米。预计"十三五"期末我国页岩气产量将接近 400 亿立方米。此时，我国页岩气资源将步入实质性的商业化开发阶段。

表 8.1.1　　不同时期五年规划的天然气消费增长率①

五年规划	七五	八五	九五	十五	十一五	十二五	十三五
年份	1990	1995	2000	2005	2010	2015	2020
天然气消费量（立方米）	153	177	245	468	1069	2300	4000
5 年同比增长（%）	118	116	138	191	229	215	174

资料来源：国家发改委历年规划资料整理。

2012 年，全国煤层气新增探明地质储量 1344 亿立方米，2013 年新增为 235.77 亿立方米。其中，中国石化 102.39 亿立方米，占 43.4%；中联煤 133.38 亿立方米，占 56.6%。截止到 2013 年年底，全国累计煤层气探明储量 5754 亿立方米，煤层气累积打井超过 12547 口，年产量 29.26 亿立方米。其中，晋煤集团 14.2 亿立方米，占 47.6%；中国石油 8.6 亿立方米，占 29.4%；中联煤 5.78 亿立方米，占 19.8%；中国石化 0.21 亿立方米，占 0.7%。预计 2020 年，煤层气累计探明储量将达到 12119 亿立方米，煤层气产量将达到 100 亿～300 亿立方米。

生物制气、煤制气供给速度明显加快。依据《2010—2015 年中国农村沼气行业深度调研与发展前景分析报告》预测结果，2020 年我国沼气开发量将达到 270 亿立方米（折合天然气 162 亿立方米），是 2000 年的 4 倍之多，增长率约为 9.1%，大大超过传统化石燃料煤、油气的增速，相当约 3000 万吨原煤数量；煤制气项目审批进程加快，截止到 2014 年 6 月，已投产、批复和核准的在建项目总产能 2309 亿立方米/年。

（二）国外天然气进口潜力

国外进口多元化格局已基本形成。自 2006 年以来，我国天然气进口设施投资力度不断加大，天然气进口规模迅速增长，对外依存度持续提高。2014 年，我国天然气消费量为 1845.2 亿立方米，天然气进口量达到 580 亿立方米，同比增长 8.2%，对外依存度首次达到 32.2%。伴随国际油气市场价格的下跌，我国天然气进口需求将进一步加强，预计到 2020 年，我国管道天然气和海运 LNG 年进口量将达到 1410～1569

① 2014 年 11 月，国家发改委将消费需求预测值调整为 3600 亿立方米；2015 年 5 月 6 日，国务院发展研究中心主任李伟在京举行的“中国天然气发展战略研究”顾问专家座谈会上，表示根据课题组预测在政策到位的情况下，2020 年天然气的消费量将达到 3500 亿方，占能源消费的比重为 10%。

亿立方米。

1. LNG 与管道气进口增长潜力很大

美国、俄罗斯两国放开 LNG 出口的政策。2013 年，美国能源部批准对非 FTA 国家出口 LNG，总计约 4945 万吨/年，其余项目还在审批；2014 年年初，俄罗斯全面放开 LNG 出口，政策的放开会增加天然气市场的供应量，缩小各区域之间的天然气价差，特别是对需求旺盛且拥有高溢价的亚洲地区，全球统一的 LNG 市场将逐步形成。

为满足国内燃气消费需求的快速增长，国家通过逐次调整进口天然气的销售价格、进口增值税返还优惠及补贴企业亏损等方式扩大境外资源的引进。2013 年进口 LNG 销售定价由 24.93 元/10^9焦耳（GJ）调至 31.45 元/GJ。此外，享受进口税收优惠的 LNG 项目规模已达 2240 万吨/年。随着青岛、海南 LNG 接收站和中亚 C 线的竣工，我国天然气进口量可能保持增长趋势，预计 2020 年管道气、LNG 进口能力将合计达到 1570 亿立方米左右。

据前瞻产业研究院发布的《2015—2020 年中国 LNG 行业市场前瞻与投资战略规划分析报告》显示，2012 年中国 LNG 进口量达到 1403 万吨，2013 年达到 1800 万吨，仅次于日本和韩国，全球排名第三，但是中国是全球增速最快、潜力最大的市场，对全球所有 LNG 生产商都有着无与伦比的吸引力，中国海油、中国石油和中国石化已经签署了一系列 LNG 的长期供应协议。根据公开的信息和不完全统计，到 2020 年我国天然气对外依存度为 33.0% ~36.6%。

管道气进口能力快速增长。目前，中亚 A、B、C 线现已开通，A、B 线气源来自土库曼斯坦，规模为 300 亿立方米/年，C 线为土库曼斯坦、乌兹别克斯坦、哈萨克斯坦，规模为 250 亿立方米/年，三线合计总输气能力为 550 亿立方米/年；D 线预计 2016 年开通运营，年运输能力是 300 亿立方米，缅甸线已于 2013 年开通，运输能力为 120 亿立方米/年；目前东线已与俄罗斯在 2014 年 5 月签订合同，运输能力达 380 亿立方米/年，西线 2014 年 11 月达成谅解备忘录，预计 2019 年开通，规模在 300 ~600 亿方/年。从现实条件来看，预计 2020 年我国管道进口能力为 1000 亿立方米左右。

表 8.1 2　　　　　　　　中国管道天然气进口预期　　　　　　　单位：亿立方米

年份	2010	2011	2012	2013	2014	2015	2016	2019	2020
中亚 A 线	48	168	150	150	150	150	150	150	150
中亚 B 线	N/A	N/A	85	120	150	150	150	150	150
缅气管线	N/A	N/A	N/A	12	39	40	120	120	120
管道气（高目标）	48	168	235	282	374	410	670	1350	1930
管道气（低目标）	48	168	235	282	374	410	670	1350	1350

资料来源：中国能源网研究报告《为 6000 亿方天然气而奋斗》。

2. 海外投资力度逐步加强

海外合作开发项目前景明朗，海外布局与结构进一步优化。海外油气产量显著增长，权益产量超过 1.1 亿吨。通过积极参与国外大型项目投资，成功进入里海、巴西、东非等地区的海上天然气开发领域。与周边国家的油气合作也取得重大进展。另外，与越南、乌兹别克斯坦等国也签订了合作勘探开发协议。从全方位国际合作的角度看，依托“一带一路”发展战略的实施，我国将与更多的国家开展深度合作，预计到 2020 年我国进口管道天然气和 LNG 总量在 2075 亿 ~2774 亿立方米。

二　天然气产业的基础设施建设

（一）天然气上游的勘探开发投资

鼓励多元资本、多元主体参与天然气上游勘探开发投资。常规天然气仍是开发重点，非常规气的重要程度也在提高，许多气田正处于前期评价或产能建设阶段，未来几年将实现良好的增长势头。三大石油公司作为天然气勘探开发的核心力量，2013 年合计产量约为 1100 亿立方米，但随着市场化改革进程的加快，越来越多的社会资本将依靠多种形式进入勘探开发领域。

2013 年 10 月，国家能源局发布《页岩气产业政策》，将页岩气纳入国家战略性新兴产业，全面向市场开放页岩气，批准将页岩气作为独立矿种，加强政策扶持力度，按照实际利用量对生产企业直接补贴，并给予一定税收减免的激励政策。推进管网设施的无歧视准入，陆续放开页岩气、煤层气、煤制气等出厂价格和液化天然气价格，建立天然气交易中心，鼓励各类市场主体参与销售市场。在资源、环境约束加剧的条件下，传统的燃煤利用方式越来越受到限制，以提高资源效率和清洁利用水平的煤制气工艺，在最低限度的减少污染物排放的同时，使能源转化效率提高到10%左右。国务院公布《关于进一步加快煤层气抽采利用的意见》明确提出提高财政补贴标准，完善增值税优惠措施。政策的支持解决了煤层气产业发展长期面临的资金障碍，成为企业新的效益增长点。

据不完全统计，截至2014年6月全国投产、在建或拟建的煤制天然气项目共61个，年总产能达到2600亿立方米。其中，经国家发改委核准的煤制天然气项目有4个，总计产能151亿立方米，已有8个项目陆续展开前期工作，合计产能高达720亿立方米/年。2014年5月，新疆煤制气项目取得国家开发银行巨额融资，资金落实将加速项目推进，未来3年投资将超过2400亿元。

（二）远距离运输与城市管网运输建设

天然气管道运输设施建设稳步推进，各运输配送设施达到投入运营的高峰期。截止到2014年，我国累计建成天然气主干管线近8万公里。

国内天然气的市场化改革深入开展，民间投资不断涌入。首先放开LNG进口权管制，对进口LNG开放管网，吸引民营企业参与LNG业务经营。允许民企在国际市场采购的LNG通过国有LNG接收站进入天然气管网，在长输管网到达的区域进行气态交付进入全国市场。由于民企机制相对灵活，更适应现货交易日趋增多的国际LNG市场。此举不仅有助于缓解高峰期间供气紧张的局面，也可以引导更多的民营主体参与市场交易，促进国内贸易的正常发育，还原天然气作为商品的属性。

其次，鼓励社会资本参与管道投资，形成多元投资、混合经济模式进行经营。2012年，中石油同全国社保基金、城市基础设施业投资基金等签署西气东输三线管道项目合作协议，对沿线主干管道向省级管道公司、城市燃气公司等社会资本开放。2013年10月，中石化新粤浙管道正式被划为首条以“代输”方式运行的长输主干管道，运营公司按照无歧视原则向各方公开运输，下游用户也可直接同上游供气商协商谈判气源价格。这项政策的推广实施，将促进上游气源的竞争程度，增强下游用户的议价能力，逐步推进气源价格决定的市场化。根据《全国城镇燃气管道发展“十二五”规划》，到2015年，城镇燃气管道总长度达到60万公里，管网总长度将增加70%。截止到2013年底，国内天然气管网系统已建成7.8万公里。预计2020年，长输管网总规模达15万公里（含支线）左右，输气能力达4800亿立方米/年左右。

此外，作为天然气贸易运输链中的一部分，国内LNG接收站接收能力相对充足。目前，我国LNG接收规模为454亿立方米/年，在建项目为400亿立方米/年，而计划投建的项目达1400亿立方米/年。虽然近期国际贸易市场的变化可能会对规划项目产生影响，但结合已签的长期合同和合作意向判断，未来总体的LNG接收能力具有保障。

表8.1.3　　中国沿海部分LNG接收站

公司	情况	接收站	建成时间	年处理能力(亿立方米)		气源
				1期	2期	
中海油	建成	广东大鹏	2006	680	N/A	澳大利亚、卡塔尔
		福建莆田	2008	520	N/A	印度尼西亚
		上海洋山	2009	300	600	马来西亚
		天津－浮式	2013	220	N/A	N/A
	在建	广东珠海	2013	350	700	卡塔尔
		浙江宁波	2012	300	600	卡塔尔
中石油	已建成	江苏如东	2011	350	650	卡塔尔
		辽宁大连	2011	300	600	卡塔尔
	在建	河北唐山	2013	350	650	卡塔尔
		深圳大铲湾	2013	300	600	N/A
		海南洋浦	2014	300	N/A	N/A
中石化	在建	山东青岛	2013	300	N/A	N/A
		广西北海	2014	300	N/A	N/A
华电	前期	广东江门	2018	300	N/A	加拿大
新奥	前期	浙江舟山	2017	300	300	N/A
广汇、壳牌	N/A	江苏启东	N/A	60	300	N/A
合计	N/A	N/A	N/A	5530	5000	

资料来源：中国能源网网站，N/A代表没有相关数据来源。

第二节　新形势下我国天然气价格形成机制改革思路

十八届三中全会通过的《中共中央关于全面深化改革重大问题的决

定》明确提出，使市场在资源配置中起决定性作用和更好发挥政府作用，完善主要由市场决定价格的机制，推进水、石油、天然气、电力等领域的价格改革，有序放开竞争性环节价格。2014 年 6 月，国家能源局召开“十三五”能源规划会议，提出坚持“清洁、节约、安全”的发展方针，落实“节能优先、立足国内、绿色低碳、创新驱动”的战略要求，加快建立安全、清洁、高效、可持续的现代能源体系。① 顺应国家全面深化改革的总体部署，创新价格管理体制和运行机制，进一步推进天然气市场化改革，建立真正反映资源稀缺、市场供求和环境外部性的价格体系，对促进能源生产与消费模式转型，实现能源的可持续发展，支撑经济、环境的可持续发展有着重要的现实意义。

价格形成机制是协调各环节利益的核心，关系到天然气产业的健康发展。2014 年下半年以来，天然气价格改革取得重大进展，国家发改委逐步实施了居民用气阶梯价格制度，实现增存量气并轨，陆续放开页岩气、煤制气等出厂价格和液化天然气价格，建立上海石油天然气交易中心等，市场化改革预期已成为共识。同时，随着经济发展的结构性调整、国际油气价格持续低迷，国内天然气市场出现供需宽松的局面，价格改革迎来了重要的“窗口期”，是加快市场化改革的好时机。2015 年 5 月，国家发改委转发《关于 2015 年深化经济体制改革重点工作意见》（国发〔2015〕26 号），提出要进一步研究制定石油天然气体制改革总体方案，在全产业链各环节放宽准入。那么，如何构建符合当前市场发展阶段的价格模式，促进产业平稳发展成为亟待解决的问题。

综合对经济发展、环境治理、能源效率以及价格机制等问题的系统研究，认为优化能源结构，提高天然气比重是保障经济平稳发展、改善环境治理的重要举措，政府主导的价格形成机制是导致天然气供给不足、能效偏低的主要原因，只有当价格在市场竞争及政府监管的合理水平下，价格才能发挥其能效作用。需要明晰政府与市场的关系，逐步推进天然气的市场化改革，建立反映资源稀缺、市场供求和环境外部性的价格机制。鉴于此，当前价格改革既要立足长远推进市场化进程，又要着眼解决当前的突

---

① 2012 年国务院发布白皮书《中国的能源政策》，提出“节约优先、立足国内、多元发展、保护环境、科技创新、深化改革”等八项发展方针；2014 年 6 月 23 日，国家能源局在北京召开的全国“十三五”能源规划工作会议中提出“节能优先、立足国内、绿色低碳、创新驱动”的四大战略要求。

出问题。应统筹经济社会发展全局，以优化能源结构、提升能效和保障能源供应安全为基本目标，以正确处理政府与市场的关系、理顺能源比价与反映市场供求关系为关键点，通过健全制度体系与监管细则，“放开两头，管住中间”，构建有效竞争的市场体系，推进天然气价格的市场化。按照“节能减排得收益、获补偿”的原则，借助特定的制度安排将环保价值显化为经济效益，对“公共物品”供给者建立市场价值的补偿机制，从而优化能源消费结构，促进天然气产业发展，保障我国经济、社会和环境的可持续发展。

一　我国天然气价格形成机制改革的基本目标

（一）优化能源结构

优化能源结构能有效缓解资源压力对经济发展的制约，支撑经济社会的可持续发展。现阶段，我国仍处于城市化、工业化的快速推进时期，面临的资源约束日益加大。依据能源消费与经济发展的关系，寻找替代能源或提高天然气在一次能源结构中的比重，可有效支撑经济的持续增长。随着经济发展进入新常态，能源结构面临新的调整机遇期，充分发掘天然气供给潜力，增加天然气的消费比例，将是保证经济增长切实可行的路径选择。

推广清洁能源实现能源消费清洁化、低碳化转型，对温室气体减排、缓解雾霾、促进环境治理和生态文明建设意义重大。根据优化能源结构与“公共物品”的有效供给的正向关系，伴随能源结构的优化，能源消费对环境的压力将随之减少。天然气凭借其自身优越性，对缓解环境压力、保障经济平稳发展有着现实意义。目前，我国在治理外部性问题层面存在制度缺失，尽管国家在提高能效、减少污染排放等方面进行了许多尝试探索，但对节能减排尚未产生实质性效果。因此，从顶层设计破除体制机制障碍，注重制度创新使生产者获益的方式促进“公共物品”供给，才能进一步释放天然气的供应潜力，以能源结构优化保障经济、社会、环境的可持续发展。

（二）提高能源利用效率

2012 年国务院发布的能源政策白皮书和 2014 年的“十三五”规划提出要注重“节约优先”的发展战略，强调通过完善价格形成机制，建立反映资源稀缺和市场供求的动态调整机制，着力提高能源的使用效率。推动产业结构调整、实现节能减排的约束性目标需要提高能效，而价格机制是提高能效的重要手段。就我国现行天然气价格机制的有效性而言，有较强的行政性色彩，价格形成基础没有反映出资源稀缺、市场供求和环境的正外部性，既不利于淘汰落后产能和提高能效，也不利于增加上游勘探开发及技术创新的积极性，难以实现清洁能源发展的持久性。对此，只有进一步推进市场化改革，让市场充分发挥优化资源配置的作用，建立对投资者、经营者和消费者有效地激励约束机制，才能激发产业的发展潜力和达到节能减排的目标。

（三）保障国家能源供应安全

新常态下的经济特征表现为经济发展呈现中高速、优结构、新动力、多挑战，反映在我国能源需求和能源结构优化上，天然气将是近中期能源结构转型的主力，[①] 加快天然气产业发展将成为实现经济结构转型的重要保障。此外，能源作为国民经济和社会发展的基础性行业，关系到国家安全、外交政策以及地缘政治等诸多层面，充足的能源供应是增强风险抵御能力、保障宏观形势稳定的重要因素。因此，促进天然气产业发展，建立多元化的能源供应体系，是国家能源体制改革的方向和目标之一。

目前，国内天然气行业发展相对迟缓。防治环境污染、应对气候变化带来的能源清洁化转型使国内需求快速增长，对外依存度不断加深。价格机制是调剂供需的有效手段，产业发展状态与价格政策密切相关。我国天然气资源开发程度低，市场供给潜力未能充分发挥，导致供需失衡的根本原因是价格形成机制的不完善。[②] 从国家宏观安全角度来看，逐步完善天然气价格形成机制，在加强天然气资源的开发力度，提高天然气的供给和储备能力，提升经济持续发展动力的同时，可降低能源安全的脆弱性和敏感性，增强抵御风险的能力。

① 2014 年 10 月 14 日，第四届 ECF 亚洲页岩气峰会（上海）论坛上，国家发改委能源研究所能源经济与发展战略研究中心主任张有生表示，新常态下，天然气将成为近中期调整能源结构的主力。

② 郭焦锋：《如何实现 2020 年天然气“消费双倍增”》，《21 世纪经济报道》2014 年 11 月 25 日第 1 版。

二　我国天然气价格形成机制改革的关键点

（一）明确政府与市场的作用

天然气价格机制改革的关键点之一是理清政府与市场的作用边界，充分发挥各自职能，为天然气产业发展提供更广阔空间。按照《中共中央关于全面深化改革若干重大问题的决定》关于深化经济体制改革的要求，在社会主义市场经济体制下，政府不仅要加强对自然垄断领域的监管，还要充分发挥宏观调控作用，形成“有效的市场、有为的政府”。针对天然气领域而言，市场化改革就是要构建市场主导价格的机制，形成以供需为导向的资源优化配置，政府应减少对微观经济的直接干预，强化服务职能，通过构建有效竞争的管理体制和运行机制，做好对自然垄断环节的市场监管和节能减排方面的社会性监管，形成促进产业有序发展的制度框架。这样，既能保持自然垄断环节的竞争动力，又能起到引导扩大投资、消费所需的激励与约束作用。

目前，天然气领域的管制措施导致政府与市场的作用界限不清晰，存在行政干预过多、市场体系建设滞后等问题，多元主体竞争的格局尚未形成，缺乏科学合理的价格形成机制。对此，应顺应市场发展的新形势和深化改革的内在要求，从法律体系、监管手段、财税政策等方面理顺天然气领域的体制机制，区分产业链的技术经济性确立不同的管理体系：在上下游竞争性环节，建立有利于竞争的市场框架，梯次废除市场的行政垄断，推动上下游价格形成的市场化，构建交易中心主导价格形成的多元竞争体系，发挥市场在资源配置中的决定性作用；在自然垄断环节，健全管网运营监管体系，科学制定管输服务价格，更好发挥政府作用。以此来积极稳妥地从广度、深度上推进天然气领域的市场化改革。

（二）理顺能源比价关系

建设生态文明是党中央“十八大”提出的重大战略思想和战略任务，天然气作为保障环境可持续发展的重要清洁能源，能源变革、环保诉求等因素导致需求快速增长。理顺能源比价意味着天然气供应者既应获得公平合理的报酬，也要针对正外部性实施价值补偿。尽管国家将征税等经济手段引入到环境治理中，但是短期的经济利益导向弱化了企业的减排激励，并且价格信号的扭曲致使结构失衡程度加深，阻碍了我国经济环境的协调发展和资源的有效利用。因此，针对国内替代能源比价与供需形势，需要进一步延伸能源比价关系的内涵，构建真正反映资源稀缺、市场供求以及环境外部性的价格体系和财税体系。

构建反映资源稀缺、市场供求与环境外部性的价格形成机制，实现价格信号引导供给和需求拓展。作为关系民众日常生活的公共服务业，无论是增量存量气价分离期间，还是2015年增量存量气价并轨之后，管制价格的构成中非但没有反映市场供需格局，也没有体现出作为清洁能源的环保价值，需要重新界定能源比价关系。天然气价格改革应充分考虑投资者、经营者及消费者的利益，逐步建立现代能源价格体系，使能源比价与市场供求、减排成本同时挂钩，以激励性机制实现对共享性“公共物品”供给者的价值补偿。

三　天然气价格形成机制改革面临的机遇

（一）十八届三中全会的深化改革要求提供了政策支持

十八届三中全会提出要紧紧围绕市场在资源配置中起决定性作用，深化经济体制改革，加快生态文明建设，实行资源有偿使用和生态补偿制度。2015年，国家发改委颁布实施的增存量气并轨、放开直供用气价格、建立交易中心等措施，意味着非居民用气与替代能源的价格开始理顺，门站价格进入市场化定价，这为逐步理顺天然气价格形成机制，最终实现价格决定的完全市场化奠定了基础。

如何进一步改革管理体制形成竞争性的天然气市场，将是扎实推进天然气定价市场化的重要内容。2014年，国务院印发的《能源发展战略行动计划（2014—2020年）》明确提出，到2020年要把天然气占一次能源消费比重提高到10%以上，通过培育和拓展天然气消费市场，加快调整能源结构和增加清洁能源供应，鼓励新增天然气供应以替代煤等，提高清洁能源在能源构成中所占比重。面对价格改革前所未有的形势、新变化、新思维，政府应把握有利时机积极推进市场化改革，深化监管体制机制创新，打破垄断、引入竞争，以政策手段为市场发展提供制度环境，通过调整现行价格机制、进一步放松管制，扩大市场竞争定价的范围，实现市场在资源配置中起决定作用和更好发挥政府作用。

（二）国际油气价格的低位运行、经济新常态，国内市场供需趋于宽松

在国际油气价格下跌、国内经济下行压力加大的背景下，国内出现供需相对宽松的倾向。2014年，全球经济复苏缓慢且不平衡，需求的低迷

和供给的增加，导致油气市场供求格局发生变化，加上美元升值的影响，国际油价大幅下跌，与油价挂钩的管道气长期合同价格和 LNG 现货价格也相继下降，世界油气行业进入不景气周期。国内受到经济新常态、天然气价格连续上调等因素影响，天然气消费增速有所放缓，短期内呈现供需相对宽松的态势。

能源改革尤其是价格改革需要满足两个基本前提条件：一是供需必须宽松，二是价格必须稳定或是下行，此时实施改革可对经济发展和社会稳定的影响最小化。① 2015 年第一季度，国内天然气消费量为 502 亿立方米，同比增长 4.8%，而同期产量为 352 亿立方米，同比增长 6.8%，进口量 160 亿立方米，同比增加 16.5%，国内供应量增幅已经超过消费量的增长幅度。低油价、供需宽松给天然气价格改革提供了良好时机。今后一段时期，面对大气污染防治、环境保护的压力，清洁能源发展的重视程度日益提高，天然气在能效、环境可持续性等方面具有多重优势，形成巨大的消费潜力，国家环境治理迫切需要提高天然气在能源消费结构中的比重。借此，实施价格改革不但可以刺激消费需求的拓展，还能拉动天然气相关产业及基础设施投资，培育新的经济增长点。

第三节　我国天然气价格形成机制改革的政策建议

根据《中共中央关于全面深化改革重大问题的决定》关于深化经济体制改革的总体要求和战略部署，新形势下积极推进天然气领域的市场化改革已是必然趋势。自 2000 年开始，天然气市场规模呈现指数增长态势，由 245 亿立方米迅速增长至 2014 年的 1845.2 亿立方米，年均复合增速达 15.4%，意味着天然气市场已由初始发展阶段步入到快速增长时期。从国外发展经验和国内能源战略要求来看，天然气将在近中期的能源转型中发挥重要作用。为了推动天然气产业平稳发展和进一步扩大普及利用，国家需要改善制度滞后于市场发展的局面，着力加快市场化改革进程。因此，如何顺应国内外市场环境的新形势，制定符合产业发展阶段特征的制度体系，从长远、战略全局扎实推进体制机制改革，构建有效竞争的现代市场体系显得至关重要。

---

① 林伯强：《低油价是中国能源改革的好时机》，《环球时报》2015 年 8 月 28 日第 14 版。

我国天然气全产业链的政府规制扭曲了要素市场，表现为天然气市场行政性垄断浓重、存在交叉补贴、价格调整未能及时反映用户承受力和需求弹性变化，以及天然气产业未能获得合理收益率、分级管理体制导致产业链的价格传递缺乏联动等问题。此外，针对能源消费外部性的分析显示，提高天然气消费比重是防治空气污染和降低能源强度的有效手段；从价格形成机制的有效性来看，环境外部性尚未纳入能源比价关系当中，天然气的正外部性价值没有得到合理补偿，导致市场出现“劣币驱逐良币”现象；根据诺斯和庇古关于外部性问题的理论，产权交易和庇古税是两种解决方式。鉴于此，需要改革天然气产业链的价格管理方式，区分不同环节的市场类型实施有效监管，逐步建立“X+1+X”价格管理模式；以天然气的正外部性价值为基础，建立“公共物品”供给者的价值补偿机制，使经济收益涵盖其经济价值、生态价值和战略价值。

我国天然气市场化改革应朝着供应多元化、市场一体化格局迈进。根据制度演进的路径依赖性和渐进性特点，天然气价格改革应综合权衡，分层次、分阶段地有序推进。市场化改革应首先在上下游领域构建竞争性市场格局，并理顺价格关系与调价机制，为上下游价格联动提供先决条件；其次着力推动网运分离，强化输配气成本监管；最终全面放开价格管制，充分发挥交易中心功能，实现供需决定价格形成的联动机制。同时，鉴于天然气更具有环保价值，政府还需通过特定的制度安排，综合利用产权交易、价格、财税等经济性手段，探索建立对“公共物品”供给者的价值补偿，在拓宽潜在应用领域的同时，使天然气的正外部性价值转化为供给者的合理收益。

具体来说，应围绕以下几方面展开：

一　建立“X+1+X”的价格管理模式

综合当前天然气产业发展的阶段性特征，政府应根据产业链各环节的不同属性，区分自然垄断性业务和竞争性业务，正确处理政府与市场的相互关系，明确各自职责分工和作用内容，形成合理的价格管理体系和运行机制，积极推进价格形成的市场化改革，逐步构建“X+1+X”的价格管理模式。

所谓“X+1+X”模式，是指区分天然气产业链环节的市场属性，针对上游生产、下游销售环节，构建多元、竞争、开放、有序的市场格局，形成以市场为主导的定价方式，充分发挥市场机制对引导供求和优化资源配置的决定性作用；针对中游管输配送环节，强化公平准入和普遍服务的监管，并科学制定投资收益率水平，形成以政府规制为主的定价方式，更好发挥政府的监管服务职能。其中，“X”是以市场主导的定价机制，而“1”则是政府主导的定价机制。具体来说，我国天然气市场化改革措施包括以下方面：

（一）建立市场调节供需的动态调价机制

随着天然气产业发展和市场规模的扩张，市场机制对供需行为的决定性作用日益凸显。从国外的实践经验来看，市场化改革一般是循序渐进的过程。通过打破垄断、引入竞争，促进网运分离和储运设施的第三方准入，同时健全调价机制与监管方式，扩大市场自主定价范围，逐步建立起反映资源稀缺、市场供求的价格形成机制。

1. 构建多元主体竞争形成市场价格的机制

在天然气上下游竞争性领域逐步放开市场准入，应进一步通过公开招标出让、发放许可证及民营、外资多元主体持股等方式，引导社会资本进入上下游市场，鼓励大型用户如电力公司、城市燃气企业直接参与上游开发及海外采购，协同推进上游生产、下游销售的市场准入开放，提高天然气价值链效率和气源多元化。

多元投资格局要求进一步完善价格机制，以市场竞争的方式提高资源配置效率。逐步引入不同规模用户的第三方准入机制，分级别放开用户自主选择权，通过动态互补让市场机制主导资源的深度优化。此外，考虑基础设施建设的区域差异性，应分批次推进市场化改革：针对基础设施相对完善、供应渠道趋于多元化的东中部地区，可率先执行第三方准入，取消门站价格管制，让市场竞争决定价格形成；对条件尚不成熟的西部地区，应以完善现行价格机制为基础，待时机成熟实现跨区域的价格并轨。

天然气交易中心的建立不仅能够提高交易效率，形成多元竞争的市场体系，还能提升我国在天然气定价方面的话语权和影响力。过去天然气贸易以长期合同为主，这对稳定市场供需关系和保证上游投资者收入具有重要作用。相对而言，现货贸易更具有灵活性、流动性，随着非常规气源的开发对现货合同的依赖性越来越高。现货市场的出现促进了交易中心的形成和发展，而交易中心的产生又丰富了市场参与者的投资选择，通过连接买卖双方提高了市场效率，对价格形成机制的市场化起到了促进作用。此外，交易中心以价格机制解决了供需平衡问题，保障了国家能源安全。比如美国交易中心的发展对页岩气开发利用，巩固美国能源定价主导权和维护能源安全意义重大。

2013 年以来，国家发改委陆续放开了页岩气、煤层气、煤制气等非常规天然气出厂价格和直供用户价格，多元主体参与交易的市场格局基本具备。2015 年 7 月 1 日，上海石油天然气交易中心正式运行，通过承接价格放开后的市场交易，既能促进天然气资源探明储量的有效开发利用，又能推动生产价格与消费价格的市场化，形成反映市场供需的公允价格，这对推进天然气价格形成的市场化具有重要意义。此外，随着应对气候变化、治理雾霾等环保压力的日趋强烈，以及国际油气供应侧的低价形势，天然气的对外依存度势必呈现上升态势。届时中国作为消费大国，在天然气产量、管网发展程度、LNG 进口规模及在亚洲消费量等方面，具备建成亚洲地区天然气交易中心的条件。通过交易中心吸纳更多主体参与国际市场交易，以上海作为亚洲乃至国际性的交易中心，依靠交易模式的创新对亚洲与原油挂钩的价格机制形成挑战，进而提升中国在国际天然气市场的话语权和影响力。

2. 科学制定交易的基准价格

基准价格作为天然气交易双方协商议价的标准，应对挂钩能源品种、权重作出合理调整。目前，我国上游市场仍存在一定程度的市场支配力量，还需政府建立进一步透明、可靠的规章制度对市场化业务进行支持，提供准确、高透明度的基准价格。英国针对管网用户前后实施了零售价格指数价格管制和基于询价形成的基准价格，欧盟、日本等地区则主要参照可竞争性能源特别是石油的市场价格水平。考虑我国能源用途差异和燃料转化成本因素，采用燃料油、液化石油气的挂钩机制未必真实反映天然气价格变动。对此，应综合考虑替代能源价格、市场供求、企业利润率及用户可承受力等因素，将权重值和挂钩能源品种进一步优化：一方面将“市场净回值”的折价系数 K 值适度下调，并根据市场变化适当调整权重系数，形成科学合理的市场基准价格；另一方面鉴于天然气主要优势是减少排放和控制环境污染，替代煤炭等污染程度更大的能源，需要将煤炭也作为挂钩能源品种之一，并充分考虑天然气与煤炭之间的环境外部性差异，防止发生逆替代现象。

（二）健全产业链的价格联动机制

如何实现上下游价格之间的市场化联动，是推动天然气市场化改革的重要环节。目前，我国天然气产业链实行分级管理体系，上下游环节分属不同的管理部门，导致短期内产业链的价格传递具有非对称性，不利于在更大范围内构建价格联动机制。随着上下游市场放开和管网的第三方准入，购气价格、运营成本的变化需要及时、顺价传递到消费市场，形成产业链的价格联动机制，降低运营企业的市场风险。

适应市场变化的不确定性，在下游建立按季浮动计算的动态调价机制。逐步取消市场管制后，经营者控制市场的能力会明显减弱，市场的不确定性将不断增加，尤其是通过交易中心主导价格形成的方式，会在短期内加剧市场价格的波动性。对此，当前调价机制的不灵活性将凸显出来。为了有效防范市场风险，减少与替代能源价格变动不同步带来的干扰，应进一步缩短调价周期，建立以季度为周期的动态调整机制，并使市场价格围绕基准价格上下波动。同时，考虑长期协议的转型成本和替代能源价格的低迷形势难以持续，可设定相对较高的允许一定的上浮区间。

为此，进一步推进管理体制改革是当前天然气价格改革的核心任务，要切实改变管理越位与缺位并存的局面。首先要以法律法规为先导，通过制度规则构建上下游统一的管理体制和组织结构，明晰各级部门管理权限和职责分工；其次应简化价格调整程序，区别实际实施分类管理，对上下游竞争性环节强化运行机制的监督，对管网配送环节则明确输配气定价机制及成本监审细则，同时考虑供销差率，使成本变动及时传递到消费环节，最终实现上下游价格之间同周期、同方向的联动机制。

（三）推进管储设施的第三方准入①，制定有效的价格管理方式

从国外来看，完善管网和开放管道是市场定价成功的关键，否则下游需求无法与上游供应有效衔接。然而，管道政策改革并非是一蹴而就的，美国、欧盟均经历了十年甚至几十年的改革历程，需要把握产业运行规律分阶段实施。对此，应构建统一、独立、公平、高效的监管框架，由引入第三方准入服务渐进向强制性实施、业务分离方向演变。

---

① 第三方准入制度（TFP），为防止自然垄断设施的所有者滥用市场支配权力，政府应充分发挥其监管作用，确保其余各方均能公平地使用管道、储气等基础设施。第三方准入制度不仅能很好地平衡各方利益，同时还能有效发挥设施潜力。

1. 推进管网储气设施运营政策改革，提高管网运营效率

降低管储设施的市场准入门槛，积极引导社会资本投资，建立以市场化融资为主，政策金融、财政拨款为辅的多元化渠道。从管储设施与市场规模的匹配关系来看，我国管网和应急储备设施建设明显不足，这成为抑制需求扩张的瓶颈因素。2004 年以来，国内天然气管道里程年均增加 5000～6000 千米，按照 2020 年国内消费总量要达到 4100 亿立方米的目标，未来还需配套建设管道（含支线）7.2 万千米，年均新建约 1.1 万千米。同时，储备能力和配套制度建设滞后，天然气有效库容不足，仅占消费量的 2.2%，与发达国家储气量占消费量的 15%～20% 尚有很大差距。①

天然气管网储备建设需要从制度、体制上拥有良好的政策环境。管网运输属于自然垄断领域，要统筹规划和避免重复建设，在美国、德国、日本等国家通常是建立许可权制度，实现管道与管道之间的竞争。在市场化改革中，针对管网设施应继续采取特许经营制度，借助国企混合所有制改革为契机，推行油气行业各类资本交叉持股、合作经营，鼓励各类主体参与管网设施建设，并且科学制定行业的投资收益率水平，吸纳更广泛的社会资本提高投资力度；对储气设施领域，适当降低市场准入门槛，鼓励天然气自由贸易，健全不同服务方式的价格构成，引导民营资本在储气设施、LNG 接收站的有效释放，增强天然气供应保障能力。以此实现经济效益、生态效益和社会效益相统一，鼓励更多企业为改善生态环境作贡献。②

2. 准确把握管储设施的技术经济性，制定有效的价格管理方式

健全储运设施的监管框架，选取恰当的价格管理方式，实现对运营企业激励与约束的协同作用。在构建“X＋1＋X”的价格模式下，政府在强化成本监审和信息公开的同时，还需要基于效率的考量健全激励机制，完善季节差价、峰谷差价、可中断气价及储气价的实施办法，修订计量标准和计价方式，形成有利于产业发展的费率结构。

---

① 2014 年 4 月，国家发改委曾预测 2020 年天然气市场需求量为 4000～4200 亿立方米。同年这一数字调整为 3600 亿立方米。2015 年 1 月，中石油对 2020 年天然气需求的预测为 3100～3600 亿立方米；参见郭焦锋、高世楫《中国气体能源发展报告（2014）》，石油工业出版社 2014 年版，国务院发展研究中心《中国天然气发展战略研究报告》，2015 年 7 月 20 日。

② 郑新立：《进一步深化国有企业改革》，《人民日报》2014 年 12 月 25 日第 7 版。

按照成本分摊、需求分类和动态调整的原则，明晰定价方式和调价机制实施细则，推动实施“两部制”费率，参照技术效率、物价指数和社会收入水平，建立相应的价格调整机制。首先，简化监管审批流程，设置合理的成本边界，分隔周期对价格进行评估调整：当用气成本变动在规定区间内时，只需提交成本变动依据即可；如果成本变动幅度较大时，则需按规程进行成本审查和举办听证会。其次，管输费率结构向两部制过渡以及出台峰谷差价。单一的费率结构无法反映不同档次、不同负荷的需求特点，两部制定价能够很好地克服这种弊端，既能体现管输成本的公平负担，也能引导用户需求，均衡管网运输负荷和降低单位输气成本。同时，针对各类用户实施峰谷差价，体现天然气调峰价值，达到削峰填谷的作用。再次，设计激励性机制，强化企业提升管理效率的积极性。可参照英国价格帽管理模式，考虑通胀及技术进步等因素，使规制价格的增长率不超过物价指数与生产力增长率之差。如果企业达到政府成本规制的目标，则降本增效的效益部分归企业所有。

（四）完善天然气价格结构体系

天然气定价应遵循市场价值规律，真实反映用户价格承受力变化和体现成本公平分摊的原则。2014 年，国家发改委下发《关于建立健全居民生活用气阶段价格制度的指导意见》，要求 2015 年底前所有已通气城市均应建立起居民生活用气阶梯价格制度。[①] 进一步地，2015 年政府工作报告中提出，完善资源性产品价格，全面实行居民价格阶梯制度，并于 2015 年 2 月 26 日，发改委宣布将全面建立居民用气阶梯价格制度。[②] 面对国际油气价格下跌和国内供需宽松的新形势，应适当调整居民和非居民基准价格和调价机制，为上下游气量价格的全部联动奠定基础。首先，根据不同用户的价格承受力和供气成本，逐步理顺终端价格结构；其次，基于用户需求特征及对社会稳定的影响考虑，短期内居民用气价格稳中求进，非居民用气可全部纳入上海石油天然气交易中心，并控制上浮区间，增强市场交易的灵活性，从而推进终端价格的市场化程度。

---

① 国家发改委价格文件：《关于建立健全居民生活用气阶梯价格制度的指导意见》（〔2014〕467 号）。

② 国家发改委价格文件：《国家发展改革委关于理顺非居民用天然气价格的通知》（〔2015〕351 号）。

二　探求“公共物品”供给者的价值补偿机制

市场化改革需要与价格财税改革配套统一。综合考量清洁能源的社会效益，以推进天然气市场化为前提，探索建立长效的激励性补偿机制，从而培育天然气领域的产业发展和增强技术创新能力，以此带来新的经济增长点。政府应遵循市场价值规律，以科学的价格构成为定价基础，依托市场机制和财税制度改革，将节能减排、应急调峰等环境和经济效益显性化，提升天然气行业的竞争力和投资水平。对此，应在市场主导价格形成的前提下，通过建立排污权交易机制和科学设定天然气行业的投资回报率，并以完善财税再分配体系为基础，使得天然气与煤炭的能源价格，具有平等的竞争力，进而构建共享性“公共物品”供给者的价值补偿机制，使天然气价格包括生产成本、环境成本、社会成本、战略价值及投资者的合理收益率，实现投资主体多元化和投资总水平的提升，保证天然气供给的平稳增长和生态治理改善。

（一）构建“公共物品”供给者市场价值的补偿机制

2013 年国务院颁布的《大气污染防治行动计划》及 2014 年能源“十三五”规划提出要优化能源结构，加快重点区域的“煤改气、油改气”工程建设，鼓励天然气发电和分布式能源项目，预计未来时期内天然气市场需求、管网设施建设面临刚性增长。天然气相比煤炭、石油具有环保价值，是近中期能源结构转型的主要清洁能源。需要特定制度安排建立激励性的价值补偿机制，形成对产业发展强有力的驱动作用。因此，通过制度变革建立有效率的产权形式，综合考虑社会整体效益，将正外部性价值作为制定能源比价和投资回报率的基础，使环保效益显化为经济效益，进而形成引导投资的长期有效机制。

1. 以制度安排建立排污权交易机制，促进下游消费领域的拓展。

通过制度安排协调天然气的环境效益和经济效益是优化能源结构的重要举措。天然气相比煤炭更具清洁性，由于国内环境税收制度的滞后，煤炭、石油的负外部性并未真正体现在消费成本上，导致天然气与煤炭、石油的比价关系没有完全体现内在价值。为此，政府可以通过特定的制度安排，将排放权的合理比例赋予天然气供给者，通过建立排污权交易机制，使煤炭的外部成本转化为天然气的环保收益，从而理顺能源之间的比价关系，优化能源消费结构，以市场化手段构建天然气正外部性价值的补偿机制。

2. 科学制定投资回报率水平，提高天然气基础设施的投资水平

针对管输配送环节来说，随着城镇化发展和环保需求的日益加深，管网规划建设将进入快速发展期，管网运营企业的微利状态难以持续下去。[①] 政府定价需要按照“公平合理、切实可行”的要求，在初始分配不变的条件下，以生产运营成本、环境的正外部性价值和资本的正常回报率为基础，科学制定管输配送的服务价格，使生产运营企业获得公平、合理的投资收益，形成对“公共物品”提供者的激励相容机制。[②] 根据欧洲、亚洲经验及国外投资成本、环保效益的比较，未来对燃气企业的合理收益率可设定在9.66%～12.26%。[③]

（二）健全“公共物品”供给者价值补偿的财税金融体系

1. 完善财政分配体系，促进资源的优化整合[④]

根据马斯格雷夫和罗斯托的经济发展阶段论，进入经济发展的成熟阶段后，对基础设施建设和公共服务的要求将会提高，环保、教育、卫生保健等方面的服务需由政府提供，而且政府财政支出的增长应快于GDP增长速度。[⑤] 对此，政府应以价格形成包含配气成本、投资合理回报率水平，并健全现代财税体系为基础，促进资源的优化整合作为“公共物品”供给者的价值补偿手段，强化天然气领域的拓展应用和支持力度。

以分布式能源发展项目为例，其在节能环保、电力削峰填谷及保障能

---

① 中国城市燃气协会课题“城市管道燃气行业运行成本构成及气价调整机制研究（2012）”对被国内50多家燃气企业固定资产原值分布情况表明，目前我国绝大多数燃气企业投资还处于发展初期，只有少数地区燃气企业投资已具相当规模。

② 建设部制定原天然气行业的项目投资回收期为20年，投资收益率在12%～15%，随后国家发改委重新确定的回收期、收益率为25年和8%（略高于银行贷款利率），这不利于推动管网设施建设融资和行业可持续发展。

③ 国外发达国家针对环保问题的税收制度更加完善。一般而言，燃煤、燃油带来的负外部性成本通过环境税内化为企业成本，因此更具环保性的天然气消费时，价格制定并未包含环保价值。目前，我国也在推进这方面的制度建设，但还非常不完善，仍没有产生实质性效果。此外，对比国内外国债、贷款利率的不难发现，国外融资成本明显要比国内低很多，建议收益率应当确定为8%～9%，比如韩国将燃气企业供应的合理收益率确定为10%。

④ 根据福利经济学基本定律二指出：每一种具有帕累托效率的资源配置都可以通过市场机制实现。人们所应做的一切只是使政府进行某些初始的总量再分配。因此，加强对“公共物品”提供者的财政支持力度，并制定合理的回报率水平，也可以实现帕累托效率的资源配置。

⑤ ［美］马斯格雷夫：《财政理论与实践》，邓子基、邓力平译，中国财经出版社2003年版。

源安全等方面具有优势，符合国家积极扶持及补贴鼓励的方向，在美国、日本、丹麦、荷兰等很多国家已得到大力发展和推广，但是国内依然存在政策扶持不到位等问题。① 需要综合利用税收、政府贴息、财政补贴等经济手段，引导资本更多地投向天然气产业，推动该领域的技术进步和国内气化率水平，形成兼顾经济发展与环境改善的良好局面。

2. 综合区域经济发展水平，建立差异化的财税政策

统筹区域发展与环境治理的要求，设计差别化的财税措施。在优化产业结构的同时，综合考虑不同区域的承受能力，制定有差别的区域政策，实现财政资源的有效分配：从研究结果来看，东部地区经济发展水平高，价格可承受力强，应以环境治理为重点，着力采用价格杠杆手段，促进消费拓展和设施建设；西部地区经济发展水平低，需要兼顾经济发展与控制污染的双重目标，在优先保证经济发展的同时，放缓价格调整幅度，着重利用财税政策引导生产消费。长期来看，随着区域市场一体化进程的加快，区域间的价格差异将自动趋于一致。因此，短期内应注重以财政补贴、税收优惠等方式给予西部更多支持，让其有足够的资金投入到环境治理，避免能源的逆替代性造成污染的区间转移。②

3. 鼓励金融企业创新、构建绿色金融体系

构建绿色金融体系是稳增长、调结构，促进清洁能源发展的重要举措，是筹措环保资金、减轻财政支出压力的有效途径。目前，我国绿色金融业务发展相对滞后，银行作为绿色实践主体，融资方式以间接融资为主，绿色信贷总额与总资产比例相差甚远，其他金融机构参与程度更低。经济发展方式转型促使能源消费结构优化，未来清洁能源的发展空间将逐渐显现，天然气产业将备受绿色金融青睐。为此，要充分发挥征信系统在环保方面的激励约束作用，支持排放权、排污权和碳收益权等为抵押的绿色信贷融资机制，激励引导社会资金投资环保、清洁能源等绿色产业。

---

① 目前，北京市燃气锅炉现行氮氧化物排放标准为 100mg/m³，新标准实施后为 80mg/m³，而分布式能源系统氮氧化物排放可达到 30～75mg/m³，发展分布式能源对于北京二氧化碳减排和 PM2.5 治理具有非常显著的作用；同时，分布式能源采用高效能源利用技术，其能源综合利用率在 80% 以上，在中间运输与终端消费环节的能效提高幅度为 30%～40%。

② 林伯强：《发展阶段变迁与中国环境政策选择》，《中国社会科学》2014 年第 5 期，第 81～95 页。

三　完善价格形成机制改革的配套措施

市场机制是引导资源配置的手段，具体实施还需要国家辅以配套措施。除了价格改革作为主要措施外，还应健全法律法规和相关政策，完善市场监督、科技支撑及保障低收入群体的制度体系。具体包括以下几方面：

（一）深化天然气领域的法规体系建设，增强产业发展的制度保障

当前，我国在天然气领域已经建立相对完备的法律体系，对产业健康发展也起到了指导作用，但是法律体系中不协调、不一致、体系性不强等问题依然突出，我国尚未建立综合性、涵盖全产业链各环节的天然气法，应尽快完善以天然气专项法为支撑的法律框架。基于天然气自身特点和市场环境的新特点，必须因地制宜地构建更具针对性、专业性的法律法规体系，进一步出台监审管理办法，重点完善天然气产业链的法规制度和管理方式，比如建立负面清单、完善市场准入和天然气矿业权招投标制度等，明确相应管理主体及各方职责权限，做到依法监督管理，适应新形势下我国天然气产业的阶段特征，增强产业发展的制度保障。

（二）完善政府税收优惠政策，鼓励多元主体参与天然气开发及基础设施建设

深化财税制度改革，着重考虑有利于生态环境补偿、资源有偿使用、能源集约利用以及节能环保市场的培育壮大。[①] 我国天然气开发利用水平较低，而且设施建设相对滞后。随着政府干预的减少和市场化改革的深入，天然气产业的市场开放度将不断加大，更多的市场主体会参与到上游开发和设施建设，应完善节能减排的税收政策，建立和完善生态补偿机制，加快环境保护税的立法工作和增强财政支付力度。在价格放开以后，需要对不同气田采取有差别的财税政策，应适度提高常规气田资源税税率，降低页岩气、煤层气等非常规气田税率，并给予清洁能源的投资主体一定的优惠政策，刺激多元主体参与天然气开发与基础设施建设，强化能源的自主保障能力。

（三）加大对天然气开发技术创新的投入，健全科技支撑体系

国家应不断加大对天然气开采利用技术的财政投入，健全技术创新的

---

① 郑新立、梁玉凤：《公共物品价值补偿与现代财政制度构建》，《中央财经大学学报》2014 年第 7 期，第 3～9 页。

支撑体系，提高全产业链的技术经济效率。激活技术创新的体制机制，加强技术研发和应用方面的投入，建立以企业为主体、市场为导向，产学研相结合的创新体系；明确能源科技创新的战略方向及重点，一方面以科技实现经营企业的转型升级，提高要素投入的产出效率，另一方面以经济高效的关键技术提升开发技术水平，在保障生产供给水平的同时，降低对外部环境的损害，实现资源开发与环境的协调发展。

（四）尽快落实能替代改造任务和建立对低收入群体的保障机制

加快清洁能源的替代利用，实现燃煤设施的替代改造。国务院颁布的《行动计划》明确指出要“加快清洁能源替代利用”，加快京津冀、长三角、珠三角等部分区域的现有工业企业燃煤设施天然气替代步伐，但基于成本压力（特别是发电）在短期内难以实现。为避免给用户转换带来过大的经济成本，需要进一步明晰国家财政与企业成本分担的细则，在用能设施替换和节能改造上给予财政支持，并鼓励发展天然气分布式能源等高效利用项目，促进天然气消费规模和消费领域的扩大。

建立低收入群体的保障机制。市场化改革的首要任务是理顺用户价格结构，所以价格调整势必带来居民用气价格的上涨，引起居民用户的消费支出增加，影响居民尤其是低收入群体日常生活。对此，价格改革的过程中应兼顾社会公平，统筹建立对低收入群体的保障机制，对低收入人群实行低价或补贴措施，健全社会保障制度体系。

参考文献

白兰君：《从经济学角度解读天然气产业垄断问题》，《天然气技术》2007 年第 1 期，第 1 ~ 7 页。

蔡昉、都阳、王美艳：《经济发展方式转变与节能减排内在动力》，《经济研究》2008 年第 6 期，第 4 ~ 11 页。

蔡娟娟：《建立和完善城市燃气价格上下游联动—对两广天然气定价试点方案的剖析》，《市场经济与价格》2013 年第 9 期，第 11 ~ 12 页。

陈诗一：《中国工业分行业统计数据的估算：1980—2008》，《经济学（季刊）》2011 年第 3 期，第 735 ~ 775 页。

陈富良、廖鹏：《中国天然气产业规制的基本经验与教训》，《经济与管理研究》2009 年第 6 期，第 66 ~ 75 页。

陈捷、胡晓军：《从“政府定价”走向“市场定价”关于我国天然气价格改革的思考》，《经营管理者》2010 年第 7 期，第 81 ~ 81 页。

陈剑：《新一轮价格改革“三问”：哪些要改，改革就是涨价吗?》，《新华网》，http：//news. xinhuanet. com/politics/2014 - 11/25/c_ 1113401446. htm，2014 年 11 月 25 日。

成金华等：《天然气区域市场需求弹性差异性分析及价格规制影响研究》，《中国人口 · 资源与环境》2014 年第 8 期，第 131 ~ 140 页。

崔云：《中国经济增长中土地资源的“尾效”分析》，《经济理论与经济管理》2007 年第 11 期，第 32 ~ 36 页。

戴平生：《中国电力市场价格形成机制研究》，博士学位论文，厦门大学，2004 年。

樊明武：《我国天然气行业的垄断性与价格机制研究》，《天然气工业》2006 年第 6 期，第 139 ~ 141 页。

冯良、张丹、王晓庆：《上海市天然气市场需求模型构建与计量分析》，《天然气工业》2009 年第 2 期，第 120 ~ 122 页。

高洁：《市场失灵评价标准的演变及争论》，《湖北经济学院学报》2008 年第 2 期，第 32 ~ 36 页。

高千惠、叶作亮、代丽、谭春燕：《天然气价格弹性实证研究—以成都地区为例》，《经济管理》2012 年第 8 期，第 113 ~ 138 页。

国务院发展研究中心：《中国天然气发展战略研究报告》，2015 年 7 月 20 日。

国家统计局：《2014 年国民经济和社会发展统计公报》，2014 年 2 月 24 日。

国家电力公司战略规划研究部：《中国能源五十年》，中国电力出版社 2002 年第 1 版。

高志远、王立杰：《基于 CGE 模型天然气价格波动的传导效应》，《企业经济》2014 年第 5 期，第 22 ~ 28 页。

郭焦锋、高世楫：《中国气体清洁能源发展报告（2014）》，石油工业出版社 2014 年第 1 版。

郭焦锋：《如何实现 2020 年天然气“消费双倍增”》，《21 世纪经济报道》2014 年 11 月 25 日第 1 版。

何凌云、林祥燕：《能源价格变动对我国碳排放的影响机理及效应研究》，《软科学》2011 年第 11 期，第 94 ~ 98 页。

郝多：《我国天然气供应出现过剩“气荒”变“荒气”》，《新华网》，http：//news. xinhuanet. com/energy/2015 – 08/10/c_ 1116197463. htm，2015 年 8 月 10 日。

胡宗义、蔡文彬、陈浩：《能源价格对能源强度和经济增长影响的 CGE 研究》，《财经理论与实践》2008 年第 152 期，第 91 ~ 95 页。

胡宗义、蔡文彬：《能源税征收对能源强度影响的 CGE 研究》，《湖南大学学报》2007 年第 5 期，第 57 ~ 61 页。

华贲：《中国天然气产业下游市场与政策发展刍议》，《天然气技术》2008 年第 3 期，第 1 ~ 3 页。

黄赫：《中国“气荒”的价格因素分析》，《首都经济贸易大学学报》2010 年第 2 期，第 102 ~ 109 页。

黄晓勇等：《世界能源蓝皮书：世界能源发展报告（2014）》，社科文献出版社 2014 年第 1 版。

黄晓勇：《中国的能源安全》，社会科学文献出版社 2015 年第 1 版。

姜润宇：《天然气价格改革焦点三问》，《21 世纪经济报》，http：//news. 21cn. com/caiji/roll1/a/2015/0228/20/29121505. shtml，2015 年 2 月 28 日。

姜润宇：《中国天然气价格价格改革再进一步》，《新华网》，http：// news. xinhuanet. com/fortune/2014 – 08/12/c _ 1112048027. html，2014 年 8 月 21 日。

[法] 拉丰、梯若尔：《政府采购与规制中的激励理论》，石磊等译，上海人民出版社 2004 年第 1 版。

雷鸣、杨昌明、王丹丹：《我国经济增长中能源尾效约束的计量分析》，《能源技术与管理》2007 年第 5 期，第 101 ~ 105 页。

李婷、王秀芝：《从可替代能源看天然气价格》，《石油化工技术经济》2006 年第 6 期，第 10 ~ 13 页。

李爱年、胡春冬：《排污权初始分配的有偿性研究》，《中国软科学》2003 年第 5 期，第 17 ~ 21 页。

李克国：《环境经济学》，中国环境出版社 2014 年第 3 版。

李寿德：《环境外部性起源理论研究述评》，《经济理论与经济管理》2000 年第 5 期，第 63 ~ 66 页。

李旭颖：《资源类产品价格规制的经济学分析》，博士学位论文，北京交通大学，2009 年。

廖政军：《美国：绿色税制促环境质量提升》，《人民日报》2015 年 4 月第 9 版。

林伯强：《发展阶段变迁与中国环境政策选择》，《中国社会科学》2014 第 5 期，第 81 ~ 95 页。

林伯强、杜克锐：《要素市场扭曲对能源效率的影响》，《经济研究》2013 年第 9 期，第 126 ~ 135 页。

林伯强、何晓萍：《中国油气资源耗减成本及政策选择的宏观经济影响》，《经济研究》2008 年第 5 期，第 94 ~ 104 页。

林伯强、蒋竺均：《中国二氧化碳的环境库兹涅茨曲线预测与影响因素分析》，《管理世界》2009 年第 4 期，第 27 ~ 36 页。

林伯强、蒋竹均、何晓萍：《中国城市化进程中的能源需求和消费结构预测》，厦门大学能源经济研究中心工作论文，2008 年。

林伯强、刘希颖：《中国城市化阶段的碳排放：影响因素和减排策略》，

《经济研究》2010 年第 8 期，第 66 ~ 78 页。

林伯强、牟敦国：《能源价格对宏观经济的影响—基于可计算一般均衡（CGE）的分析》，《经济研究》2008 年第 11 期，第 88 ~ 101 页。

林伯强、牟敦国：《高级能源经济学》，清华大学出版社 2014 年第 2 版。

林伯强、王峰：《能源价格上涨对中国一般价格水平的影响》，《经济研究》2009 年第 12 期，第 66 ~ 79 页。

林伯强：《加快天然气价格改革步伐》，《价格与市场》2010 年第 1 期，第 28 ~ 28 页。

林伯强：《从调整能源结构入手治理雾霾》，《中国电力报》2014 年 3 月 4 日第 1 版，第 1 ~ 2 页。

林伯强：《国际上为何普遍存在能源补贴》，《中国社会科学报》2014 年 9 月 12 日，第 645 期。

林伯强：《天然气价格补贴将长期存在》，http：//www. china - nengyuan. com/news/6418. html，2011 年 2 月 23 日。

林伯强：《改革天然气定价机制很迫切》，《中国经济导报》2012 年 1 月 21 日 A 版，第 2 页。

林伯强：《天然气价改难以单兵突进》，《中国新闻周刊》2013 年第 4 期，第 68 ~ 68 页。

凌亢、王浣尘、刘涛：《城市经济发展与环境污染关系的统计研究—以南京市为例》，《统计研究》2001 年第 10 期，第 46 ~ 60 页。

刘满平：《油价形成机制改革牵一发而动全身》，《中国评论月刊网络版》，http：//www. CRNTT. com，2012 年 7 月 5 日。

刘树杰：《全国推行天然气价格机制改革条件具备》，《中国网》，http：//finance. china. com. cn/industry/ny/20111227/450081. shtml，2011 年 11 月 27 日。

刘亚东：《我国天然气定价的经济学分析》，《商场现代化》2010 年第 162 期，第 75 ~ 76 页。

刘华涛：《自然垄断产业的激励性管制研究》，中国社会科学出版社 2014 年第 1 版。

刘云龙、刘放鸣：《“诺斯外部性”理论的扩展及应用》，《中南财经大学学报》1995 年第 4 期，第 33 ~ 38 页。

刘福森：《生态文明建设中的几个基本理论问题》，《光明日报》2013 年 1

月 15 日第 11 版。

罗佐县：《天然气定价—生产和消费间的均衡》，《中国石化报》2007 年 6 月 1 日，第 1 ~ 2 页。

马晓微、刘兰翠：《中国区域产业终端能源消费的影响因素分析》，《中国能源》2007 年第 7 期，第 35 ~ 38 页。

牛叔文等：《能源消耗、经济增长和碳排放之间的关联分析—基于亚太八国面板数据的实证研究》，《中国软科学》2010 年第 5 期，第 12 ~ 20 页。

聂光华：《中国天然气价格变动传导效应分析》，《天然气工业》2012 年第 12 期，第 112 ~ 117 页。

樊丽明、石绍宾：《公共品供给机制：作用边界变迁及影响因素》，《当代经济科学》2006 年第 1 期，第 63 ~ 67 页。

彭赟等：《我国天然气价格体制改革与价格规制机制设计》，《中国矿业》2012 年第 12 期，第 14 ~ 20 页。

曲创：《公共物品、物品的公共性与公共支出研究》，经济科学出版社 2010 年第 1 版。

曲振涛、杨恺钧：《规制经济学》，复旦大学出版社 2006 年第 1 版。

［美］萨缪尔森：《经济学》，转引自王瑶《“科斯灯塔”私人供给之谜的重新解读》，《经济学动态》2014 年第 8 期，第 117 ~ 125 页。

沈坤荣：《中国经济增长的能源“尾效”分析》，《产业经济研究》2010 年第 2 期，第 1 ~ 8 页。

沈坤荣等：《经济发展方式转变的机理与路径》，人民出版社 2008 年第 1 版。

沈满洪、何灵巧：《外部性的分类及外部性理论的演化》，《浙江大学学报》2002 年第 1 期，第 152 ~ 160 页。

史丹：《结构变动是影响我国能源消费的主要因素》，《工业经济》1999 年第 2 期，第 38 ~ 43 页。

史丹、张金融：《产业结构变动对能源消费的影响》，《经济理论与经济管理》2003 年第 8 期，第 30 ~ 35 期。

宋辉、刘新建：《中国能源利用投入产出分析》，中国市场出版社 2013 年 9 月第 1 版。

檀学燕：《我国天然气定价机制设计》，《中国软科学》2008 年第 10 期，第155~160页。

王琳、肖序、许家林：《“政府－企业”节能减排互动机制研究》，《中国人口·资源与环境》2011年第6期，第102~109页。

王敏、徐晋涛、黄卓：《能源体制改革：有效的市场，有为的政府》，《国际经济评论》2014年第4期，第37~53页。

王万山、谢六英：《正外部性激励优化的经济学分析》，《江西农业大学学报（社会科学版）》2007年第2期，第1~3页。

王浩：《天然气价格上涨的国民经济承受力测度研究》，《中国物价》2009年第5期，第10~13页。

汪旭辉、刘勇：《中国能源消费与经济增长：基于协整分析和Granger因果检验》，《资源科学》2007年第29期，第57~62页。

魏一鸣等：《中国能源发展报告（2006）：战略与政策研究》，科学出版社2010年第1版。

温桂芳：《能源价格改革的目标是建立科学合理的价格形成机制》，《中国经贸导刊》2009年第24期，第1~2页。

武盈盈：《国内外天然气价格水平比较分析》，《国际石油经济》2008年第10期，第60~82页。

吴晓明：《天然气价格形成机制改革及其影响效应初探》，《软科学》2013年第8期，第85~87页。

谢书玲、王铮、薛俊波：《中国经济发展中水平资源的“增长尾效”分析》，《管理世界》2005年第7期，第22~54页。

薛俊波等：《中国经济增长的“尾效”分析》，《财经研究》2004年第9期，第5~14页。

于峰、齐建国、田晓林：《经济发展对环境质量影响的实证分析》，《中国工业经济》2006年第8期，第36~44页。

[美]哈罗德·霍特林：《可耗竭性资源经济学》，转引自于立宏《可耗竭性资源与经济增长：理论进展》，《浙江社会科学》2007年第5期，第179~184页。

杨柳、李力：《能源价格变动对经济增长与通货膨胀的影响—基于我国1996－2005年间的数据分析》，《中南财经政法大学学报》2009年第4期，第57~63页。

杨惠贤、古华：《天然气产量、价格与投资的协整分析》，《能源技术与管理》2012 年第 1 期，第 143 ~ 145 页。

杨洪亮、史丹：《能效研究方法和中国各地区能源效率的比较》，《经济理论与经济管理》2008 年第 3 期，第 12 ~ 20 页。

张宏军：《环境外部性的计量、矫正及其治理—兼论“庇古手段”与“科斯手段”的偏颇》，《改革与战略》2007 年第 8 期，第 1 ~ 4 页。

张欢、成金华：《中国能源价格上涨对居民消费水平的影响：基于 SVAR 模型的研究》，《经济经纬》2011 年第 4 期，第 25 ~ 29 页。

张传平：《论中国天然气价格改革》，《中国石油大学学报（社会科学版）》2013 年第 5 期，第 24 ~ 27 页。

张曙光、程栋：《中国经济转轨过程中的要素价格扭曲与财富转移》，《世界经济》2010 年第 10 期，第 3 ~ 24 页。

张劲文、葛新权：《中国经济增长与能源消费依从关系—基于 1978—2010 年数据的实证研究》，《首都经济贸易大学学报》2012 年第 4 期，第 14 ~ 23 页。

张杰等：《要素市场扭曲抑制了中国企业 R&D?》，《经济研究》2011 年第 8 期，第 78 ~ 91 页。

张晓：《中国环境政策的总体评价》，《中国社会科学》1999 年第 3 期，第 88 ~ 99 页。

张友国：《中国贸易增长的能源环境代价》，《数量经济技术经济研究》2009 年第 1 期，第 16 ~ 30 页。

张维迎：《博弈论与信息经济学》，上海三联书店、上海人民出版社 2004 年第 1 版。

张五常：《经济解释卷四：制度的选择》，中信出版社 2014 年第 1 版。

张瑞、丁日佳：《我国能源效率与能源消费结构的协整分析》，《煤炭经济研究》2006 年第 12 期，第 8 ~ 10 页。

赵建辉：《能源价格、碳排放量与经济增长的联动效应研究》，《中国矿业》2013 年第 11 期，第 36 ~ 71 页。

赵连增：《中国天然气价格困局 - 天然气价格改革思考之一》，《国际石油经济》2011 年第 2 期，第 98 ~ 174 页。

赵连增：《如何破解中国天然气价格改革困局—天然气价格改革思考之二》，《国际石油经济》2011 年第 3 期，第 55 ~ 60 页。

郑玉华等：《我国天然气产业链价格形成机制研究》，《天然气工业》2007

年第7期，第139～141页。
郑新立、梁玉凤：《公共物品价值补偿与现代财政制度构建》，《中央财经大学学报》2014年第7期，第3～9页。
郑新立：《坚持社会主义市场经济改革方向》，《经济日报》2013年12月10日第2版。
郑新立：《进一步深化国有企业改革》，《人民日报》2014年12月25日第7版。
中商情报网：《2013上半年中国燃气生产和供应行业不同所有制企业数量分布》，http://www.askci.com/news/201309/11/11103836103049.shtml，2013年9月13日。
周盛世：《浅论招标投标法与建筑产品价格形成方式的关系》，《技术经济与管理研究》2001年第3期，第30页。
周绍东：《财政补贴还是技术参与—新兴产业技术路线选择中的政府作用》，《财政研究》2014年第7期，第35～37页。
朱渝：《探索市场净回值法在我国天然气价格—基于对粤桂两省改革效果的评价》，《价格理论与实践》2013年第6期，第47～48页。
邹璇：《优化能源结构与经济增长》，《经济问题探索》2010年第7期，第33～39页。
钱学坤等：《2013年国内外油气行业发展报告》，中国石油集团经济技术研究院，2014年。
《BP世界能源统计年鉴》，英国石油公司，2014年。
《国家新型城镇化规划（2014—2020年）》，《人民日报》2014年3月17日，第1版。
《2014年城乡建设统计公报》，住房和城乡建设部，2015年7月20日。
《我国天然气发展面临的不确定因素》，中国石油和化学工业联合会，2015年1月。
《能源发展“十二五”规划》（国发〔2013〕2号），国务院，2013年1月1日。
《2014年国内外油气行业发展报告》，中国石油经济技术研究院，2014年。
《中共中央、国务院关于深化国有企业改革的指导意见》（中发〔2015〕22号），中共中央、国务院，2015年8月24日。

郑新立：《关于经济体制改革方面五个难点》，中国经济 50 人论坛 2014 年年会，2014 年 2 月 10 日。

中国车用能源研究中心《中国车用能源展望 2012》，清华大学，2012 年。

［美］曼瑟尔·奥尔森：《集体行动的逻辑》，陈郁等译，格致出版社 2011 年第 1 版。

［美］萨缪尔森、威廉·诺德豪斯：《微观经济学》，人民邮电出版社 2012 年第 19 版，第 65 页。

［美］道格拉斯. C·诺思：《经济史中的结构与变迁》，陈郁、罗华平等译，上海人民出版社，1991 年第 1 版。

［美］丹尼尔·F·史普博《管制与市场》，余晖等译，上海人民出版社 1999 年第 1 版，第 28～37 页。

［美］康芒斯：《制度经济学》，赵睿译，华夏出版社 2013 年第 1 版。

［美］曼昆：《经济学原理》，梁小民、梁砾译，北京大学出版社 2013 年第 6 版。

［美］马斯格雷夫：《财政理论与实践》，邓子基、邓力平译，中国财经出版社 2003 年第 1 版。

［美］斯蒂格里茨：《经济学（上）》，中国人民大学出版社 2005 年第 3 版。

［美］小贾尔斯·伯吉斯：《管制与反垄断经济学》，冯金华译，上海财经大学出版社 2003 年第 1 版。

［英］庇古：《福利经济学》，朱泱等译，商务印书馆 2006 年第 1 版。

［英］马歇尔：《经济学原理》，陈良壁译，商务印书馆 2005 年第 1 版。

［英］约翰·穆勒：《政治经济学原理》（上），赵荣潜等译，商务印书馆 2013 年版。

［澳］欧文·E·休斯：《公共管理导论》，张成福、马子博译，中国人民大学出版社 2015 年第 7 版。

［日］植草益：《微观规制经济学》，朱绍文等译，中国发展出版社 1992 年第 1 版。

Andersen T B, Nilsen O B, Tveteras R, How is Demand for Nature Gas Determined across European Industrial Sectors?, *Energy Policy*, Vol. 39, No. 9, 2011, pp. 5499－5508.

Balestra P, Nerlove M, Pooling Cross Section and Time Series Data in the Estimation of a Dynastic Model: the Demand for Natural Gas, *Econometrica*, Vol. 34, No. 3, 1966, pp. 585 – 612.

Baltagi B H, Griffin J M, Pooled Estimators VS. Their Heerogeneous Counterparts in the Context of Dynamic Demand for Gasoline, *Journal of Econometrics*, Vol. 77, No. 4, 1997, pp. 303 – 327.

Barsky R, Kilian L, Oil and Macro – economy since the 1970s, *Journal of Economic Perspectives*, No. 4, 2004 pp. 115 – 134.

Bator F. M., the Anatomy of Market Failure, *Quarterly Journal of Economics*, Aug, 1958, pp. 351 – 379.

Baumol, William J, On the Proper Cost Tests for Natural Monopoly in a Multiproduct Industry, *American Economic Review*, Vol. 67, No. 5, 1977, pp. 809 – 822.

Bonbright, J. C., *Principles of Public Utility Rates*, New York: Columbia University Press, 1961.

Bruyn S. M., Explaining the Environmental Kuznets Curve: Structural Change and International Agreements in Reducing Surlphur Emission, *Environmental and Development Economics*, No. 2, 1997, pp. 485 – 504.

Carol A. Dahl and Thomas K. Matson, Evolution of the U. S. Natural Gas Industry in Transaction Costs, *Land Economics*, Vol. 74, No. 3, 1998, pp. 390 – 408.

Cason T. Buyer Liability and Voluntary Inspections in International Greenhouse Gas Emissions Trading: A Laboratory Study, *Environmental and Resource Economics*, No. 25, 2003, pp. 101 – 127.

Collin Robinson and Lester Hunt, *Energy in Competitive Market: Essays in Honor of Collin Robinson*, Northampton, 2003.

Dagher L., Nature Gas Demand at the Utility Level: An Application of Dynamic Elasticity, *Energy Economics*, Vol. 34, No. 4, 2012, pp. 961 – 969.

David M. Newberry, *Privatization, Restructuring and Regulation of Network Utilities*, Oversea Publishing House, 2002.

David I. Stern, Explaining Changes in Global Sulfur Emissions: an Econometric Decomposition Approach, *Ecological Economics*, No. 42, 2002, pp. 201 - 220.

Douglass C. North. , *Institutions*, *Institutional Change and Economic Performance*, Cambridge University Press, Cambridge, 1990.

Giovanni Urga, Chris Walters, Dynamic Translog and linear Logit Models: A Factor Demand Analysis of Inter - fuel Substitution in US Industrial Energy Demand Economic Modeling, *Energy Economic*, Vol. 25, No. 1, 2002, pp. 1 - 21.

Grossman G. M. , Krueger A. B. Environmental Impact of a North American Free Trade Agreement, *National Bureau of Economic Research Working Paper*, No. 3914, 1992, pp. 37 - 59.

Hamilton C. , Turton H. Determinants of Emissions Growth in OECD Countries, *Energy Policy*, No30, 2002, pp. 163 - 184.

Hassan Mohammad. Market Integration and Price Transmission in the U. S. Natural Gas Market: From the Wellhead to end Use Markets, *Energy Economics*, No. 33, 2011, pp. 227 - 235.

Hilton F. G. H. , Levison A. M. Factoring the Environmental Kuznets Curve: Evidence from Automotive Lead Emission, *Journal of Public Economics and Management*, No. 35, 1998, pp. 126 - 141.

Hsieh C. T. , P. J. Klenow, Misallocation and Manufacturing TFP in China and India, *Quarterly Journal of Economics*, Vol. 124, No. 4, 2009, pp. 1403 - 1448.

Hartwick, Intergenerational Equity and the Inverting of Rents from Exhaustible Resources, *American Economic Review*, Vol. 67, No. 5, 1977, pp. 201 - 223.

Hotelling H. , the Economics of Exhaustible Resources, *Journal of Political Economy*, N0. 39, 1931, pp. 137 ~ 175.

IEA. *Developing China's Natural Gas Market: the Energy Policy Challenge*, 2002.

IEA. WEO2011—Golden Age of Gas Report, 2011.

IGU:《IGU World Price Survey - 2014 Edition》, http://www.igu.org/publications, 2014.

J. A. Duro Emilie Padilla, International Inequalities in Per Capita CO_2 Emissions: A Decomposition Methodology by Kaya Factors, *Energy Economics*, Vol. 28, No. 2, 2006, pp. 170 – 187.

James M. Gfiffin and Henry B., *Steele*, *Energy Economics and Policy*, Academic Press, Orlando, 1996.

Jonathan E., Sinton, Accuracy and Reliability of China's GDP Statistics, *China Economic Review*, No. 12, 2011, pp. 373 – 383.

Jones C T., A Dynamic Analysis of Inter – fuel Substitution in US Industrial Energy Demand, *Journal of Business and Economic Statistic*, No. 13, 1995, pp. 459 – 465.

Karl Polanyi, *The Great Transformation – The Political and Economic Origins of Our Time*, Beacon Press, 2001.

Karen Fisher – Vanden, Gary H. Jefferson, Hongmei Liu, Quan Tao, "What is driving China' s decline in energy intensity?", *Resource and Energy Economics*, Vol. 26, No. 2004, 2004, pp. 77 – 97.

Kathleen G. Arano, Benjamin F. Blair, An Ex – post Welfare Analysis of Natural Gas Regulation in the Industrial Sector, *Energy Economics*, Vol. 30, No. 3, 2008, pp. 789 – 806.

Kaya Y., *Impact of Carbon Dioxide Emission on GNP Growth: Interpretation of Proposed Scenarios*, Paris, IPCC Energy and Industry Subgroup, 1989.

Kenneth W Clarkson, Roger Leroy Miller, *Industrial Organization: Theory, Evidence and Public Policy*, McGraw – Hill Book Company, 1982.

Masih A M, Masih R., On the Temporal Causal Relationship between Energy Consumption, Real Income, and Prices: Some New Evidence from Asian – Energy Dependent NICs Based on a Multivariate Co – intergration Vector Error – correction Approach, *Journal of Policy Modeling*, No. 19, 1997, pp. 417 – 440.

Matinez Z. I., Pooled Mean Group Estimation for an Environmental Kuznets Curve for CO_2, *Economics Letters*, No. 82, 2004, pp. 121 – 126.

Moomaw W. R, Unruh G. C., Is Environmental Kuznets Curve Misleading US? The Case of CO_2 Emissions, Special Issue on Environmental Kuznets Curve, *Environmental and Development Economics*, No. 2, 1997, pp. 451 – 463.

Montgomery D., Markets in Licenses and Efficient Pollution Control Programs,

Journal of Economic Theory, No. 5, 1972, pp. 395 -418.

Munasinghe Mohan., Making Economic Growth More Sustainable, *Ecological Economics*, No. 15, 1995, pp. 121 -124.

Paul A. Samuelson, the Pure Theory of Public Expenditure, *The Review of Economics and Statistics*, Vol. 36, No. 4, 1954, pp. 387 -389.

Rashe R, Tatom J., Energy Resources and Potential GNP, *Federal Reserve Bank of St Louis Review*, Vol. 59, No. 6, 1977, pp. 68 -76.

Rinaldo Brau, Raffaele Doronzo, EU Gas Industry Reforms and Consumers' Prices, *The Energy Journal*, No. 4, 2009, pp. 167 -182.

Robert M. Slow, A Contribution to the Theory of Economic Growth, *The Quarterly Journal of Economics*, Vol. 70, No. 1, 1956, pp. 65 -94

Robert C. Swan, Economic Growth and Capital Accumulation, *Economic Record*, No. 32, 1956, pp. 334 -361.

Ronald H. Coase, The Problem of Social Coast, *Journal of Law and Economics*, No. 3, 1960, pp. 1 -41.

Selden T. M et al., Analyzing Reductions in US Air Pollution Emission: 1970 to 1990, *Land Economics*, No. 75, 1999, pp. 1 -21.

Shafic, N., Bandyyopadhyay, S., Economic Growth and Environmental Quality Time Series and Gross - country Evidence, *World Bank Policy Research Working Paper*, No. 904, 1991, pp. 56 -80.

Serletis A., Timilsina G R, Vasetsky O. Inter - fuel Substitution in the United States, *Energy Economic*, Vol. 32, No. 3, 2010, pp. 737 -745.

Stern, D. I., Common, M . S, Is there An Environmental Kuznets Curve for Sulfur?, *Journal of Environmental Economics and Environmental Management*, No. 41, 2001, pp. 162 -178.

Steven A. Gabriel, Supat Kiet, Jifang Zhuang, A Mixed Complementarity - Based Equilibrium Model of Natural Gas Markets, *Operations Research*, No. 53, 2005, pp. 799 -818.

Thomas Farrer, *The State in its Relation to Trade*, London: Macmillan, 1902.

Thomas R Malthus, *An Essay on the Principle of Population*, The Electric Book Company Ltd, London, 1978.

Tienberg T., *Policy Instruments for Environmental and Natural Resource Man-*

agement, RFF Press in collaboration with the World Bank and Sida: Washington DC, 2014.

Viguier L., Emissions of SO_2, NO_X, CO_2 in Transition Economics: Emission Inventories and Divisor Index Analysis, *Energy Journal*, No. 75, 1999, pp. 59 – 87.

William J. Baumol, On the Proper Cost Tests for Natural Monopoly in a Multiproduct Industry, *The American Economic Review*, Vol. 67, No. 5, 1977, pp. 4 – 5.

Williamson O. E., Franchise Bidding for Natural Monopolies – in General and With Respect to CATV, *Bell Journal of Economics*, Vol. 7, No. 1, 1976, pp. 73 – 104.

Yoichi Kaya, *Impact of Carbon Dioxide Emission on GNP Growth: Interpretation of Proposed Scenarios*, Presentation to the Energy and Industry Subgroup, Response Strategies Working Group, IPCC, Paris, 1989.

致　谢

十八届三中全会以来，我国天然气价格改革全面提速，鉴于天然气领域的特殊性、复杂性和影响的广泛性，如何进一步深化改革构建反映资源稀缺、市场供求及环境外部性的价格形成机制，实现天然气产业的高效、有序与可持续发展仍是学界探讨的焦点。《中国天然气价格形成与补偿机制探讨》是在郑新立导师的鼓励下，进一步对我的博士论文研究成果修改完成的，期待关注天然气行业发展的朋友们共同分享，请大家予以批评指正。

本书《中国天然气价格形成与补偿机制探讨》的完成首先要感谢郑新立导师。在博士学习期间，导师给予的深厚的、大量的宏观经济理论以及微观理论思想指导，给予的国家能源宏观管理思想，使我在论文写作过程中深受启迪。导师严谨的治学精神、精益求精的工作作风、仁慈宽厚的长者风范，深深地感染和激励着我。在我撰写论文期间，多次不厌其烦地讲解生态环境与能源发展的关系，天然气价格机制研究对生态环境及经济发展的重要作用，使我在经济学理论和国家能源宏观战略研究思想上获益匪浅，在此表示由衷的深深的感谢。

感谢刘迎秋院长在讲授财政学的课程中，让我对公共产品理论产生浓厚的兴趣，让我理论联系实际，坚定了我跟随郑新立导师对我国天然气价格机制研究的信心。感谢刘院长多次对我的博士论文给予的许多建设性的指导意见，使得我的论文更加严谨、规范。在此表示深深的感谢。

感谢中国社会科学院研究生院政府政策系刘克龙等各位老师及中国社科院研究生院的同窗好友对我在校学习期间方方面面给予的大力支持，给予很多挚友一样的帮助。

感谢北京市燃气集团有限责任公司党委书记、董事长、总经理对我的支持和帮助。感谢中国城市燃气协会、感谢公司各部门同事给予的支持，使我的博士论文得以顺利完成。在此表示诚挚的谢意。

感谢中国社会科学出版社。尤其是张林编辑在整个审校过程中付出的辛勤劳动，提出的好建议，感谢中国社会科学出版社为此书的出版发行提供帮助和付出努力的全体友人，谢谢你们。最后，感谢关注我的亲朋好友，也许我还有很多让你们不如意的地方，但是，我一定继续努力，不断完善和提高自己。

谢谢各位关心和爱护我的人们！诚挚感谢！

张　英

2015 年 9 月 22 日